冶金工业出版社

普通高等教育“十四五”规划教材

建筑工程经济与项目管理

(第2版)

李慧民　王莉　主编

扫码看本书
数字资源

北京
冶金工业出版社
2024

内 容 提 要

本书全面、系统地介绍了建筑工程经济与项目管理的基本理论和方法，内容主要包括资金的时间价值、技术经济评价方法、价值工程、预测与决策技术；建筑工程项目组织管理、进度管理、质量管理、安全与环境管理、信息管理。每章章前配有章节知识要点结构层次分析导图，章后附有复习题。

本书内容翔实、层次分明、结构合理，具有较好的系统性和较强的实用性，可作为高等院校土木工程、公路与桥梁、给排水、工程管理、工程造价等专业的教学用书，也可作为建筑行业相关从业人员的培训教材和参考书。

图书在版编目(CIP)数据

建筑工程经济与项目管理/李慧民，王莉主编. —2 版. —北京：冶金工业出版社，2022. 7（2024. 7 重印）
普通高等教育“十四五”规划教材
ISBN 978-7-5024-9120-8

Ⅰ. ①建…　Ⅱ. ①李…　②王…　Ⅲ. ①建筑工程—工程经济—高等学校—教材　②建筑工程—项目管理—高等学校—教材　Ⅳ. ①F407. 9

中国版本图书馆 CIP 数据核字（2022）第 057549 号

建筑工程经济与项目管理（第 2 版）

出版发行	冶金工业出版社	**电　话**	(010)64027926
地　址	北京市东城区嵩祝院北巷 39 号	**邮　编**	100009
网　址	www. mip1953. com	**电子信箱**	service@ mip1953. com

责任编辑　杨　敏　美术编辑　彭子赫　版式设计　郑小利
责任校对　窦　唯　责任印制　窦　唯
三河市双峰印刷装订有限公司印刷
2002 年 9 月第 1 版，2022 年 7 月第 2 版，2024 年 7 月第 2 次印刷
787mm×1092mm　1/16；14 印张；333 千字；209 页
定价 39. 00 元

投稿电话　(010)64027932　投稿信箱　tougao@cnmip. com. cn
营销中心电话　(010)64044283
冶金工业出版社天猫旗舰店　yjgycbs. tmall. com
（本书如有印装质量问题，本社营销中心负责退换）

第2版前言

本书在保留第1版基本框架和主要内容的基础上，依据国家、行业主管部门新出台或颁布的相关法规、财税制度、投资体制改革等，行业新动态、经济新形式、商业新模式、新规范、新标准等，对第1版内容进行了更新、调整与充实。

本次修订的主要内容如下：

第1章：(1) 对"基本建设"的释义进行了更新扩展，增加了"新基建"相关内容及基本建设未来发展趋势；(2) 对基本建设的内容、分类、作用进行了更新，增加了基本建设在"促进经济高质量发展、加速构建智慧社会、增强国际影响力"方面的作用；(3) 对建筑业的定义及分类进行了更新；(4) 依据《项目管理知识体系指南》(第6版)、《中国项目管理知识体系》《建设工程项目管理规范》(GB/T 50326—2017) 对建筑工程项目管理相应知识进行了更新，并结合社会、行业发展新动态增加了当前工程项目管理发展趋势；(5) 依据《建设项目经济评价方法与参数》(第三版) 及国际经济发展态势，对建筑工程项目经济评价意义及评价内容进行了更新。

第2章：(1) 对资金时间价值的概念进行了更新延展；(2) 增加了现金流量的内涵和构成相关内容；(3) 对部分例题进行了更新，以更贴近当前经济发展。

第3章：(1) 增加了项目现金流量的概念和构成相关内容；(2) 根据国家营业税改增值税试点进程，将营业税金及附加改为税金及附加，并明确了其构成要素；(3) 进一步明确了经济评价的概念和目的；(4) 梳理了项目方案经济评价指标体系；(5) 根据稳增长、调结构的要求，降低了部分例题的基准收益率；(6) 对单因素敏感性分析的步骤重新进行了梳理；(7) 根据国家发改委和建设部联合发布的《建设项目经济评价方法与参数》(第三版)，更新了社会折现率测定值；(8) 删减了设计与施工方案的技术经济评价和建设项目后评价内容。

第4章：(1) 依据国家标准《价值工程 第1部分：基本术语》(GB/T 8223.1—2009) 对本章相关术语和概念进行了更新和补充；(2) 细化完善了本章相关内容，如寿命周期成本、功能分类、功能评价等；(3) 对本章例题进行了更新，使其更贴近工程实践。

第5章：本章内容为第1版第6章内容，第1版中第5章内容删除。在第1

版基础上添加了部分例题。

第 6 章：本章为新增章节，增加了建筑工程项目组织管理概论和建筑工程项目管理主体内组织结构形式等内容。

第 7 章：本章为新增章节，增加了建筑工程项目进度管理概论，进度管理方法和进度控制措施等内容。

第 8 章：(1) 依据国家税法最新规定，增加增值税定义；(2) 增加成本分析和成本考核方法。

第 9 章：(1) 根据我国国家标准《质量管理体系 基础和术语》(GB/T 19000—2016) 对质量的定义进行了更新；(2) 增加了建筑工程项目质量管理的概念；(3) 增加了建筑工程项目质量管理的原则、实施程序和相关制度。

第 10 章：随着建筑工程项目管理目标的多样化，将原章节内容更新为"建筑工程安全与环境管理"。环境管理部分强调工程项目全生命周期环境管理的理念及绿色建造管理，以顺应高质量发展多维度的要求。

第 11 章：基于建筑业信息化、智慧化发展，将原章节内容更新为"建筑工程项目信息管理"，本章节在介绍与建筑工程项目有关的信息管理领域基本知识基础之上，强调应用信息技术提高建筑业生产效率，以及应用信息技术提升建筑业行业管理和项目管理能力及水平的重要性。

为了便于读者掌握本书内容，本次修订以二维码的形式增加了数字资源，如 PPT 课件、授课视频、复习题解答等。

本书由西安建筑科技大学李慧民、王莉主编。各章编写分工为：第 1、2 章由李慧民、王莉编写；第 3 章由李慧民、卢雷蓉编写；第 4 章由李卢燕编写；第 5、6 章由卢雷蓉编写；第 7 章由李慧民、李晨编写；第 8 章由王宇泽、李晨编写；第 9 章由李慧民、万婷婷编写；第 10 章由万婷婷、王婉莹、王莉编写；第 11 章由王婉莹、王莉编写。

本书在编写过程中，参考了许多专家学者的相关研究成果及文献资料，在此对相关作者表示衷心感谢。

由于社会经济的发展、建筑行业技术的革新等，建筑工程经济与项目管理中许多问题还需进一步探讨与实践，所以书中不妥之处，敬请读者批评指正！

作　者

2022 年 3 月

第1版前言

随着经济体制改革的不断深入和人民物质文化生活水平的不断提高，作为国民经济支柱产业之一的建筑业，必将持续、协调发展。这对整个国民经济的发展起着重要的作用。因此，如何从理论和实践方面对提高建筑企业的经济效益、提高建筑产品质量、降低产品成本、缩短建设周期及采用现代化的科学管理等问题进行研究，是当前建筑业中普遍关心的问题。为了培养和造就建筑工程经济与项目管理方面的高级人才，使学生能系统地学习和掌握建筑工程经济与管理方面的基本理论和方法，懂得专业技术如何更好地经济建设服务，在经济建设中发挥更大的作用，我们在从事多年教学和研究的基础上，参考国内外的先进经验及管理方法，编写了本书。

本书经集体讨论研究并分工撰稿编写而成。各章编写分工为：第1、4、5、6、8、12章由李慧民编写；第7章由王士川编写；第2、10、11章由胡长明编写；第9章由赵平编写；第3章由蒋红妍编写。全书由李慧民主编，赵仲琪主审。

在编写过程中，得到了西安建筑科技大学各级领导及教务处的大力支持和指导，并参考了许多专家的著作和兄弟院校的有关教材和文献资料，在此一并向他们表示衷心的感谢。

由于我国社会主义市场经济不断深入发展，建筑工程经济与项目管理中的许多问题还需要进一步探讨与实践，书中的不妥之处，敬请读者批评指正。

编　者
2002年5月
于西安建筑科技大学

目　录

1 建筑工程经济与项目管理总论

本章知识要点结构层次分析导图如图 1.1 所示。

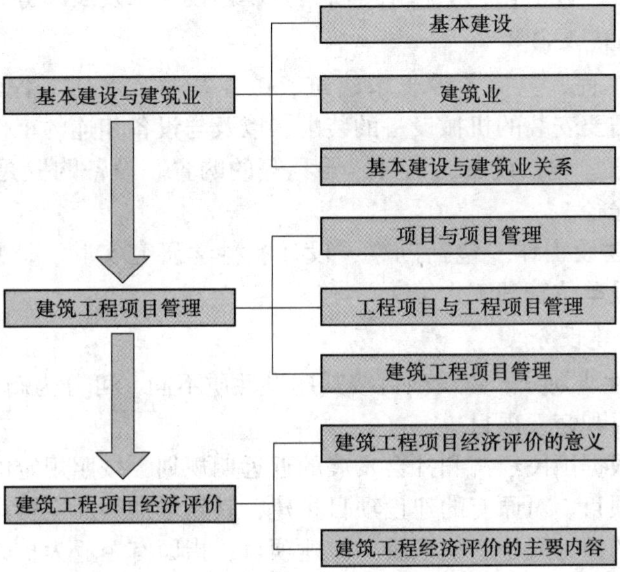

图 1.1　知识结构导图

1.1　基本建设与建筑业

1.1.1　基本建设

基本建设一词源于俄文，含义是资本建设或资金建设。1952 年我国规定：凡固定资产扩大再生产的新建、改建、扩建、恢复工程及与之连带的工作为基本建设。《辞海》(第七版) 对基本建设也有相应解释：国民经济各部门中固定资产的新建、扩建和改建。财政部 2017 年修正发布的《基本建设财务管理》中解释道：基本建设是指以新增工程效益或者扩大生产能力为主要目的的新建、续建、改扩建、迁建、大型维修改造工程及相关工作。

基本建设与当前的“新基建”有一定区别。新基建是智慧经济时代贯彻新发展理念，吸收新科技革命成果，实现国家生态化、数字化、智能化、高速化、新旧动能转换与经济结构对称态，建立现代化经济体系的国家基本建设与基础设施建设。国家发改委对“新基建”概念的定义，主要包括三个方面：一是信息基础设施，主要是指基于新一代信息技术演化生成的基础设施，比如，以 5G、物联网、工业互联网、卫星互联网为代表的通信网络基础设施，以人工智能、云计算、区块链等为代表的新技术基础设施，以数据中心、智能计算中心为代表的算力基础设施等。二是融合基础设施，主要是指深度应用互联网、大数据、人工智能等技术，支撑传统基础设施转型升级，进而形成的融合基础设施，比如，智能交通基础设施、智慧能源基础设施等。三是创新基础设施，主要是指支撑科学研究、技术开发、产品研制的具有公益属性的基础设施，比如，重大科技基础设施、科教基础设施、产业技术创新基础设施等。

可以看出在经济全球化的时代，基本建设的定义及内涵也在往外衍生；在原有基础上注入智慧化、创新性、数字化、生态化等将是基本建设未来发展趋势。

1.1.1.1 基本建设内容

(1) 建筑安装工程。包括各种土木建筑、矿井开凿、水利工程建筑、生产、动力、运输、实验等各种需要安装的机械设备的装配，以及与设备相连的工作台等装设工程。

(2) 设备的购置。包括设备、工具、器具等的购置。设备购置是流通过程，也是形成固定资产的一条途径。

(3) 其他基本建设工作。包括勘察、设计、科学研究实验、征地、拆迁、试运转、生产职工培训和建设单位管理工作等。

1.1.1.2 基本建设分类

(1) 按照建设性质划分。建设项目按其建设性质不同，可分为新建项目、扩建项目、改建项目、迁建项目和恢复项目。

新建项目，指根据国民经济和社会发展的近远期规划，按照规定的程序立项，从无到有，新开始建设的项目。对原有的建设项目扩建，其新增加的固定资产价值超过原有全部固定资本价值三倍的，也属于新建项目。扩建项目，指原有企业为扩大原有产品的生产能力和效益，或增加新产品的生产能力和效益而增建的生产车间、独立生产线；行政事业单位在原有业务系统的基础上扩大规模而增建的固定资产投资项目。改建项目，指原有建设单位为了提高生产效率，改进产品质量或改进产品方向，对原有设备、工艺流程进行技术改造的项目；或为了提高综合生产能力，增加一些附属和辅助车间或非生产工程的项目，包括挖潜、节能、安全、环境保护等工程项目。迁建项目，指原有企事业单位根据自身生产经营和事业发展的需要，按照国家调整生产力布局的经济发展战略需要或出于环境保护等各种原因，迁移到另外的地方建设的项目。恢复项目，指原有企事业单位或行政单位，因自然灾害、战争或人为灾害等原因使原有固定资产遭受全部或部分报废，需要进行投资重建来恢复生产能力、业务工作条件和生活福利设施等的工程项目。这类工程项目，无论是按原有规模恢复建设，还是在恢复过程中同时进行扩建，都属于恢复项目。

但对尚未建成投产或交付使用的工程项目受到破坏后，若仍按照原设计重建的，原建设性质不变；如果按照新设计重建，则根据新设计内容来确定其性质。一个建设项目只能有一种性质，在项目按总体设计全部建成以前，其建设性质是始终不变的。

(2) 按照投资作用划分。建设项目按其投资在国民经济各部门中的作用，分为生产性工程项目和非生产性工程项目。

生产性工程项目，指直接用于物质资料生产或直接为物质资料生产服务的建设项目。主要包括：工业建设项目（如工业、国防和能源建设项目）、农业建设项目（农、林、牧、渔、水利建设项目）、基础设施建设项目（如交通、邮电、通信建设项目；地质普查、勘探建设项目)、商业建设项目(如商业、饮食、仓储、综合技术服务的建设项目)。

非生产性工程项目，包括消费性建设项目，是指用于满足人民物质、文化和福利事业需要的建设和非物质生产部门的建设项目。主要包括：办公用房(如国家各级党政机关、社会团体、企业管理机关的办公用房)、居住建筑(如住宅、公寓、别墅等)、公共建筑(如科学、教育、文化艺术、广播电视、卫生、博览、体育、社会福利事业、公共事业、咨询服务、宗教、金融、保险等建设项目)、其他建设项目。

(3) 按照建设规模划分。为了适应建设项目分级管理的需要，国家将建设项目分为大型、中型、小型三类；更新改造项目分为限额以上和限额以下两类。

大型项目、中型项目和小型项目是按照项目的建设总规模或总投资额来划分的，不同行业划分标准有所差异。更新改造项目一般只按投资额分为限额以上和限额以下项目，不再按生产能力或其他标准划分。基本建设项目的大、中、小型和更新改造项目的限额的具体划分标准，根据各个时期经济发展水平和实际工作中的需要而有所变化。

(4) 按照项目的投资效益和市场需求划分。按照项目的投资效益，建设项目可划分为竞争性项目、基础性项目和公益性项目三种。

竞争性项目，指投资效益比较高，竞争性比较强的建设项目。如商务办公楼、酒店、度假村、高档公寓等项目。这种项目的投资主体一般为企业，由企业自主决策，自担投资风险。基础性项目，指具有自然垄断性、建设周期长、投资额大而收益较低的基础设施或需要政府重点扶持的一部分基础工业项目，以及直接增强国力的符合经济规模的支柱产业项目。如交通、能源、水利、城市公用设施等。公益性项目指为社会发展服务、难以产生经济效益的建设项目。主要包括科技、文化、卫生、体育和环保等设施，公、检、法等政权机关以及政府机关、社会团体、办公设施、国防建设等项目。

(5) 按照项目的投资来源划分。按照项目的投资来源，建设项目可划分为政府投资项目和非政府投资项目两类。

政府投资项目，指为了适应和推动国民经济或区域经济的发展，满足社会的文化、生活需要，以及出于政治、国防等因素的考虑，由政府通过财政投资、发行国债或地方财政债券、利用外国政府赠款和国家财政担保的国内外金融组织的贷款等方式独资或合资兴建的建设项目。政府投资项目在国外也称公共工程。非政府投资项目，指企业、集体单位、外商和私人投资建设的工程项目。这类项目一般均实行项目法人责任制，使项目的建设与建成后的运营实现全过程管理。

1.1.1.3 基本建设程序

基本建设程序，是指建设项目从酝酿、提出、决策、设计、施工到竣工验收整个过程中各项工作的先后顺序；既是对基本建设的科学总结，也是对客观存在的经济规律的正确反映。

随着各项建设事业的不断发展，尤其是近十多年来管理体制的一系列改革，基本建设程序也在不断变化、逐步完善和科学化。现行的基本建设程序有如下七个阶段：

(1) 项目建议书阶段。项目建议书是项目建设筹建单位，根据国民经济和社会发展的长远规划、行业规划、产业政策、生产力布局、市场、所在地的内外部条件等要求，经过调查、预测分析后，提出的某一具体项目的建议文件，是对拟建项目的框架性设想，是基本建设程序中最初阶段的工作，也是政府选择项目和可行性研究的依据。

（2）可行性研究阶段。可行性研究是从项目的技术、经济和财务上进行全面论证、优化和推荐最佳方案，通过对建设项目在技术、工程和经济上的合理性进行全面分析论证，提出评价意见。

（3）设计阶段。设计阶段也称为勘察设计阶段，是项目决策后进入建设实施的重要阶段。设计阶段主要工作通常包括扩大初步设计和施工图设计两个阶段，对于技术复杂的项目而言，还要额外提供技术设计文件。

（4）建设准备阶段。建设准备阶段主要工作包括申请列入固定资产投资计划及开展各项施工准备工作。这一阶段的工作质量，对保证项目顺利建设具有决定性作用。这一阶段工作就绪，即可编制开工报告，申请正式开工。

（5）施工安装阶段。在建设项目已列入年度基本建设计划，并已做好施工准备，具有开工条件，开工报告经主管机关批准以后，才允许正式施工。

（6）竣工验收阶段。这一阶段是项目建设实施全过程的最后一个阶段，是考核项目建设成果、检验设计和施工质量的重要环节，也是建设项目能否由建设阶段顺利转入生产或使用阶段的一个重要阶段。

（7）项目后评价阶段。国家对一些重大建设项目在竣工验收若干年后，规定要进行后评价工作，主要是为了总结项目建设成功和失败的经验教训，供以后项目决策借鉴。

1.1.1.4 基本建设作用

（1）为国民经济各部门提供生产能力。基本建设可为国民经济各部门提供生产能力，为社会提供住宅、文化设施、市政设施等物质基础。基本建设所形成的生产性固定资产，其物质内容就是生产手段，而生产手段是构成生产力的重要因素之一。

（2）合理配置生产力，优化产业结构。基本建设可以影响和改变各产业部门内部、各部门之间的构成和比例关系，从而使全国生产力的配置更趋合理；基本建设可以用现代化科学技术改造国民经济各部门。通过资源、生产力的合理配置及技术创新，从而可达到优化产业结构的作用。

（3）促进经济高质量发展。基本建设是推动经济高质量发展的重要环节。基本建设借助信息化、数字化等新技术、新资源，通过不断创新，转变行业发展方式、优化产业结构、提高全要素生产率，为新时代人民群众提供其所需的多样化、个性化、高品质的产品和服务，从而有效促进经济高质量发展。

（4）加速构建智慧社会。基本建设可加快推进社会治理智能化。基本建设以新型基础设施建设为核心基础，促进智慧交通、智慧工业、智慧建筑等智能化基础设施及共享体系的建设，对进一步构建智慧社会、满足人民群众对美好生活的向往具有重要意义。

（5）增强国际影响力。中国企业承建的蒙内铁路、刚果国家一号公路、卡里巴南岸水电站扩机项目、克里比深水港等项目，不仅改善了当地交通、物流，给当地创造了就业机会等；同时使我国基本建设国际竞争力和创新能力持续增强，国际影响力不断得到扩大。

1.1.2 建筑业

建筑业是指国民经济中从事建筑安装工程的勘察、设计、施工以及对原有建筑物进行维修活动的物质生产部门；建筑业已经逐步发展到土地的开发及房屋的改造、维修、管理及拆除等全部生产活动。

依据《国民经济行业分类》（GB/T 4754—2017），建筑业作为 20 个门类之一，由"房屋建筑业""土木工程建筑业""建筑安装业""建筑装饰、装修和其他建筑业"四个大类组成，见表 1.1。

表 1.1 建筑业的行业分类

分 类	具 体 含 义
房屋建筑业	指房屋主体工程的施工活动；不包括主体工程施工前的工程准备活动。包括：(1) 住宅房屋建筑；(2) 体育场馆建筑；(3) 其他房屋建筑业
土木工程建筑业	指土木工程主体的施工活动；不包括施工前的工程准备活动。包括：(1) 铁路、道路、隧道和桥梁工程建筑；(2) 水利和水运工程建筑；(3) 海洋工程建筑（指海上工程、海底工程、近海工程建筑活动，不含港口工程建筑活动）；(4) 工矿工程建筑（指除厂房、电力工程外的非节能环保型矿山和工厂生产设施、设备的施工和安装）；(5) 架线和管道工程建筑（指建筑物外的架线、管道和设备施工活动）；(6) 节能环保工程施工；(7) 电力工程施工；(8) 其他土木工程建筑
建筑安装业	指建筑物主体工程竣工后，建筑物内各种设备的安装活动，以及施工中的线路敷设和管道安装活动；不包括工程收尾的装饰，如对墙面、地板、天花板、门窗等处理活动。包括：(1) 电气安装；(2) 管道和设备安装；(3) 其他建筑安装业
建筑装饰、装修和其他建筑业	指对建筑工程后期的装饰、装修、维护和清理活动，以及对居室的装修活动。包括：(1) 建筑装饰和装修业；(2) 建筑物拆除和场地准备活动；(3) 提供施工设备服务（为各种施工场地提供配有操作人员的施工设备的服务）；(4) 其他未列明建筑业（指上述未列明的其他工程建筑活动）

1.1.3 基本建设与建筑业关系

1.1.3.1 基本建设与建筑业的联系

(1) 基本建设的主要内容由建筑业来完成。建筑安装工作量在基本建设投资中占有相当大的比重，一般为 60%左右。建筑业技术进步和生产效率的提高，直接关系着基本建设工作的进程和效果。

(2) 基本建设投资是促进建筑业发展的客观需要。基本建设投资的多少直接影响建筑业工程任务的多少，如果基本建设投资忽高忽低，建筑业的日子就时好时坏。所以，只有基本建设规模得到健康发展，才能促进建筑业的发展。

1.1.3.2 基本建设与建筑业的区别

(1) 性质不同。基本建设是一种投资行为，是一种综合性的经济活动；而建筑业是一个物质生产部门，主要从事建筑安装等物质生产活动。

(2) 内容不同。基本建设除了包括建筑业完成的建筑安装工程内容外，还包括对设备的购置等；而建筑业的生产任务除了基本建设投资形成的建筑安装任务外，还有更新改造和维修资金形成的建筑安装生产任务。

(3) 任务不同。基本建设的主要任务是在一定期限和资金限额内完成投资活动，得到足够需用的固定资产；而建筑业的主要任务是为社会提供更多、更好、更经济的建筑产品并获取盈利。

1.2 建筑工程项目管理

1.2.1 项目与项目管理

1.2.1.1 项目

项目是一个专业术语，不同组织对项目定义有不同的表述。《项目管理知识体系指南》（第6版）中定义项目为：项目是为创造独特的产品、服务或成果而进行的临时性工作。德国国家标准DIN69901则将项目定义为：项目是指在总体上符合如下条件的唯一性的任务（计划）。《中国项目管理知识体系》（C-PMBOK2006）中将项目定义为：项目是为实现特定目标的一次性任务。

上述关于项目的定义表述虽不尽相同，但其中包含着一些共同要素：具有明确且具体的目标；具有一次性；具有明确界定的工作范围；具有费用、时间、质量等要求。

综合目前关于项目定义的各种表述，项目是指在一定的时间、费用、质量标准等约束条件限定下，具有完整的组织机构，为实现其特定的目的而进行的一次性活动。项目的含义较广泛，如建设一项工程、修建一座水电站、一项科研课题、举办一台晚会、研发一项新技术等。项目基本特征包括以下7个方面：

（1）一次性。即项目不会重复，体现为：项目经理是一次性得到授权的管理者；项目组织是一次性的组织；项目一完成项目组织就解散；项目机会是一次性的；作业层由一次性的劳务构成。但项目的一次性是对项目的整体而言，并不排斥在项目中存在重复性的工作。

（2）独特性。每个项目的内涵是唯一的或者说是专门的，它具有区别于其他任何项目的特征，并具有排他性，即独特的产品、服务或结果。项目要完成的是以前未曾做过的工作，所以它的运作是独特的。

（3）多目标属性。项目的目标包括成果性目标和约束性目标。项目的成果性目标是由一系列技术指标来定义的，同时都受到多重约束性目标的制约。多目标属性的根源是使利益相关者满意，由于利益相关者的多元性，导致了项目目标的多样性。

（4）生命周期性。项目作为一种创造独特产品与服务的一次性活动是有始有终的，项目从始到终的整个过程构成了一个项目的生命周期。尽管各类项目的生命周期阶段的划分有所不同，但总体来看可以分为“概念阶段、开发阶段、实施阶段、结束阶段”四个阶段。

（5）系统性。项目各要素、各阶段间存在相互联系，只有各阶段、各要素有机结合、互相协助起来才能确保其目标的有效实现。

（6）相对独立性。项目是相对于特定的管理主体而存在。对某一主体而言，可构成项目，但对另一主体未必能构成项目。

（7）约束性。项目是一种任务，任务的完成有其限定条件，如时间、质量、资金等限制或要求，这些限定条件就构成了项目的约束条件。

1.2.1.2 项目管理

项目管理是将知识、技能、工具与技术应用于项目活动，以满足项目的要求；是一种基于系统思想与权变理念，面向对象的组织管理方法论。可以从4个不同层次来认识项目管理：

（1）项目管理是一种管理活动。只要是对项目进行的管理活动，人们都可以称之为“项目管理”。

（2）项目管理是一种组织方式。对项目这类“一次性任务”的管理，可采用不同的管理方式，更具体地讲是可采用不同的组织方式。

（3）项目管理是一套管理方法。针对项目的属性和特点，基于“临时性”的项目组织方式，应用系统论的思想和系统工程的方法，在项目的管理实践过程中探索一系列对项目行之有效的管理方法。

（4）项目管理是一门管理学科。随着环境的变化及项目管理方法的应用与发展，管理思想和管理哲学取代管理方法成为项目管理方法论的灵魂和核心，同时也是项目管理方法创新的源泉。项目管理现已成为一门独立的学科，成为管理学科的一个重要分支。

1.2.2 工程项目与工程项目管理

1.2.2.1 工程项目

工程项目是指在一定量的投资下，通过特定工作劳动建造某种“工程实体”的过程。具有以下特征：

（1）在一定约束条件下，以形成固定资产为特定目标。

（2）工程项目的建设需要遵循必要的建设程序和经过特定的建设过程。

（3）工程项目的建设周期长，投资大。

（4）工程项目建设活动具有特殊性。主要表现为资金投入的一次性、建设地点的固定性、设计施工任务的一次性、资源的流动性。

（5）不确定因素多，风险大。

（6）具有投资限额标准。

1.2.2.2 工程项目管理

工程项目管理是以工程项目为对象，在既定的约束条件下，项目管理者用现代化管理方法、理念、技术对工程项目全生命周期进行的一系列管理活动，从而实现最优管理目标。

当前，工程项目管理有以下几方面发展趋势：

（1）科学化趋势。现代工程项目趋于智能化、复杂化、集成化，涉及建造技术复杂，因此科学化管理成为工程项目管理发展的主要趋势。工程项目管理的科学化主要体现在管理的规范化、创新性、专业性。规范化可以使建设各方形成合力，强化管理绩效；创新性可以提升建筑企业核心竞争力，也可提升工程项目管理效率；专业性可使工程项目管理更加科学高效。

（2）信息化趋势。大数据的发展、AI的快速发展，工程项目管理信息化趋势已成必然。借助于信息技术、互联网等工程项目信息处理平台、工具，可有效提高工程项目管理效率，使得信息在各参与主体间真实、快速交流。

（3）国际化趋势。随着我国企业在海外投资及经营项目的数量与日俱增，国内外市场的全面融合，项目管理的国际化成为趋势。

1.2.3　建筑工程项目管理的定义与内涵

建筑工程项目管理是针对建筑工程而言的，即在一定约束条件下，以建筑工程项目为对象，以最优实现建筑工程项目目标为目的，以建筑工程项目经理负责制为基础，以建筑工程承包合同为纽带，对建筑工程项目进行高效率的计划、组织、协调、控制和监督的系统管理活动。其内涵是：自项目开始至项目完成，通过项目策划和项目控制等手段，以使项目的费用目标、进度目标和质量目标等得以实现。

按建筑工程生产组织的特点，一个项目往往由众多参与单位承担不同的建设任务，而各参与单位的工作性质、工作任务和利益不同，因此形成了以下不同的建筑工程项目管理类型：业主方的项目管理（它是建筑工程项目管理的核心，是建筑工程项目生产的总组织者）、设计方的项目管理、施工方的项目管理、供货方的项目管理、建设项目总承包方的项目管理、其他建设工程项目管理。

1.3　建筑工程项目经济评价

1.3.1　建筑工程项目经济评价的意义

由于在特定的时期和一定的地域范围内，人们能够支配的经济资源总是稀缺的，因此对建筑工程活动进行工程经济分析、评价是十分必要的。对建筑工程项目的评价，不仅要权衡其技术的先进性、创新性、绿色节能等，更重要的是要权衡其投入使用后的经济效果。建筑工程项目经济评价的目的是根据国民经济发展战略和行业、地区发展规划的要求，在做好产品（或服务）市场预测分析和厂址选址、工艺技术方案选择、工程技术研究的基础上，对项目投入的费用和产出的效益进行计算、分析，通过多方案比较，分析论证拟建项目的财务可行性和经济合理性，同时考虑项目的社会效益、环境效益等，为做出正确的决策提供科学依据；以最大限度地提高工程经济活动的效益，降低损失或消除负面影响，最终提高工程经济活动的价值。通过对建筑工程项目经济评价，可以实现：

（1）分析投资方向的合理性。在一定的地区或部门，根据国家当前的经济发展政策、自然资源条件以及市场的需求预测等，寻求最有利的投资机会，选择最合理的建设项目，保证国家有限的建设资金能够发挥出最大的经济效果。

（2）寻找实现目标的最优途径。在建筑工程项目经济评价过程中，可通过分析比较选择最经济有利的方案，以最小的资源耗费满足预定的目标要求或实现产出最大化。

（3）明确项目的投资来源。建筑工程项目资金筹措方式很多，但不同的筹措方式所付出的代价是不一样的。投资来源有时是取舍技术方案的决策性因素。例如，某项经济效益高而投资大的方案，可能因资金来源所限而被放弃，反而采用效益低而投资小的方案；有时某项投资方案在利用国内资金的情况下是有利的，而利用高息的外资时则变得无利可图等。

1.3.2　建筑工程经济评价的主要内容

建设项目经济评价包括财务评价（也称财务分析）和国民经济评价（也称经济分析）。

财务评价是在国家现行财税制度和价格体系的前提下，从项目的角度出发，计算项目范围内的财务效益和费用，分析项目的盈利能力和清偿能力，评价项目在财务上的可行性。

国民经济评价是在合理配置社会资源的前提下，从国家经济整体利益的角度出发，计算项目对国民经济的贡献，分析项目的经济效率、效果和对社会的影响，评价项目在宏观经济上的合理性。

复 习 题

1. 简述基本建设的内容及其作用。
2. 基本建设按建设性质如何划分？
3. 简述基本建设程序。
4. 简述基本建设与建筑业之间的关系。
5. 简述项目特征。
6. 什么是项目管理？
7. 什么是建筑工程项目管理？
8. 简述建设项目经济评价的含义。
9. 简述建筑工程项目经济评价的意义。
10. 简述建筑工程经济评价的主要内容。

2 资金的时间价值

本章知识要点结构层次分析导图如图 2.1 所示。

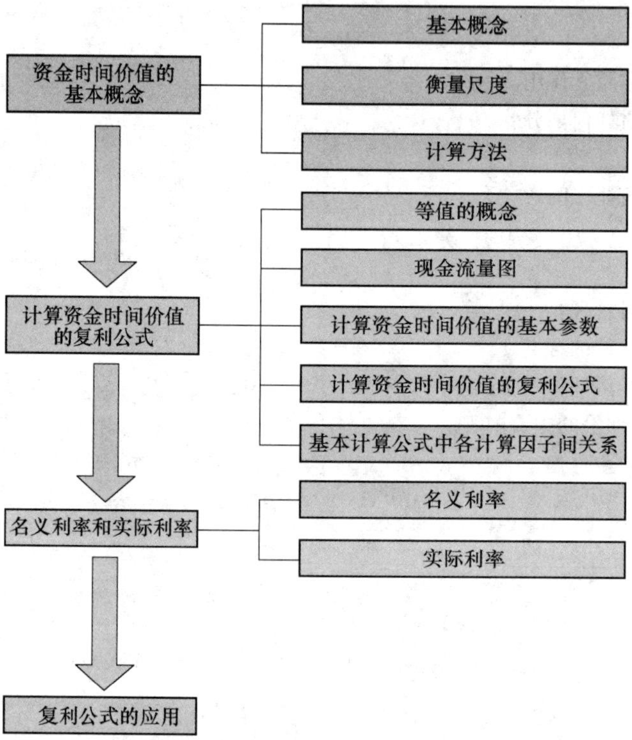

图 2.1　知识结构导图

2.1　资金时间价值的基本概念

2.1.1　基本概念

建筑工程项目中，技术方案的经济效益，所消耗的人力、物力和自然资源，最后都是以价值形态，即资金的形式表现出来的。资金运动反映了物化劳动和活劳动的运动过程，而这个过程也是资金随时间运动的过程。因此，在工程经济分析时，不仅要着眼于技术方案资金量的大小（资金收入和支出的多少），而且也要考虑资金发生的时间。资金是流动的，资金的价值是随时间变化而变化的，是时间的函数，随时间的推移而增值，其增值的这部分资金就是原有资金的时间价值。其实质是资金作为生产经营要素，是使用稀缺资源，在扩大再生产及其资金流通过程中，资金随时间周转使用的结果。

2.1.2　衡量尺度

衡量资金时间价值的尺度有两种：其一为绝对尺度，即利息、盈利或净收益；其二为相对尺度，即利率、盈利率或收益率。

（1）利息或净收益。利息或净收益是衡量资金时间价值的绝对尺度。利息是劳动者为全社会创造的剩余价值（即社会纯收入）的再分配部分。

当个人或企业向银行贷款时，都要支付利息。即使使用自有资金，无需向别人支付利息，但失去了将这笔资金存入银行而将获得的利息，所以占用资金是要付出代价的；即利息是因占用资金而支付的费用。净收益是把资金投入生产建设中产生的资金增值。

（2）利率或收益率。利率或收益率是一定时间的利息或收益占原投入资金的比率。它反映了资金随时间变化的增长率，是衡量资金时间价值的相对尺度。

资金时间价值的存在，使不同时点上发生的现金流量无法直接加以比较。近期的资金由于具有增值能力而比远期同样数额的资金更有价值。因此，要通过一系列的换算，使资金在同一时点进行对比，才符合客观条件。

2.1.3　计算资金时间价值的方法

由于利息是资金时间价值的最直观体现，计算资金时间价值的方法就是如何计算利息的问题。利息计算有单利计息和复利计息两种方法。

2.1.3.1　单利

单利计息是指仅用本金计算利息，利息到期不付不再生息。不论本金时间有多长，只对本金计算利息，不考虑先期产生利息的利息。

设每期的利率 i 相等，则本金 P 在第 t 期的利息额 I_t 及第 n 期期末的本利和 F_n 分别为：

$$I_t = Pi \tag{2.1}$$

$$F_n = P + \sum_{t=1}^{n} I_t = P + n \cdot Pi = P(1 + ni) \tag{2.2}$$

单利法在一定程度上考虑了资金的时间价值，但对于以前已经产生的利息，没有累计计息，所以不够完善。

2.1.3.2　复利

复利计息时，不仅本金计算利息，而且利息也生息，即用本金与前期累计利息之和计算当期利息。设每期的利率 i 相等，本金 P 在第 t 期的利息额 I_t 及第 n 期期末的本利和 F_n 分别为：

$$I_t = F_{t-1} \cdot i \tag{2.3}$$

$$F_n = P(1 + i)^n \tag{2.4}$$

上述本利和公式可依据复利定义进行推导，见表 2.1 所示。

表 2.1　复利本利和的计算

计算周期	期初本金	本期利息	期末本利和 F_n
1	P	$P \cdot i$	$F_1 = P + P \cdot i = P(1+i)$

续表 2.1

计算周期	期初本金	本期利息	期末本利和 F_n
2	$P(1+i)$	$P(1+i)\cdot i$	$F_2=P(1+i)^2$
3	$P(1+i)^2$	$P(1+i)^2\cdot i$	$F_3=P(1+i)^3$
…	…	…	…
n	$P(1+i)^{n-1}$	$P(1+i)^{n-1}\cdot i$	$F_n=P(1+i)^n$

复利计息有间断复利和连续复利之分。如果计息周期为一定的时间区间（如年、季、月等），并按复利计息，称为间断复利；如果计息周期无限缩短，则称为连续复利。从理论上讲，资金是在不停地运动，每时每刻都通过生产和流通在增值，应采用连续复利计息；但在实际活动中，计息周期不可能无限缩短，一般都采用较为简单的间断复利计息。

复利计息更符合资金在社会再生产过程中运动的实际状况，工程经济分析中一般采用复利计息。

2.2 计算资金时间价值的复利公式

2.2.1 等值的概念

资金有时间价值，即使金额相同，因其发生在不同时间，其价值就不相同。反之，不同时点绝对不等的资金在时间价值的作用下却可能具有相等的价值。这些不同时期、不同数额但其“价值等效”的资金称为等值，又叫等效值。例如今年的 100 元与明年 110 元在数量上并不相等，但在年利率 10% 的情况下，两者却是等值的。等值具有以下特点：等值是以规定的利率为前提的。不同时期的资金，如不规定利率，不具备可比性。

等值的概念是技术经济分析、比较和评价不同时期资金使用效果的重要依据；利用等值的概念，可以把在不同时点发生的资金换算成同一时点的等值资金，然后再进行比较。

2.2.2 现金流量图

一项投资活动，在一定时期内必然要发生现金的流出与流入。针对特定的经济系统（如：一个建设项目、一个企业、一个国家、一个地区或一个部门），在某一时点发生了使用权或所有权转移的现金或其等价物（可以是国库券、定期存单、银行承兑汇票等）的数量，称之为现金流量（cash flows）。现金流量的内涵和构成因建筑工程经济分析的范围和方法不同而异。在建设项目财务评价时，使用从项目的角度出发，按现行财税制度和市场价格确定的财务现金流量。在建设项目国民经济评价时，使用从国民经济角度出发，按资源优化配置原则和影子价格确定的国民经济效益费用流量。

流入该系统的现金称为现金流入（cash inflows），通常用 CI 表示；流出系统的现金称为现金流出（cash outflows），通常用 CO 表示；同一时点上现金流入与现金流出之差称为净现金流量，通常用 CI–CO 表示。现金流量一般以计息周期（年、季、月等）为时间量的单位，用现金流量图或现金流量表来表示。

现金流量图（cash-flows diagrams），是能反映经济系统现金流量随时间变换的图式，是把经济系统的现金流入、现金流出量汇入一个时间坐标图中，从而清晰地表现出各现金流入、流出与相应时间点的关系（如图 2.2）。

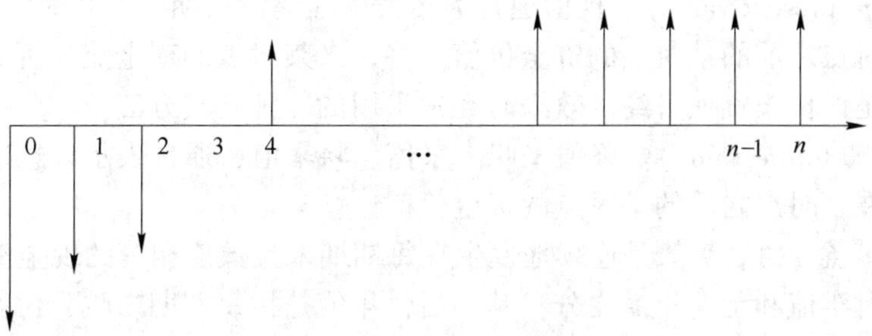

图 2.2　现金流量图的一般形式

在图 2.2 中，横轴称为时间轴，表示一个从 0 开始到 n 的时间序列；每一个刻度表示一个计息周期，如按年计息，则时间轴上的刻度单位就是年。

时间轴上，0 代表时间序列的起始点，从 1 到 n 分别代表各计息期的终点。每个数字都有两个含义，如对于 2 来说，它既代表第二个计息期的终点（结束），又代表第三个计息期的始点（开始）。每个时点既表示本时段结束，同时也表示下一时段的开始。如：3 时点，就表示第 3 计息期期末、第 4 计息期期初。

各时点上垂直于横轴的有向竖线用来描述现金流量。箭线的长度与流入和流出的金额成正比，金额越大，其相应的箭线长度越长。

以图 2.2 为例说明现金流量图的作图方法。

（1）以横轴为时间轴，向右延伸表示时间的延续，轴上每一个刻度表示一个时间单位，可取年、半年、季度、或月等，若没有特别说明的情况下，一般以年表示。0 表示时间序列的起点，n 表示时间序列的终点。

（2）垂直于时间坐标的箭线表示不同时点现金流量的大小和方向。一般规定横轴上方箭线为现金流入，横轴下方箭线为现金流出，有时为解决问题方便也可作相反约定。

（3）现金流量图中，箭线长短与现金流量数值大小应成比例。但由于经济系统中各时点现金流量的数额时常相差较多，不易绘成比例，因此现金流量图中的箭线长短只要能适当体现各自数值的差异，在各箭线上方或下方表示其现金流量的数值即可。

（4）箭线与时间轴的交点即为现金流量发生的时点；立脚点不同，画法刚好相反。

（5）时间序列中某一期的期末正好是下一期的期初。

（6）现金流入与流出总是针对特定的经济系统而言的，分析时所占角度不一样，其现金流入与流出也不一样。

绘制现金流量图时，应把握好现金流量图的三个要素：大小——现金流量的数额；流向——现金流入或流出；时点——现金流入或流出所发生的时间点。

2.2.3　计算资金时间价值的基本参数

（1）利率 i。在工程经济分析中，把根据未来值求现值的过程叫贴现或折现，贴现时所用的利率称为计息利率或贴（折）现率。

（2）计息期数 n。在利息计算中表示计息周期数；在工程经济分析中代表从开始投入资金到项目的寿命周期终结为止的整个期限，通常以“年”为单位，也可以以“半年”“季”“月”为单位。

（3）现值 p(present value)。现值通常表示发生在建设初期，即0时点上的资金价值，或表示未来某时点之前的某时点的资金价值。将未来某时点的现金流量折算为现值，称为折现或贴现，是评价投资项目经济效果时经常采用的一种基本方法。

（4）终值 F(future value)。终值又叫未来值、将来值，通常表示计息期期末的资金价值，或表示现在某时点之后的某时点的资金价值。

（5）年值（金）A。年值是连续地发生在每期期末且数值相等的现金流序列。年值有后付年值、预付年值和延期年值之分，其中后付年值是指每期期末收、付款的现金流量序列，是最常用的年值形式；预付年值是指每期期初收、付款的现金流量序列，计算要以后付年值为基础，并考虑款项提前收付的时间差异；延期年值是指距今若干期以后发生的每期期末收、付款的现金流量序列，计算时要考虑款项延期收付时间对货币资金价值的影响。

2.2.4　计算资金时间价值的复利公式

2.2.4.1　一次支付情形

一次支付又称为整付，是指所分析系统的现金流量，无论是流入还是流出，均在一个时点上一次发生。

（1）一次支付终值公式（已知 P 求 F）。假设有一笔资金 P，以年利率 i 计算，可求得 n 年后本利和为（现金流量图如图2.3所示）

$$F = P(1+i)^n \tag{2.5}$$

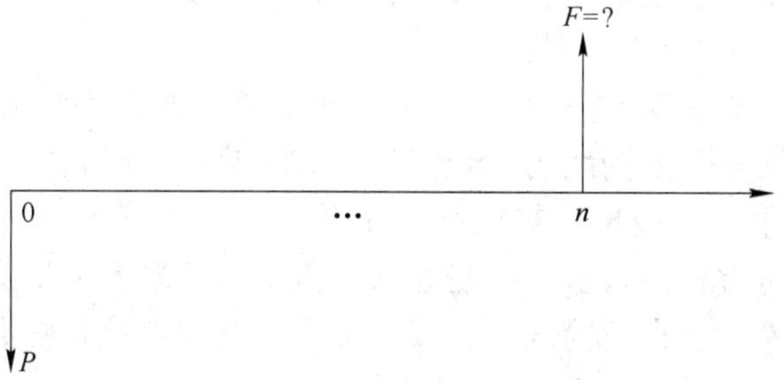

图2.3　一次支付终值现金流量图

公式（2.5）为一次支付终值（复利终值）公式，式中 $(1+i)^n$ 称为一次支付终值系数。

用规格化代码（x/y，i，n）表示上述因子，其中 x 表示未知值、y 表示已知值，则一次支付终值系数 $(1+i)^n$ 记为：

$$F = P(F/P, i, n) \tag{2.6}$$

实际工作中，按不同期数、利率编制有各种因子的系数表，可方便地查表获得，避免了繁杂的数学计算。

例2.1　银行现有2种存款方式：（1）1年期整存整取，1年后可自动转存，年利率为 2%；（2）5 年期整存整取，年利率为 4%。若某人拟准备将 50 万元存入银行，则 5 年后这两种存款方式下分别可从银行取出多少钱?

解：第一种存款方式下，依据公式（2.6），5 年后可从银行取得：

$$\begin{aligned} F &= 50(F/P,\ 2\%,\ 5) \\ &= 50 \times 1.1041 \\ &= 55.205(\text{万元}) \end{aligned}$$

第二种存款方式按当前商业银行规则，5 年期整存整取，期间按单利计算，则 5 年后可从银行取得：

$$\begin{aligned} F &= 50 \times (1 + 4\% \times 5) \\ &= 50 \times 1.1041 \\ &= 60(\text{万元}) \end{aligned}$$

（2）一次支付现值公式（已知 F 求 P）。一次支付现值公式，可以通过一次支付终值公式进行变换获得。条件是：已知 F、i、n，求现值 P。现金流量图如图 2.4 所示。

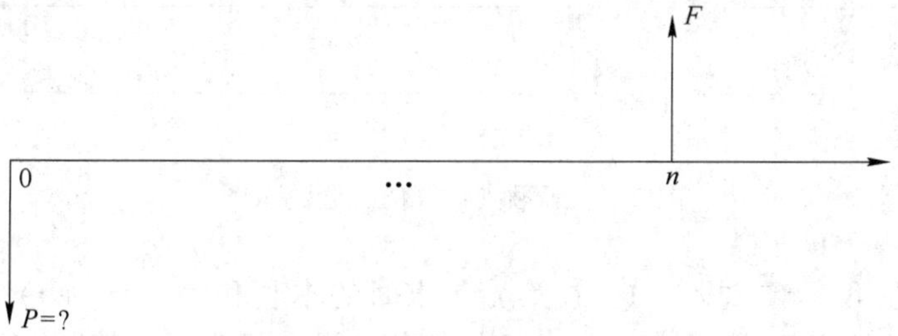

图 2.4　一次支付现值现金流量图

由式（2.5）即可求出现值 P：

$$P = F(1+i)^{-n} \tag{2.7}$$

式中，$(1+i)^{-n}$ 称为复利现值系数，记为 $(P/F,\ i,\ n)$，可查系数表获得。建筑工程经济中，一般是将未来值折现到零期，故计算现值 P 的过程叫“折现”或贴现；$(1+i)^{-n}$ 又称为折现系数或贴现系数。它与一次支付终值系数 $(F/P,\ i,\ n)$ 互为倒数，即

$$(P/F,\ i,\ n) = \frac{1}{(F/P,\ i,\ n)}$$

公式（2.7）也可写成

$$P = F(P/F,\ i,\ n) \tag{2.8}$$

例 2.2　某企业希望第 8 年年末收回 100000 元资金，年利率 i 为 6%，问现在需一次性投入多少?

解：由式（2.7）得：

$$P = 100000(1 + 6\%)^{-8} = 100000(P/F,\ 6\%,\ 8) = 62740(\text{元})$$

2.2.4.2　等额支付情形

一个经济系统分析期内的现金流量，除了一次支付类型外，大多数是分布在整个分析期内的，即多次支付。现金流入和流出发生在多个时点的现金流量，其数额可以是不等的，也可以是相等的。当现金流序列是连续且数额相等时，则称为等额系列现金流。其现金流量图如图 2.5 所示。

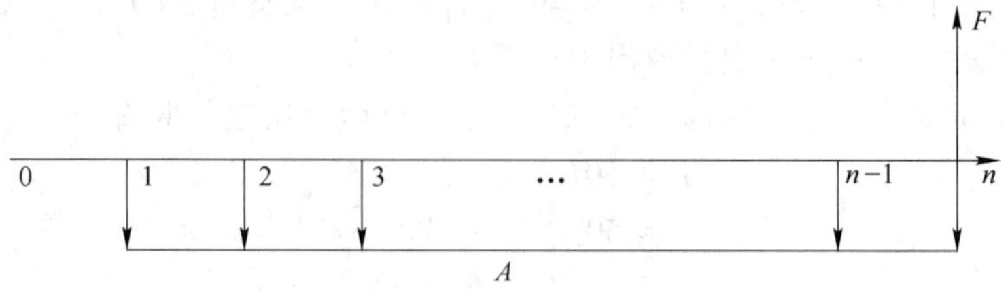

图 2.5　等额系列现金流量图

(1) 等额支付终值公式（已知 A 求 F）。若每年末等额支付 A 元，年利率为 i，求经过 n 年后所累计的本利和 F（如图 2.6 所示）。

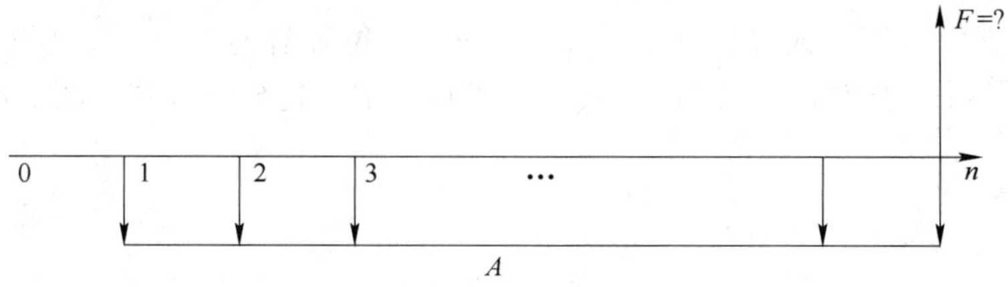

图 2.6　等额支付终值现金流量图

可以看到，在第 1 年末投资 A，在第 n 年末时的本利和为 $A(1+i)^{n-1}$；第 2 年末投资 A，第 n 年末时的本利和为 $A(1+i)^{n-2}$；第 3 年末投资 A，第 n 年末时的本利和为 $A(1+i)^{n-3}$；依此类推，第 $(n-1)$ 年末投资 A，1 年后的本利和为 $A(1+i)$；第 n 年末投资 A，当年的本利和仍然为 A。

这样，在这 n 年中，每年年末投资 A，n 年后的本利和为

$$F = A(1+i)^{n-1} + A(1+i)^{n-2} + A(1+i)^{n-3} + \cdots + A(1+i) + A$$
$$= A[(1+i)^{n-1} + (1+i)^{n-2} + (1+i)^{n-3} + \cdots + (1+i) + 1]$$

根据首项为 1、公比为 $(1+i)$ 的等比数列的求和公式，可知

$$F = A\frac{(1+i)^n - 1}{i} \tag{2.9}$$

式 (2.9) 即为等额支付终值公式，$\frac{(1+i)^n - 1}{i}$ 称为等额支付终值系数，或年金终值系数，记为 $(F/A, i, n)$。

应用式 (2.9) 的条件是：每期支付金额相同（A 值）；支付间隔相同（如一年）；每次支付都在对应的期末，终值与最后一期支付同时发生，即后付年值。

例 2.3　某人 10 年内，每年年末存入银行 10000 元，若年利率始终为 4%，问第 10 年年末可从银行取得多少本利和？

解：画出现金流量图，如图 2.7 所示：

由式 (2.9) 可得：

$$F = 10000\frac{(1+4\%)^{10} - 1}{4\%} = 10000(F/A, 4\%, 10) = 120061(\text{元})$$

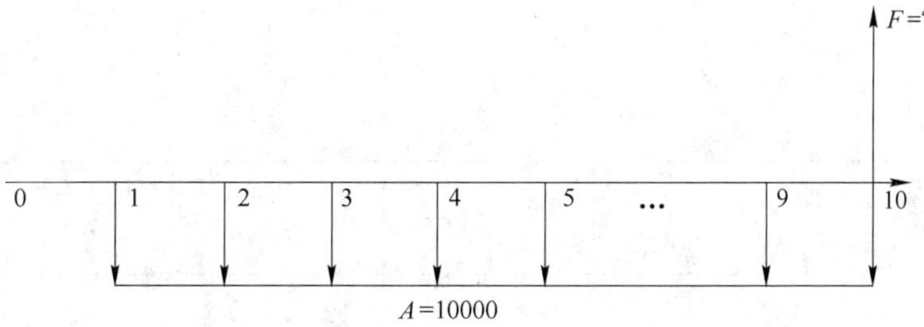

图 2.7 现金流量图

（2）等额支付偿债基金公式（已知 F 求 A）。等额支付偿债基金计算是等额系列终值计算的逆运算，在年利率为 i 时，欲将第 n 年年末的资金 F 换算为与之等值的 n 年中每年年末的等额资金，就是等额支付偿债基金计算问题。条件是：已知 F、i、n，求年金 A，现金流量图如图 2.8 所示。

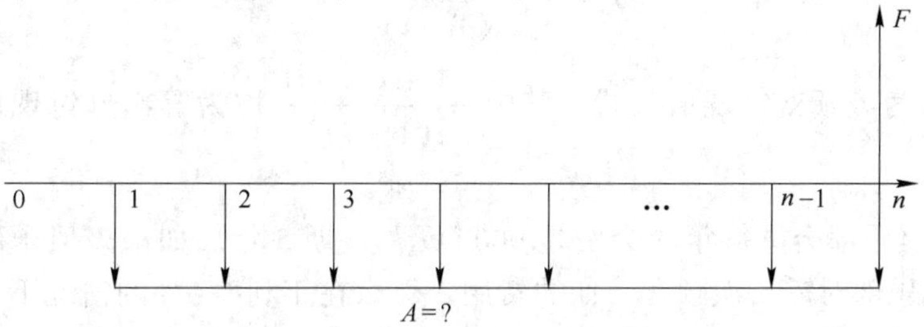

图 2.8 等额支付偿债基金现金流量图

由式（2.9）可得到偿债基金公式：

$$A = F\frac{i}{(1+i)^n - 1} \tag{2.10}$$

式中，$\frac{i}{(1+i)^n - 1}$ 称为等额分付偿债基金系数，记为（A/F，i，n）。

例 2-4 某企业计划自筹资金进行一项技术改造以便通过技术创新提高企业效益，预计 5 年后进行的这项改造需要资金 300 万元，若银行利率始终为 4%，问从今年起每年末应筹款多少？

解： 本题为等额支付偿债基金计算问题。

$F=300$ 万元，$i=4\%$，$n=5$，有

$$A = 300(A/F,\ 4\%,\ 5) = 300 \times 0.1846 = 55.38(\text{万元})$$

（3）等额支付现值公式（已知 A 求 P）。等额支付现值公式条件是：已知 A、i、n，求现值 P。其现金流量图如图 2.9 所示。

求与 n 年内系统的总现金流入相等值的系统期初现值 P，可以分两步走。先由等额支付终值公式 $F = A\frac{(1+i)^n - 1}{i}$ 求出与 n 年内系统的总现金流入相等值的终值 F，再由一次

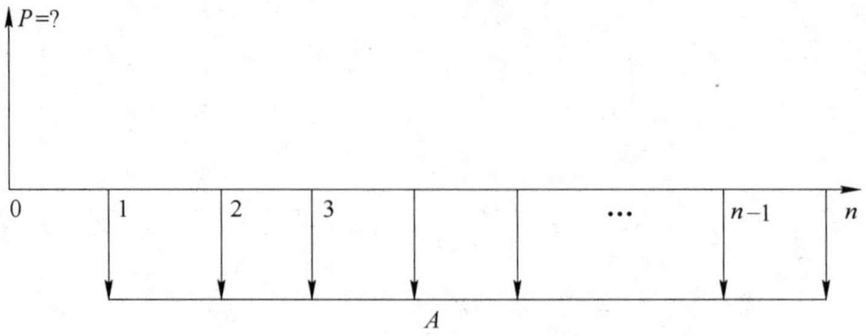

图 2.9　等额支付现值现金流量图

支付现值公式 $P=F\frac{1}{(1+i)^n}$把终值折合成现值，于是有 $P=F\frac{1}{(1+i)^n}=A\times\frac{(1+i)^n-1}{i}\times\frac{1}{(1+i)^n}$，即得到等额系列现值公式

$$P=A\frac{(1+i)^n-1}{i(1+i)^n} \tag{2.11}$$

式（2.11）为等额支付现值公式，其中 $\frac{(1+i)^n-1}{i(1+i)^n}$ 称为等额分付现值系数，记为（P/A，i，n）。

例 2.5　一俱乐部会员每年的会费是 9000 元，一期 5 年。如果该俱乐部实施先付费后活动，加入俱乐部时需一次预存一期的费用。那么在年利率 7%的情况下，现应预存多少钱?

解：本题为等额分付现值计算问题。

$A=9000$ 元，$i=7\%$，$n=5$

$$P=A\left[\frac{(1+i)^n-1}{i(1+i)^n}\right]=A(P/A,\ i,\ n)$$

$$=9000\times(P/A,\ 7\%,\ 5)=36900\ (元)$$

例 2.6　某设备经济寿命为 20 年，预计年净收益为 35 万元，残值为 8000 元，按照投资者要求的收益率为 25%，求该投资者最多愿意出多少钱购买该设备?

解：本题现金流量图如图 2.10 所示

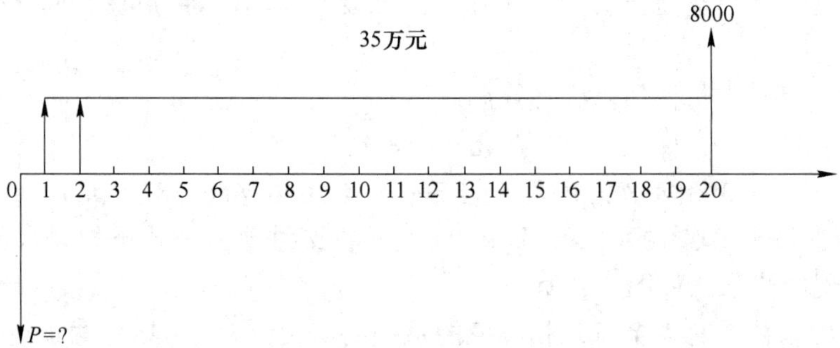

图 2.10　现金流量图

$$
\begin{aligned}
P &= 35(P/A,\ 25\%,\ 20) + 0.8(P/F,\ 25\%,\ 20) \\
&= 35 \times 3.9539 + 0.8 \times 0.0115 \\
&= 138.40(\text{万元})
\end{aligned}
$$

需要注意的是，多数情况下，年金都是在有限时期内发生的；但也有些年金是无限期的。当式（2.11）中的 n 为无限时，就可得到永续年金的现值。即 $n \to \infty$ 时，有 $\lim\limits_{x\to\infty}\dfrac{(1+i)^n-1}{i(1+i)^n}=\dfrac{1}{i}$。此时 $P=\dfrac{A}{i}$，P 是永续年金 A 的现值；反过来，一笔资金的永续年金就是 $A=P\times i$，即每年只提取资金的利息部分，而保留本金部分。

（4）等额支付资本回收公式（已知 P 求 A）。对于初期投资 P，当年利率为 i 时，在 n 年内每年年末以等额资金 A 回收的问题就是等额支付资本的回收计算。条件是：已知 P、i、n，求年金 A。其现金流量图如图 2.11 所示。

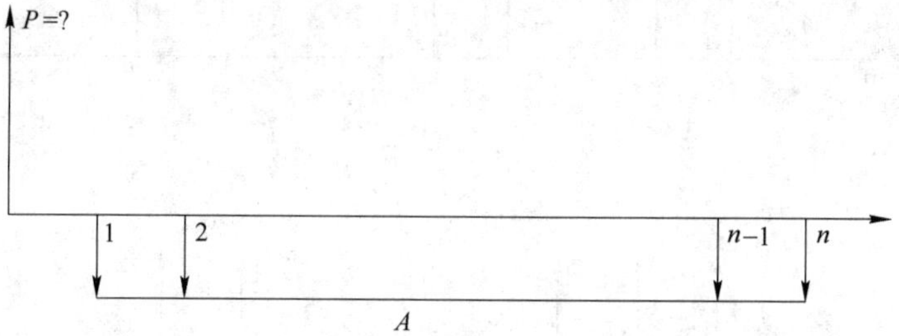

图 2.11　等额支付资金回收现金流量图

等额支付资本回收计算是等额现值计算的逆运算，故由式（2.11）得

$$A = P\frac{i(1+i)^n}{(1+i)^n-1} \tag{2.12}$$

式中，$\dfrac{i(1+i)^n}{(1+i)^n-1}$ 称为等额支付资本回收系数，记为（A/P，i，n）。

例 2.7　投资 5000 万元新建一科创项目，准备于开建后 10 年内每年年末等额获益收回投资，若年回报率为 8%时，则每年年末至少收益多少才能收回投资？

解：本题是等额支付资本回收计算问题。

$P = 5000$ 万元，$i = 8\%$，$n = 10$，则

$$
\begin{aligned}
A &= P(A/P,\ i,\ n) = 5000(A/P,\ 8\%,\ 10) \\
&= 5000 \times 0.1490 \\
&= 745(\text{万元})
\end{aligned}
$$

2.2.4.3　不等额支付情形

实际工程经济问题中，现金流量每年均有一定的增加或减少，并不相等。不等额支付系列是每期收支数额不相同的现金流量序列。按照现金流量的变化规律，可分为特殊情况下的等差和等比两种不等额现金流量序列，以及一般情况下无规律可循的不等额现金流量序列。

（1）等差序列现金流量等值换算公式。现金流量序列在分析期内，每年年末发生的

方向相同、大小按等额增加或减少的现金流量序列，称为等差序列现金流量。如设备维护费用一般是逐年增加的，若每年按一个相对稳定的常数递增，就构成了一个等差递增现金流量。

等差序列现金流量图如图 2. 12 所示。它可以分解为两个部分：一是以第一年年末的基础金额 A_1 为等额值的等额序列，如图 2. 12（b）所示；二是由 G 组成的等差递增系列现金流量，如图 2. 12（c）所示。

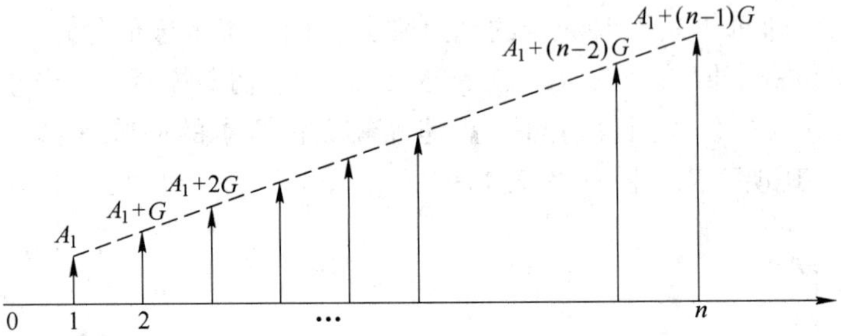

(a)

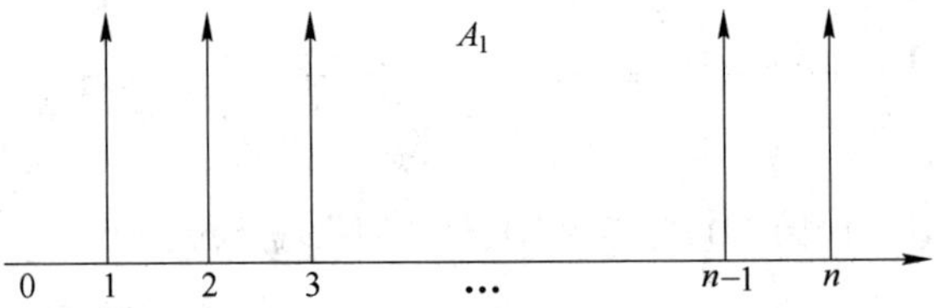

(b)

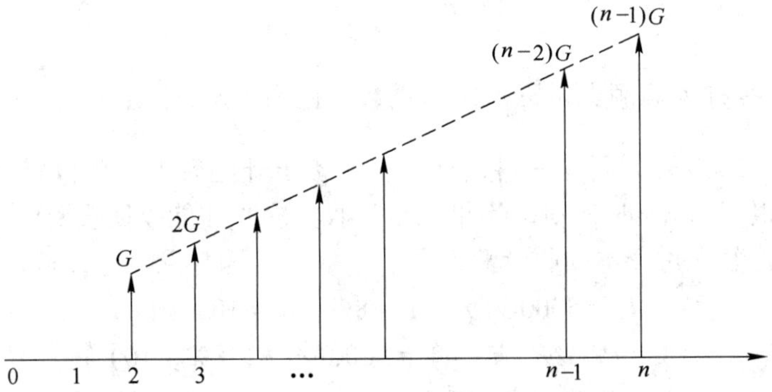

(c)

图 2. 12　等差序列现金流量图

分析图 2. 12（c）所示现金流量。记该序列流量的等额现值为 P_G，由图易知，

$$P_G = G(1+i)^{-2} + 2G(1+i)^{-3} + \cdots + (n-2)G(1+i)^{-(n-1)} + (n-1)G(1+i)^{-n}$$

$$= G\sum^{n-1} t(1+i) \qquad (2.13)$$

对式（2. 13）经数学换算可得如下表达式

$$P_G = G \cdot \frac{1}{i}\left[\frac{(1+i)^n - 1}{i(1+i)^n} - \frac{n}{(1+i)^n}\right] \tag{2.14}$$

式（2.14）中，$\frac{1}{i}\left[\frac{(1+i)^n - 1}{i(1+i)^n} - \frac{n}{(1+i)^n}\right]$ 称为等差序列现值系数，用符号（P/G，i，n）表示。它适用于已知 G、i、n，求 P 的情况。

这样，图 2.12（a）所示的等差递增现金流量序列等额现值为

$$\begin{aligned} P &= P_{A_1} + P_G = A_1\frac{(1+i)^n - 1}{i(1+i)^n} + G \cdot \frac{1}{i}\left[\frac{(1+i)^n - 1}{i(1+i)^n} - \frac{n}{(1+i)^n}\right] \\ &= A_1(P/A,\ i,\ n) + G(P/G,\ i,\ n) \end{aligned} \tag{2.15}$$

当序列等差递减时，即现金流量为左大右小时，P_G 表示的是应从等额部分 P_A 中减去的对应不等额部分资金复利现值，此时等差递减序列的等额现值是 P_A 与 P_G 之差。即对于等差序列现金流量而言，等额现值为

$$P = A_1(P/A,\ i,\ n) \pm G(P/G,\ i,\ n) \tag{2.16}$$

式（2.15）中，经相应等值变换可分别求得等差序列流量的年值 A 和终值 F。同现值一样，当序列流量等差递增时，A 和 F 都是表示由等额部分和对应不等额部分的组合；当序列流量等差递减时，A 和 F 表示的是应从等额部分中减去对应不等额部分后剩下的部分。

由式（2.15）可以得到等差序列流量的年值 A 为

$$A = A_1 \pm G\frac{(1+i)^n - (1+ni)}{i[(1+i)^n - 1]} \tag{2.17}$$

式中，$\frac{(1+i)^n - (1+ni)}{i[(1+i)^n - 1]}$ 称为等差序列年值系数，用（A/G，i，n）表示。式（2.17）又可以表示为

$$A = A_1 \pm G(A/G,\ i,\ n) \tag{2.18}$$

同理，由式（2.15）可以得到等差序列流量的终值 F 为

$$F = A_1\frac{(1+i)^n - 1}{i} \pm G\frac{(1+i)^n - (1+ni)}{i^2} \tag{2.19}$$

式中 $\frac{(1+i)^n - (1+ni)}{i^2}$ 称为等差序列终值系数，记作（F/G，i，n）。它还可以表示成：

$$F = A_1(F/A,\ i,\ n) \pm G(F/G,\ i,\ n) \tag{2.20}$$

例 2.8　现有现金流量如图 2.13 所示，若年利率为 10%，试计算其现值、终值、年金。

解：由图 2.13 可得：$A_1 = 800$，$A_G = 50$，$i = 10\%$，$n = 6$，将相关数据代入式（2.18）得：

$$\begin{aligned} A &= A_1 - A_G = 800 - 50(A/G,\ 10\%,\ 6) \\ &= 800 - 50 \times 2.224 = 688.8(\text{元}) \end{aligned}$$

则可得：

$$P=A(P/A,\ i,\ n)=688.8(P/A,\ 10\%,\ 6)=688.8\times 4.3553=2999.93(\text{元})$$
$$F=A(F/A,\ i,\ n)=688.8(F/A,\ 10\%,\ 6)=688.8\times 7.7156=5314.51(\text{元})$$

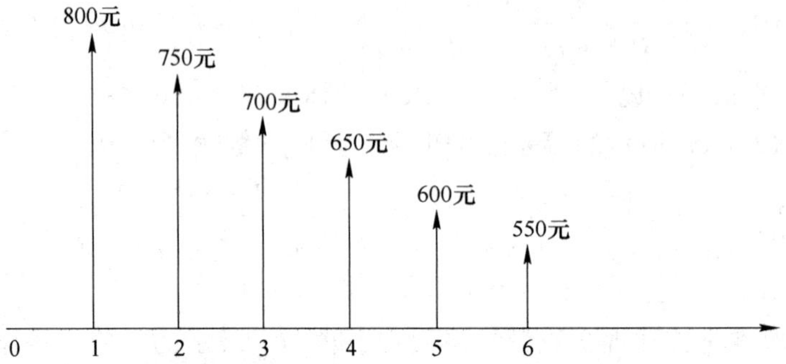

图 2.13　现金流量

（2）等比序列现金流量等值换算公式。等比序列现金流量是指各时点的现金流量按一定速度、以某一固定比率递增或递减，形成一个等比数列。其现金流量如图 2.14 所示。

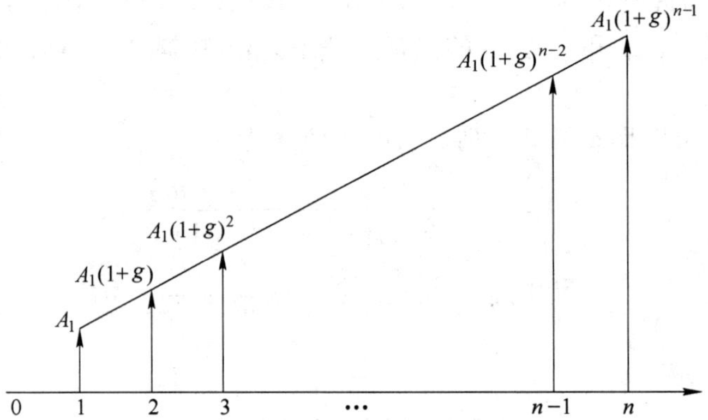

图 2.14　等比系列现金流量图

根据式（2.7），在第 k 期期末现金流量 A_k 的现值为：

$$P_k=A_k(1+i)^{-k}=A_1(1+g)^{k-1}(1+i)^{-k}$$
$$=A_1(1+g)^{-1}\left(\frac{1+g}{1+i}\right)^k$$

则整个现金流量的现值为：

$$P=P_1+P_2+\cdots+P_n=A_1(1+g)^{-1}\sum_{k=1}^{n}\left(\frac{1+g}{1+i}\right)^k$$

当 $g=i$ 时，$P=nA_1(1+g)^{-1}$；当 $g\neq i$，即$\frac{1+g}{1+i}\neq 1$ 时

$$P=A_1(1+g)^{-1}\frac{\left(\frac{1+g}{1+i}\right)^{n+1}-\frac{1+g}{1+i}}{\frac{1+g}{1+i}-1}=A_1\frac{1-\left(\frac{1+g}{1+i}\right)^n}{i-g}\tag{2.21}$$

式（2.21）称为等比系列现值公式，其中 $\dfrac{1-\left(\dfrac{1+g}{1+i}\right)^n}{i-g}$ 称为等比系列现值系数，等比系列的终值、年值公式可应用相关公式据此导出，与等差序列类同。

例 2.9 某企业通过科技创新提高生产力后，第 1 年产品销售额可达 1000 万元，以后年收入逐年增加率达 5%，生产期为 15 年。若利率为 10%，问科技创新投入费用应在什么范围是经济合理的？

解： 该问题属于等比系列现金流，如图 2.15 所示。

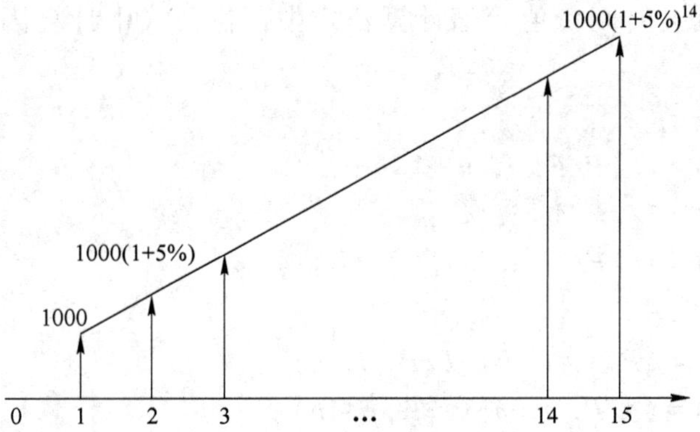

图 2.15 现金流量图

由式（2.21）可得

$$P=A_1\frac{1-\left(\dfrac{1+g}{1+i}\right)^n}{i-g}=1000\times\frac{1-\left(\dfrac{1+5\%}{1+10\%}\right)^{15}}{10\%-5\%}=10046.42(\text{万元})$$

即科技创新费用投入必须小于 10046.24 万元才有经济合理性。

（3）一般不等额现金流量序列等值换算公式。若每期期末的现金收支不等，且无一定的规律可循，可利用复利公式 $F=P(1+i)^n$ 或 $P=F(1+i)^{-n}$ 分项计算后求和。例如，有一不等额现金流量序列，各期末现金流量如图 2.16 所示，分别求其现值资金总额和终值资金总额。

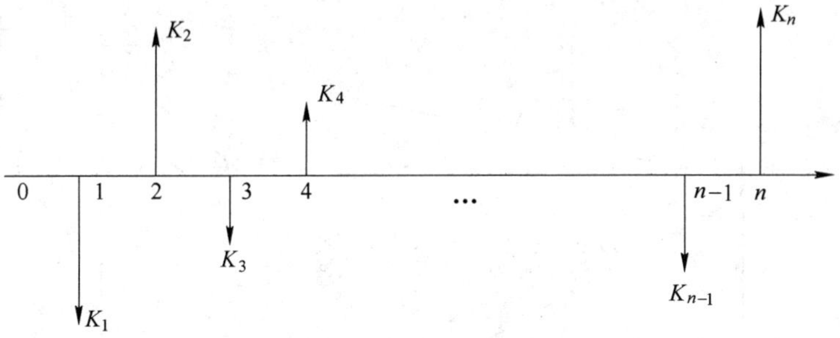

图 2.16 不等额现金流量序列

现值资金总额以 K_p 表示，终值资金总额以 K_f 表示，则

$$K_p = \frac{K_1}{(1+i)} + \frac{K_2}{(1+i)^2} + \cdots + \frac{K_{n-1}}{(1+i)^{n-1}} + \frac{K_n}{(1+i)^n} = \sum_{t=1}^{n} \frac{K_t}{(1+i)^t} \quad (2.22)$$

$$K_f = K_1(1+i)^{n-1} + K_2(1+i)^{n-2} + \cdots + K_{n-1}(1+i) + K_n = \sum_{t=1}^{n} K_t(1+i)^{n-t} \quad (2.23)$$

注：式（2.22）及式（2.23）中 K_t 有“正负”之分，此处为表示方便而未标出。

2.2.5 基本计算公式中各计算因子间关系

以上所介绍的资金时间价值等值计算公式中，各公式中计算因子间具有以下关系（如图 2.17 所示）：

（1）倒数关系。

1）$(F/P, i, n) = 1/(P/F, i, n)$；

2）$(A/P, i, n) = 1/(P/A, i, n)$；

3）$(A/F, i, n) = 1/(F/A, i, n)$。

（2）乘积关系。

1）$(F/A, i, n) = (P/A, i, n)(F/P, i, n)$

2）$(F/P, i, n) = (A/P, i, n)(F/A, i, n)$

（3）其他关系。

1）$(A/P, i, n) = (A/F, i, n) + i$；

2）$(F/G, i, n) = [(F/A, i, n) - n]/i$；

3）$(P/G, i, n) = [(P/A, i, n) - n(P/F, i, n)]/i$；

4）$(A/G, i, n) = [1 - n(A/F, i, n)]/i$。

5）在等差序列现金流中，如果没有等额流量值 A，即 $A=0$，则有

$$(P/G, i, n) = \frac{1}{(G/P, i, n)}$$

注意的是，只有在 i 及 n 条件相同的情况下，且 P、F、A、G 等满足推导公式的假定条件下，上述系数之间的关系才能够成立。抓住各系数之间的关系，就抓住了计算公式的关键。

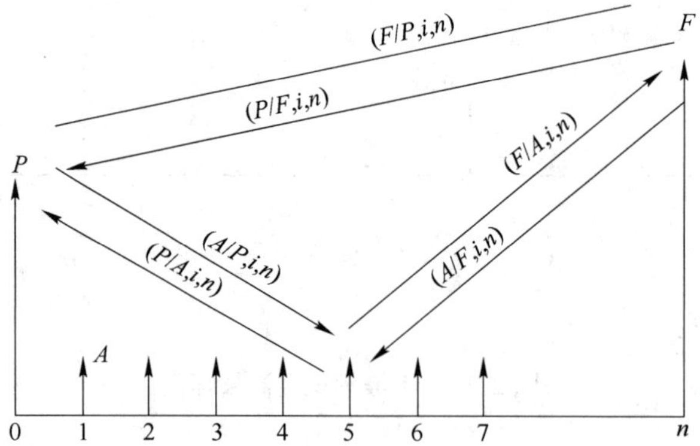

图 2.17 基本公式的关系示意图

运用公式注意的问题：

（1）本期末即等于下期初。0点是第一期期初，也叫零期；1既是第一期期末，也是第二期期初；其余时点以此类推。

（2）P 是在第一计息期开始时（0期）发生，即现值 P 是指折算到分析期期初的现金流量。

（3）F 是发生在考察期期末，即 n 期末，终值 F 是指折算到分析期期末的现金流量。

（4）各期等额支付 A 发生在各期期末，即年值 A 是指折算到分析期内各年年末的等额现金流量。

（5）当问题包括 P 与 A 时，系列的第一个 A 与 P 隔一期，即 P 发生在系列 A 的前一期。

（6）当问题包括 A 与 F 时，系列的最后一个 A 和 F 是同时发生的。

（7）对于等差序列，P_G 发生在第一个 G 的前两期；A_1 发生在第一个 G 的前一期。

2.3 名义利率和实际利率

在经济分析中，复利计算通常以年为计息周期。但在实际经济活动中，计息周期有半年、季、月、周、日等多种。当利率的时间单位与计息期不一致时，就出现了名义利率（nominal interest rate）和实际利率（actual interest rate）的概念。

2.3.1 名义利率

名义利率是指当计息周期小于利率周期时，计息周期利率 i 乘以一个利率周期内的计息周期数 m 便可得到的利率周期利率，用 r 表示。即

$$r = i \times m \tag{2.24}$$

若年利率是12%，每月计息一次，则1%是月实际利率，1%×12＝12%即为年名义利率。计算名义利率时，忽略了计息到期的利息再次生息的问题，其与单利的计算相同。

2.3.2 实际利率

实际利率是指按实际计息期计息的利率，用 $i_{实}$ 表示；实际利率一般是考虑计息期内利息再生因素后的利率。若1年中计息周期数为 m，则计息周期利率 i 和 r 的关系如下：

$$i_{计息周期} = \frac{r}{m} \tag{2.25}$$

例如，每个计息周期的利率为4%，计息周期为半年，在这种情况下，则名义利率为年利率8%，即 $r = 8\%$ 。

2.3.2.1 间断式计息期内的实际年利率

若名义利率为 r ，1年中计息次数为 m，则计息周期的利率为 $i_{计息周期} = \frac{r}{m}$。根据复利计息公式，本金 P 在1年后的本利和为 $F = P\left(1 + \frac{r}{m}\right)^m$ ，其利息为 $I = F - P = P\left(1 + \frac{r}{m}\right)^m - P$。

则根据国际“借贷真实性法”的规定：实际年利率是一年利息额与本金之比，因此利率周期的实际年利率 $i_{实}$ 为：

$$i_{实} = \frac{F - P}{P} = \frac{P\left(1 + \frac{r}{m}\right)^m - P}{P} = \left(1 + \frac{r}{m}\right)^m - 1 \tag{2.26}$$

由上述过程可知，名义利率的实质是，计息期小于 1 年的利率化为年利率时，没有考虑前期计息周期中所产生利息的利息，忽略了时间因素；实际利率才真实地反映了资金的时间价值。若按单利计息，名义利率与实际利率是一致的；但按复利计算时往往是实际利率大于名义利率。

例 2.10 如果年利率为 12%，则在按月计息的情况下，半年的实际利率为多少？实际年利率又是多少？

解：计息周期为一个月，则月利率为 12%÷12=1%。

半年的计息次数为 6 次，则半年的实际利率为：

$$i_{实\cdot半年} = \left(1 + \frac{r}{m}\right)^m - 1 = \left(1 + \frac{0.12}{12}\right)^6 - 1 = 6.15\%$$

实际年利率为

$$i_{实} = \left(1 + \frac{r}{m}\right)^m - 1 = \left(1 + \frac{0.12}{12}\right)^{12} - 1 = 12.683\%$$

即半年的实际利率为 6.15%；实际年利率为 12.683%。

2.3.2.2 连续式计息期内的实际年利率

当涉及连续现金流的复利问题时，就要使用连续复利的概念，即在一年中按无限多次计息，此时可以认为 $m\to\infty$，求此时的实际年利率，即对公式（2.26）求 $m\to\infty$ 时的极限，即

$$i_{实} = \lim_{m\to\infty}\left[\left(1 + \frac{r}{m}\right)^m - 1\right] = e^r - 1$$

式中 e 为自然对数的底，其值为 2.71828。

以名义利率 12%为例，不同计息周期下的实际年利率如表 2.2 所示。

表 2.2 不同计息周期下 $i_{名}$ 12%的年实际利率

计息周期	年计息次数	各期利率 r/m/%	年实际利率 r/m/%
年	1	12.000	12.000
半年	2	6.000	12.360
季度	4	3.000	12.551
月	12	1.000	12.683
周	52	0.2308	12.734
日	365	0.03288	12.747
连续	∞		12.750

从上表可以看出，随着计息次数 m 的增多，年实际利率 $i_{实}$ 与名义利率 r 相差就越大；

因此在进行工程经济分析时，每年计息期数不同的名义利率之间不具备可比性，应将它们化为实际利率后才能进行比较。

2.4　复利公式的应用

例 2.11　现有一项目，第 1 年年初需投资 85 万元，第 2 年年初 50 万元，第 3 年年末投资 100 万元，利率为 10%，问：

（1）与现金流量图等值的现值。

（2）与现金流量图等值的第 10 年年末的终值。

解：本题现金流量图如图 2.18 所示。

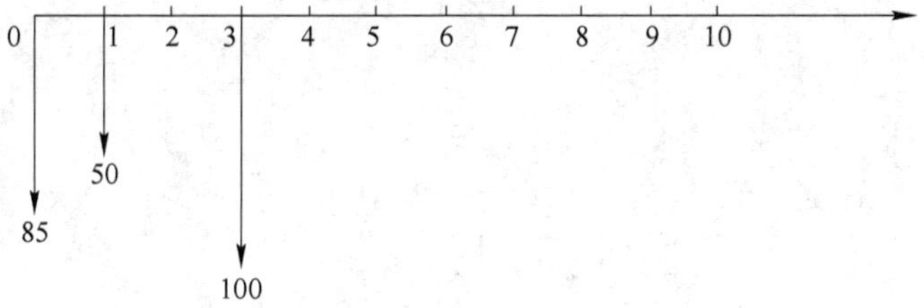

图 2.18　现金流量图

（1）求现值 P：

$$\begin{aligned}P &= -85 - 50(P/F,\ 10\%,\ 1) - 100(P/F,\ 10\%,\ 3)\\ &= -85 - 50 \times 0.9091 - 100 \times 0.7513\\ &= -205.89\end{aligned}$$

（2）求终值 F：

$$\begin{aligned}F &= -85(F/P,\ 10\%,\ 10) - 50(F/P,\ 10\%,\ 9) - 100(F/P,\ 10\%,\ 7)\\ &= -85 \times 2.5937 - 50 \times 2.3579 - 100 \times 1.9487\\ &= 533.23\end{aligned}$$

例 2.12　某公司于第一年年初借款 20000 元，每年年末还本付息额为 4000 元，连续 9 年还清。问借款利率为多少？

解：根据题意，已知 $P=20000$，$A=4000$，$n=9$，求利率 i。

该题属于普通年金现值问题，$20000 = 4000(P/A,\ i,\ 9)$，通过计算普通年金现值系数应为 5。查复利系数表不能查到 $n=9$ 时对应的系数 5，但可以查到和 5 相邻的两个系数 5.3282（对应的利率为 12%）和 4.7716（对应的利率为 15%）。假设普通年金现值系数 5 对应的利率为 i，i 应在 12%和 15%之间，用线性内插法计算可得：

$$i = 12\% + [(5.3282 - 5) \div (5.3282 - 4.7716)] \times (15\% - 12\%) = 13.8\%$$

例 2.13　某投资项目每年有 10 万元的投资收益，在投资收益率为 10%的条件下，企业希望最后一次回收资金 100 万元，则该投资项目投资年限不得少于多少年？

解：由题意可知 $(F/A,\ 10\%,\ n) = 100 \div 10 = 10$

查复利系数表可知：$(F/A,\ 10\%,\ 7) = 9.4872$　　$(F/A,\ 10\%,\ 8) = 11.4359$

求年限：$(n - 7) \div (10 - 9.4872) = (8 - 7) \div (11.4359 - 9.4872)$

$= 7.26$ 年

则该投资项目投资年限不得少于 7.26 年。

例 2.14　某企业向银行贷款 300 万元开发一工程，第三年投产，投产后每年净收益为 60 万元，若年收益率为 10%，寿命期为 15 年，则：

（1）求与此等值的现值 P 为多少？

（2）投产后多少年能归还 300 万元贷款的本息？

解：本题现金流量图如图 2.19 所示。

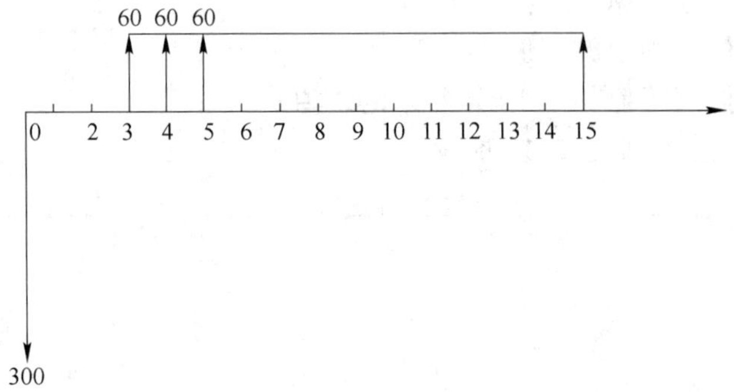

图 2.19　现金流量图

（1）求现值 P：

$$P = -300 + 60(P/A,\ 10\%,\ 13)(P/F,\ 10\%,\ 2)$$
$$= -300 + 60 \times 7.1034 \times 0.8264$$
$$= 52.21$$

（2）求计息期数 n：

$$60(P/A,\ 10\%,\ n) = 300(F/P,\ 10\%,\ 2)$$

查表得 $(P/A,\ 10\%,\ 9) = 5.759$，$(P/A,\ 10\%,\ 10) = 6.1446$

利用线性内插法得：

$$n = 9 + \frac{6.05 - 5.759}{6.1446 - 5.759} \times (10 - 9) = 9.75 \approx 10(\text{年})$$

例 2.15　某设备的使用寿命为 10 年，预计前三年维修费为 1000 元，以后每年递增 200 元。试问 10 年间总计维修费的现值是多少？设定利率 4%。

解：此题现金流量图如图 2.20 所示。

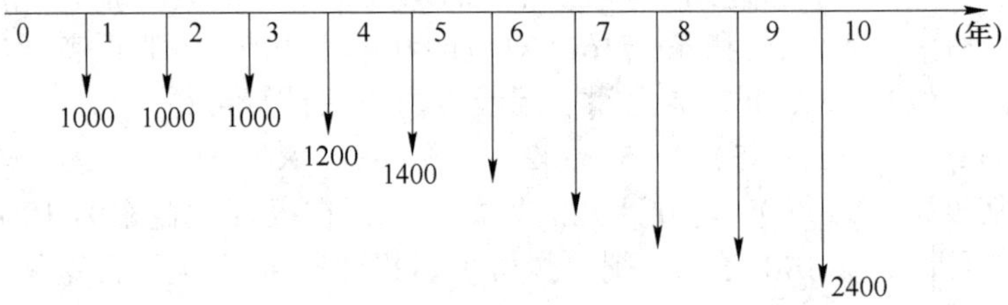

图 2.20　现金流量图

$$P = -1000(P/A,\ 4\%,\ 10) - 200(P/G,\ 4\%,\ 8)(P/F,\ 4\%,\ 2)$$

$=-1000\times 8.1109-200\times 22.180\times 0.9246$

$=12212.43$(元)

即10年中所有维修费用现值为12212.43元。

例2.16　求每半年向银行借1400元，连续借10年的等额支付系列的等值将来值。利息分别按：

（1）年利率为12%；

（2）年利率为12%，每半年计息一次；

（3）年利率12%，每季度计息一次。

解：依题绘制现金流量图如图2.21所示

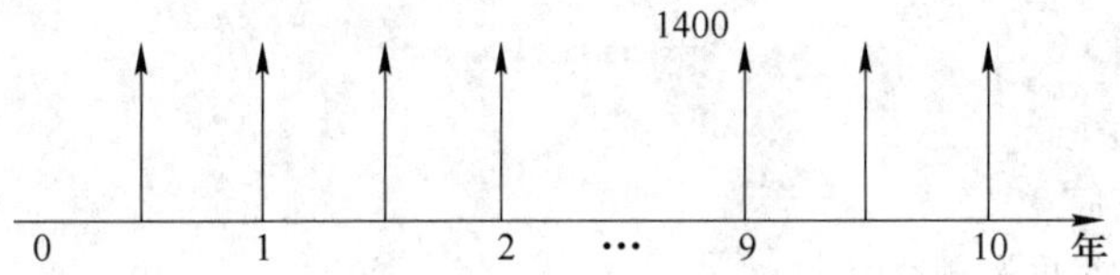

图2.21　现金流量图

（1）计息期长于支付期。

当年利率为12%时，图2.21可转换为图2.22。

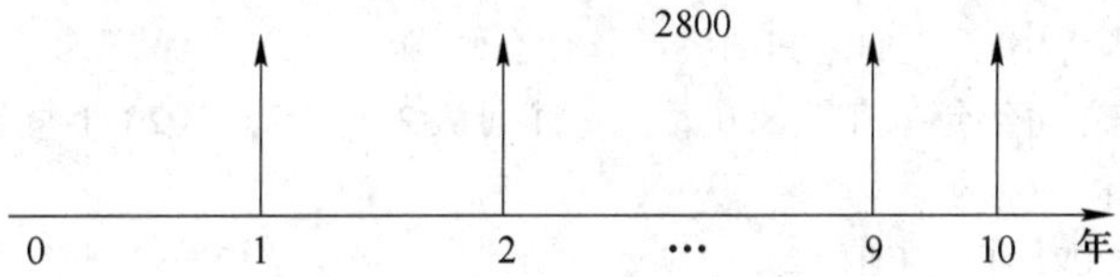

图2.22　现金流量图

$$F=1400\times 2(F/A,\ 12\%,\ 10)=49136(\text{元})$$

（2）计息期等于支付期。

$$F=1400(F/A,\ 12\%\div 2,\ 10\times 2)=51500(\text{元})$$

（3）计息期短于支付期。

当年利率12%，按季度计息时，图2.21可转换为图2.23。

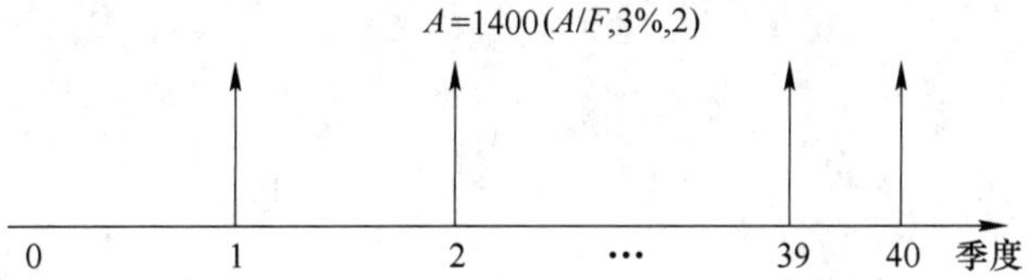

图2.23　现金流量图

$$F=1400(A/F,\ 12\%\div 4,\ 2)(F/A,\ 12\%\div 4,\ 4\times 10)=5200(\text{元})$$

例2.17　某人计划每年年末存1000元，年利率12%，每季度计息一次，连续3年，求存款金额的现值是多少？

解：解法一：

$$i_{实} = \left(1 + \frac{12\%}{4}\right)^4 - 1 = 12.55\%$$

$$P = 1000(P/A,\ 12.55\%,\ 3) = 2379(元)$$

解法二：

$$i_{实} = \frac{12\%}{4} = 3\%$$

$$P = 1000(A/F,\ 3\%,\ 4)(P/A,\ 3\%,\ 12) = 2379(元)$$

复 习 题

1. 简述资金时间价值的概念。
2. 考虑资金时间价值有何意义？
3. 衡量资金时间价值的尺度有哪些？
4. 简述什么是利息。
5. 单利和复利的区别是什么？
6. 简述现金流量的概念。
7. 为什么要进行资金等值计算，影响资金等值计算的因素有哪些？
8. 按照现金流量的变化规律，不等额支付系列可分为哪几种情况？
9. 什么是名义利率、实际利率，它们之间的关系是什么？
10. 某人 2013 年至 2015 年每年年末存款 800 元，并计划从 2017 年至 2020 年每年年末存款 2000 元，年利率假设为 3%。问：

（1）与他所存款等值的 2021 年年末值？

（2）与之等值的 2015 年年末值是多少？

（3）与之等值的 2013 年至 2021 年各年年末等额资金为多少？

11. 某建设项目使用银行贷款，第一年年初贷款 100 万元，第一年年末贷款 500 万元，第二年年末贷款 800 万元，约定 10 年末一次性还清本利。若年利率为 12%，按季度计息，则 10 年年末应偿还银行多少钱？

3 技术经济评价方法

本章知识要点结构层次分析导图如图3.1所示。

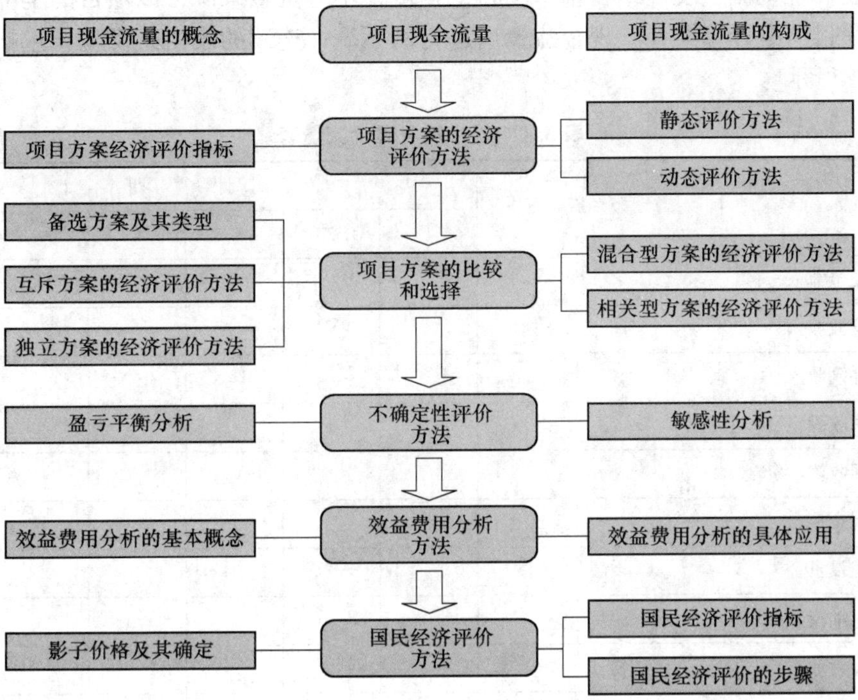

图3.1 知识结构导图

3.1 项目现金流量

在工程经济分析中，通常将工程项目或技术方案视为一个独立的经济系统，来考察项目或者技术方案的经济效果。对一个系统而言，凡在某一时点上流出系统的货币称为现金流出或负现金流量，通常用CO表示；流入系统的货币称为现金流入或正现金流量，通常用CI表示；同一时间点上的现金流入和现金流出的代数和称为净现金流量，通常用CI-CO表示。

3.1.1 项目现金流量的概念

所谓的现金流量（cash flows），是特定经济系统（可以是一个工程项目、一个企业，也可以是一个地区或部门）在某一时点发生了使用权或所有权转移的现金或等价物（如短期国库券、商业本票、可转让定期存单等）的数量。

3.1.2 项目现金流量的构成

构成经济系统现金流量的基本要素主要有建设投资、经营成本、营业收入、税金和利润等。现行的《建设项目经济评价方法》中共涉及项目投资现金流量表、项目资本金现金流量表、投资各方现金流量表和财务计划现金流量表等四个现金流量表。以其中的项目投资现金流量表为依据来阐述项目的现金流量构成。

项目投资现金流量表是站在整个项目的角度，不分资金来源，以项目的全部投资为出发点，对项目整个计算期各年现金流量所进行的系统、连续的表格式反映，包括的主要内容如表 3.1 所示。

表 3.1 项目投资现金流量表

序号	项目	合计	计算期					
			1	2	3	4	…	n
1	现金流入							
(1)	营业收入							
(2)	补贴收入							
(3)	回收固定资产余额							
(4)	回收流动资金							
2	现金流出							
(1)	建设资金							
(2)	流动资金							
(3)	经营成本							
(4)	税金及附加							
(5)	维持营运投资							
3	所得税前净现金流量（1-2）							
4	累计所得税前净现金流量							
5	调整所得税							
6	所得税后净现金流量（3-5）							
7	累计所得税后净现金流量							
	计算指标： 项目投资财务内部收益率（%）（所得税前） 项目投资财务内部收益率（%）（所得税后） 项目投资财务净现值（所得税前）（i） 项目投资财务净现值（所得税后）（i） 项目投资回收期（年）（所得税前） 项目投资回收期（年）（所得税后）							

3.1.2.1 现金流入

现金流入由营业收入、补贴收入、回收固定资产余值和回收流动资金四项构成。

(1) 营业收入是项目建成后对外提供商业活动所取得的收入，是工程经济分析中现金流入的一个重要项目。它反映了工程项目的真实收益，其计算公式为：

$$营业收入=销售数量\times销售单价 \tag{3.1}$$

(2) 补贴收入是指获得的政府提供的各种现金补贴。

(3) 回收固定资产余值一般是在项目计算期的最后一年进行，其中固定资产余值回收额应按照项目选用的固定资产折旧方法计算。

(4) 回收流动资金也是在项目计算期最后一年，要注意流动资金回收额为项目的全部流动资金。

3.1.2.2 现金流出

(1) 建设投资。建设投资指项目建设和投入运营所需要的全部投资，包括固定资产投资、预备费、建设期利息等内容。

(2) 流动资金。流动资金指项目建成投产后购买原材料、支付工资等所需的现金。流动资金一般在投产前开始进行筹措。在投产第一年开始按生产负荷进行安排，其借款部分按全年计算利息。在计算期末回收全部流动资金。

(3) 经营成本。经营成本是工程经济分析中特有的术语。它是工程项目在生产经营期的经常性实际支出，是项目现金流量表中运营期现金流出的主体部分，指总成本费用中扣除折旧费、摊销费、修理费和财务费用（利息支出）后的余额，其计算公式为：

$$经营成本=总成本费用—折旧费—摊销费-财务费用（利息支出） \tag{3.2}$$

计算经营成本之所以要从总成本费用中剔除折旧费、摊销费和财务费用（利息支出)，主要原因是：

1) 在经济效果评价中，由于建设投资已经按照其发生的时间作为一次性支出被计入现金流出，在技术方案建成后建设投资形成固定资产、无形资产和其他资产，折旧是建设投资所形成的固定资产的补偿价值，如将折旧随成本计入现金流出，会造成现金流出的重复计算。同样，由于无形资产及其他资产摊销费也是建设投资所形成资产的补偿价值，只是技术方案内部的现金转移，而非现金支出，故为避免重复计算也不予考虑。因此，作为经常性支出的经营成本中不包括折旧费和摊销费。

2) 贷款利息是使用借贷资金所要付出的代价，对于技术方案来说是实际的现金流出，但在项目投资现金流量表中，是以全部投资作为计算基础的，不分投资资金来源，所以利息支出不作为现金流出；而在资本金现金流量表和投资各方现金流量表中已将借款利息支出单列，因此经营成本中也不包括利息支出。

在估算利润总额和所得税时，折旧费、摊销费和财务费用（利息支出）是总成本费用的组成部分。总成本费用是生产经营活动中活劳动与物化劳动消耗的货币表现，其计算公式为：

$$总成本费用=生产成本+销售费用+财务费用（利息支出）+管理费用 \tag{3.3}$$

工程经济分析中不严格区分费用与成本，而将它们均视为现金流出。根据经济用途，生产成本又可分为直接费用和制造费用，将销售费用、财务费用和管理费用统称期间费用。

在工程经济分析中，为了便于计算，通常按照各费用要素的经济性质及表现形态，把总成本费用分为九类，它们与总成本的关系如式（3.4）所示。

总成本费用=外购原材料+外购燃料+外购动力+工资及福利费+折旧费+摊销费+财务费用（利息支出）+修理费+其他费用 （3.4）

（4）税金及附加。税金主要包括增值税、消费税、城市维护建设税、资源税等。附加是指教育费附加和地方教育费附加，其征收的环节和计费的依据类似于城市维护建设税。

（5）维持营运投资。维持营运投资是指在项目运营期间所耗费的现金投资。

3.1.2.3 所得税前净现金流量

某一年度的上述全部现金流入与流出的差额。

3.1.2.4 累计所得税前净现金流量

本年及以前各年所得税前净现金流量之和。

3.1.2.5 调整所得税

为了体现与融资方案无关的要求，项目投资现金流量表中的基础数据都需要剔除利息的影响。因此项目投资现金流量表中的“所得税”应根据息税前利润（EBIT）乘以所得税率计算，称为“调整所得税”。

3.1.2.6 所得税后净现金流量

当年的所得税前净现金流量减去以现金缴纳的所得税的余额。

3.1.2.7 累计所得税后净现金流量

本年及以前各年度所得税后净现金流量的累计数额。

3.2 项目方案的经济评价方法

在工程经济研究中，经济评价是在拟定的建设项目方案、投资估算和融资方案的基础上，采用科学的分析方法对建设项目方案计算期内各种有关技术经济因素和方案投入与产出的有关财务、经济资料数据进行调查、分析、预测，对建设项目方案的财务可行性和经济合理性进行计算、评价，为选择项目方案提供科学的决策依据。

经济评价是工程经济分析的核心内容，其目的在于确保决策的正确性和科学性，避免或最大限度地减少建设项目投资的风险，明了建设方案投资的经济效果水平，最大限度地提高建设项目投资的综合经济效益。因此，正确选择经济评价的方法是十分重要的。

3.2.1 项目方案经济评价指标

用来评价投资方案经济性的指标很多，它们分别从不同角度反映了项目的经济性，且各有其优缺点。由于工程项目的复杂性和评价目标的多样性，因而在评价方案的经济性时，一要根据需要科学恰当地选用具体评价指标，以保证准确衡量方案的经济效益状况，二要把多个指标结合起来使用，从而使不同指标可取长补短，达到全面评价的目的。工程项目的经济评价指标可从不同角度进行划分，主要有：

(1) 静态评价指标和动态评价指标。在工程项目经济评价中，按计算评价指标时是否考虑资金的时间价值，将评价指标分为静态评价指标和动态评价指标，如图 3.2 所示。

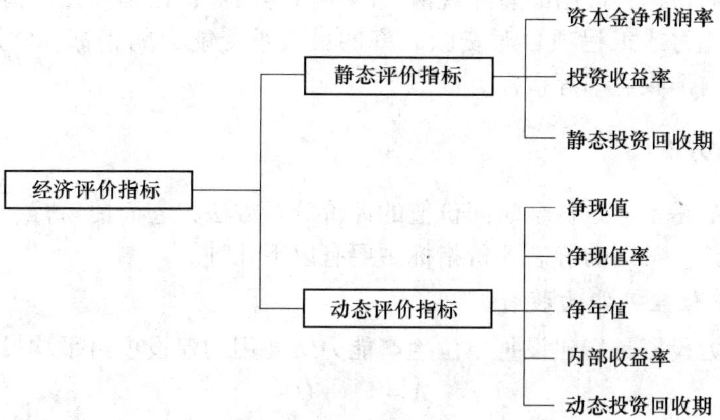

图 3.2　经济评价指标体系

静态评价指标，是在不考虑时间因素对货币价值影响的情况下，通过投入和产出的比较计算出来的经济评价指标。静态评价指标的最大特点是计算简便、直观、使用方便，其主要缺点是不够精确、没有考虑资金时间价值和不能反映项目整个寿命周期的全面情况，故适用于评价短期投资项目和逐年收益大致相等的项目。另外，进行建设项目规划、机会研究、项目建议书编制时的概略经济评价也常采用静态评价指标。

动态评价指标，是在分析项目或方案的经济效益时，对发生在不同时点的现金流量进行等值化处理后得到的评价指标。动态评价指标能较全面地反映投资方案整个计算期的经济效果，适用于详细可行性研究、对项目整体效益评价的融资前分析或对计算期较长处在终评阶段的技术方案进行评价。

在建设项目方案经济评价时，应坚持动态分析与静态分析相结合，以动态分析为主静态分析为辅的原则，根据评价深度要求、可获得资料的多少以及建设项目方案本身所处的条件，选用多个指标，从不同侧面反映建设项目的经济效果。

(2) 时间性评价指标、价值性评价指标、比率性评价指标。根据指标所反映的经济性质，可分为时间性、价值性和比率性三类，如图 3.3 所示。

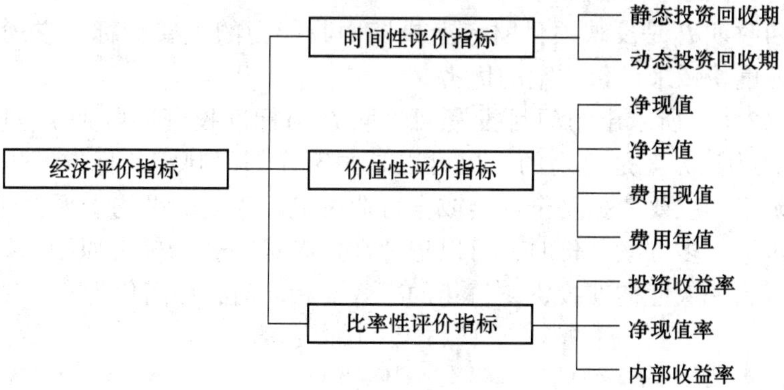

图 3.3　经济评价指标体系

时间性评价指标是指以时间长短来衡量工程项目对其投资回收或清偿能力的指标，常用的有静态投资回收期、动态投资回收期等指标；价值性评价指标是反映工程项目投资净收益绝对量大小的指标，常用的有净现值、净年值等指标；比率性评价指标是反映工程项目单位投资获利能力或工程项目对贷款利率的最大承受能力的指标，常用的有投资收益率、净现值率、内部收益率等指标。

3.2.2 静态评价方法

静态评价方法是不考虑资金时间价值的评价分析方法，它简捷易行、节省时间、能够较快得出评价结论。常用的静态评价指标主要有以下几种。

3.2.2.1 单位生产能力投资

单位生产能力投资是指建设每单位生产能力所耗用的建设项目平均投资。其计算公式

$$A = P_{总} / Q \tag{3.5}$$

式中 A——单位生产能力投资；

Q——生产能力；

$P_{总}$——投资总额。

单位生产能力投资主要反映投资节约效果，适用于对同类项目进行大致比较的情况。该指标值越低，表明项目经济效果越好。

例 3.1 某钢铁厂投资总额为 250 亿元，形成生产能力 600 万吨，求单位生产能力投资额为多少？

解： $A=250\times10^4/600=4166.7$ 元/吨。

3.2.2.2 静态投资回收期

静态投资回收期是指在不考虑资金时间价值的条件下，以项目净收益抵偿项目全部投资（包括固定资产投资和流动资金）所需要的时间。投资回收期自建设开始年算起，投资回收期（P_t，以年为单位）的表达式为

$$\sum_{t=0}^{P_t} (\mathrm{CI} - \mathrm{CO})_t = 0 \tag{3.6}$$

式中 CI——现金流入量；

CO——现金流出量；

$(\mathrm{CI}-\mathrm{CO})_t$——第 t 年的净现金流量。

静态投资回收期 P_t是反映项目财务上投资回收能力的主要指标，它通过判断初始投资得到补偿的速度快慢来评价方案的优劣。

通常由式（3.6）所求出的项目投资回收期 P_t与标准投资回收期 P_c进行比较，只有当 $P_t \leqslant P_c$时才认为该方案是合理的。P_c可以是国家或部门制定的标准，也可以是企业自己的标准，其确定的主要依据是全社会或全行业投资回收期的平均水平，或者是企业期望的投资回收期水平。多方案评价时，可以把“P_t短者优”作为辅助原则进行择优。

当项目投资为一次性初期投资，每年的净效益相同时，P_t简化为

$$P_t = \frac{I}{\mathrm{CI} - \mathrm{CO}} \tag{3.7}$$

式中 I——一次投资额。

更常用的是通过计算累计现金流量求得 P_t，其详细计算公式如下

$$P_t = T - 1 + \frac{U_{T-1}}{V_T} \tag{3.8}$$

式中 T——累计净现金流量开始出现正值的年份；

U_{T-1}——第 T-1 年末累计净现金流量的绝对值；

V_T——第 T 年的净现金流量。

例 3.2 某项投资方案各年份净现金流量如表 3.2 所示。如果基准回收期 $P_c=3.5$ 年，该项目是否可行？

表 3.2 某项投资方案各年份净现金流量 （单位：万元）

年份	0	1	2	3	4	5	6
净现金流量	-1000	500	400	200	200	200	200

解：由公式（3.6）可得

$$\sum_{t=0}^{Pt}(\mathrm{CI}-\mathrm{CO})_t = -1000 + 500 + 400 + 100 = 0$$

已知 $2<P_t<3$；又由式（3.8）知

$$P_t = T - 1 + \frac{U_{T-1}}{V_T} = 3 - 1 + \frac{|-100|}{200} = 2.5$$

由于 $P_t<P_c$，故方案可以接受。

静态投资回收期指标直观简单，表明投资需要多少年才能收回，便于为投资者衡量风险。投资者关心的是用较短的时间收回全部投资，减少投资风险。但是，该指标最大的缺点是没有反映投资回收期以后方案的情况，因而不能全面反映项目在整个寿命期内真实的经济效果，故一般用于粗略评价，需要和其他指标结合起来使用。

3.2.2.3 投资收益率

投资收益率是指项目在正常生产年份的净收益与投资总额的比值。其一般表达式为

$$R = \frac{\mathrm{NB}}{I} \tag{3.9}$$

$$I = \sum^{m} I_t$$

式中 R——投资收益率；

NB——正常生产年份净收益或者年平均净收益；

I——投资总额；

I_t——第 t 年的投资额；

m——建设期。

根据分析目的的不同，NB 可以是利润、利税总额、年净现金流入等，I 可以是全部投资额（即建设投资、建设期借款利息和流动资金之和）、投资者的权益投资额等，故投资收益率 R 常用的具体形式有投资利润率（又称投资效果系数）、投资利税率、资本金利润率等。

投资收益率指标主要反映投资项目的盈利能力。评价方案经济效果时，需要与本行业

的平均水平（行业平均投资收益率）对比，以判别项目的盈利能力是否达到本行业的平均水平。

3.2.2.4 追加投资回收期法

这种方法是对两方案的相对经济效果进行比较的静态方法。

一般地讲，在满足相同需要的情况下，投资相对大的方案，其生产成本要相对低些。追加投资是两方案所需投资的差额。追加投资回收期是指投资多的方案所获得的超额收益或节约费用回收追加投资的期限。其计算公式为

$$P_a = \frac{k_1 - k_2}{c_2 - c_1} \tag{3.10}$$

式中 P_a——追加投资回收期；

k_1、k_2——分别为两方案的投资总额，$k_1>k_2$；

c_1、c_2——分别为两方案的年成本，$c_1<c_2$。

当追加投资回收期 P_a 不大于基准投资回收期 P_c 时，投资多的方案是合理的，反之则投资多的方案不可取。

例 3.3 某建设项目有两个方案可供选择。甲方案采用中等水平工艺设备，投资 2400 万元，年生产成本 1400 万元；乙方案采用自动线，投资 3900 万元，年生产成本为 900 万元。该部门的基准投资回收期为 5 年，应采用哪种方案？

解：

$$P_a = \frac{k_1 - k_2}{c_2 - c_1} = \frac{3900 - 2400}{1400 - 900} = 3\text{ 年}$$

因为 $P_a<P_c=5$，所以采用乙方案。

运用追加投资回收期对方案进行评价时，要先按投资从小到大将方案排序，然后从投资额最小的投资方案开始，成对地进行比较。每次可选取一个较好的方案，再依次与后面的方案比较，最终能选出一个最优方案。它适用于对两个或多个方案的比较，有助于对采用新技术及技术改造的经济效果进行分析和评价。

3.2.3 动态评价方法

动态评价方法是指考虑资金时间价值的评价方法，它能够比较确切地反映客观经济发展变化的状况，因而在项目经济评价中得到广泛应用。常用的动态评价指标主要有以下几种。

3.2.3.1 净现值

净现值（net present value，NPV）是指建设项目按部门或行业的基准收益率（或按社会折现率），将各年的净现金流量折现到建设起点（建设初期）的现值之和。它是反映项目在计算期内获利能力的动态评价指标。其表达式为

$$\text{NPV} = \sum_{t=0}^{n} (\text{CI} - \text{CO})_t (1 + i_c)^{-t} \tag{3.11}$$

式中 $(\text{CI}-\text{CO})_t$——第 t 年的净现金流量；

n——建设项目寿命期；

i_c——基准收益率。

净现值等于零，表示项目刚好达到所预定的收益率；净现值大于零，表示除保证项目得到预定的收益率时，尚可获得更高的收益；而净现值小于零，表示项目达不到所预定的收益率水平。因此净现值法的评价标准是：当 NPV≥0，则可以考虑接受项目；若 NPV<0，则考虑不接受项目。在选择方案时，净现值越大的方案相对越优。这实际上是在追求项目的利润最大化。

净现值的主要优点是考虑了资金的时间因素，并全面考虑了项目在整个寿命期内的经营情况，而且直接以货币额表示项目的收益，经济意义明确直观。净现值的计算，可以用现金流量表列表计算，也可以直接利用净现金流量折现公式计算，还可以用逐年销售收入现值总和与逐年支出现值总和的差额确定；同时又可以用差额净现金流量折现选择方案。

例 3.4 某项目初期投资额为 90 万元，第一年投资额为 20 万元，项目从第 3 年初投产并达到运行；第 3 年至第 10 年的经营成本为 30 万元，每年获得的销售收入为 75 万元，第 11 年至第 15 年经营成本为 20 万元，每年销售收入为 80 万元；最终残值为 10 万元（i_c =10%）。试用净现值法确定该项目的经济性。

解： 据题意可画出图 3.4。

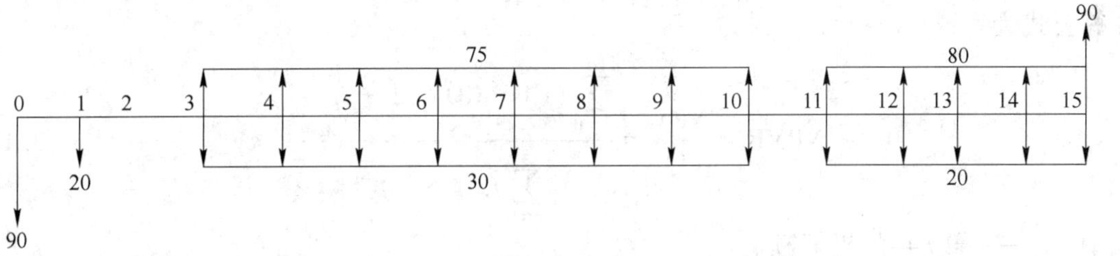

图 3.4 工程项目现金流量图（单位：万元）

$$\begin{aligned}\text{由 NPV} &= \sum^{n}(CI - CO)_t(1+i_c)^{-t} \\ &= -90 - 20(P/F, 10\%, 1) + (75-30)(P/A, 10\%, 8)(P/F, 10\%, 2) + \\ &\quad (80-20)(P/A, 10\%, 5)(P/F, 10\%, 10) + 10(P/F, 10\%, 15) \\ &= 180.29(\text{万元}) > 0\end{aligned}$$

所以，该项目是可行的。

净现值计算公式说明 NPV 是折现率 i_c 的函数，即 NPV $=f(i_c)$，其值大小与 i_c 有很大关系。当自变量 i_c 变化时，函数值 NPV 也随之变化。对于一般的常规投资项目（即正的现金流入总是发生在负的现金流出之后，或者说现金流量的由负至正变号情况在整个寿命期只发生一次），通过对函数 NPV $= \sum^{n}(CI - CO)_t(1+i_c)^{-t}$ 进行数学分析，可知同一方案的净现值指标随着折现率 i_c 的增大而减小，如图 3.5 所示。

由上可知，规定的 i_c 值对方案评价起着重要的作用。i_c 定得较高，计算的 NPV 较小，易小于零，从而导致否定该方案；i_c 定得太低，又易使方案通过评价标准。因此，国家正是通过制定并颁布各行业的基准收益率作为投资调控的手段。国家计委按照企业和行业的平均投资收益率，并考虑产业政策、资源优劣程度、技术进步和价格变动等因素，分行业确定并颁布基准收益率。

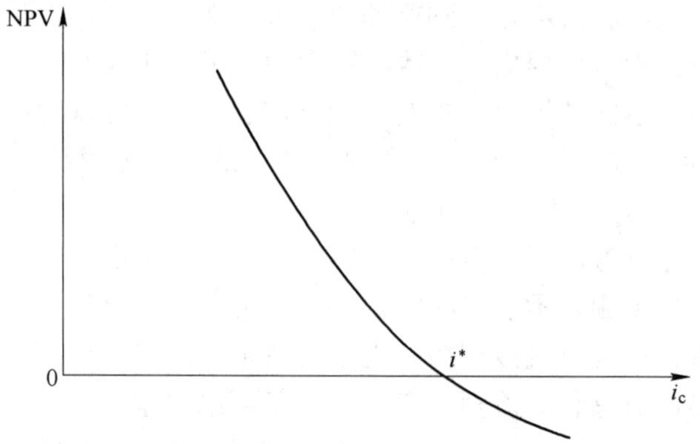

图 3.5　NPV 与 i_c的关系（常规流量）

NPV 指标反映了所评价方案在基准收益率水平下超额或不足的现值，却不能反映出资金的利用效率，因而常用净现值率（NPVR）作为其辅助指标。净现值率是项目净现值与项目投资总额现值绝对值 $|I_p|$ 之比，其经济涵义是单位投资现值所能带来的净现值，计算公式为

$$\mathrm{NPVR}=\frac{\mathrm{NPV}}{|I_p|}=\frac{\sum_{t=0}^{n}(\mathrm{CI}-\mathrm{CO})_t(1+i_c)^{-t}}{\left|\sum_{t=0}^{n}I_t(1+i_c)^{-t}\right|} \tag{3.12}$$

式中　I_t——第 t 年的投资额。

对于单一方案评价而言，NPV 与 NPVR 是同向的，即 NPV>0，NPVR>0，故评价时判别准则相同，二者是等效的。NPVR 主要用于多方案比较。

由资金等值计算知，净现值指标的类似指标可有净年值（NAV）和净未来值（NFV）。其中

$$\mathrm{NAV}=\mathrm{NPV}(A/P,\ i_c,\ n)=\sum_{t=0}^{n}(\mathrm{CI}-\mathrm{CO})_t(1+i_c)^{-t}(A/P,\ i_c,\ n) \tag{3.13}$$

表示了项目净现值分摊到寿命期内各年的等额年值。

$$\mathrm{NFV}=\mathrm{NPV}(F/P,\ i_c,\ n)=\sum_{t=0}^{n}(\mathrm{CI}-\mathrm{CO})_t(1+i_c)^{-t}(F/P,\ i_c,\ n) \tag{3.14}$$

表示了项目净现值折算至寿命期末的等效未来值。

净年值指标 NAV 在多方案评价中有重要作用，而净未来值指标因其经济意义不明显而不常用。这三个指标在单方案评价中是等效的。即 NPV≥0，必有 NAV≥0，NFV≥0，项目判定为可行。

上述三项指标的计算中都考虑了项目的逐年收益值。但在许多情况下未来年份的收益值无法准确获得，或者所比较方案的收入状况判知是相同的，因而可不计算收益部分，只计算支出部分，得另一组类似指标费用现值（PC）及费用年值（AC），计算公式分别为

$$\mathrm{PC}=\sum_{t=0}^{n}\mathrm{CO}_t(P/F,\ i_c,\ t) \tag{3.15}$$

$$\mathrm{AC}=\sum_{t=0}^{n}\mathrm{CO}_t(P/F,\ i_c,\ t)(A/P,\ i_c,\ n) \tag{3.16}$$

3.2.3.2 内部收益率

内部收益率（internal rate of return，IRR）是指在方案寿命期内，使净现金流的净现值为零时的折现率，其表达式为

$$\sum_{t=0}^{n}(CI-CO)_t(1+IRR)^{-t}=0 \tag{3.17}$$

在图3.5中，某一个i^*值上的曲线与横坐标相交，即NPV（i^*）=0，故i^*即为该项目的内部收益率IRR，且当i <IRR时，NPV>0；i >IRR时，NPV<0。

设基准收益率为i_c，用内部收益率指标IRR评价单个方案的判别准则为：若IRR≥i_c，则项目在经济效果上可以接受；若IRR<i_c，则应予以否定。在这一点上与净现值指标评价结论一致。

由于内部收益率的计算式是一个高次方程，用一般方法不易求解。对于常规流量项目，如图3.6所示，可采用试算法和线性内插法求出其近似解。一般计算步骤如下：

（1）先不考虑资金的时间价值，把全部资金流出平行移到项目开始点上相加，作为项目开始点的总支出；同样，把全部资金流入平行移到项目寿命期末点上相加，并作为项目在寿命期末的总收入，然后按复利公式求相应的利率，作为初始值r_0。

（2）以r_0作为折算利率求净现值，如果净现值为正，就再取个较高的折现率试算；如果净现值为负，就取较小的折现率试算，直至两次试算的正、负r值之差足够小（一般不超过5%）。

（3）利用最后试算的正、负r值及相应的净现值，用线性内插法近似求出内部收益率r，如图3.6所示，其计算公式为

$$IRR=r_1+\frac{NPV_1}{NPV_1-NPV_2}(r_2-r_1) \tag{3.18}$$

式中 IRR——内部收益率；
r_1——较低的试算利率；
r_2——较高的试算利率；
NPV_1——与r_1对应的净现值；
NPV_2——与r_2对应的净现值。

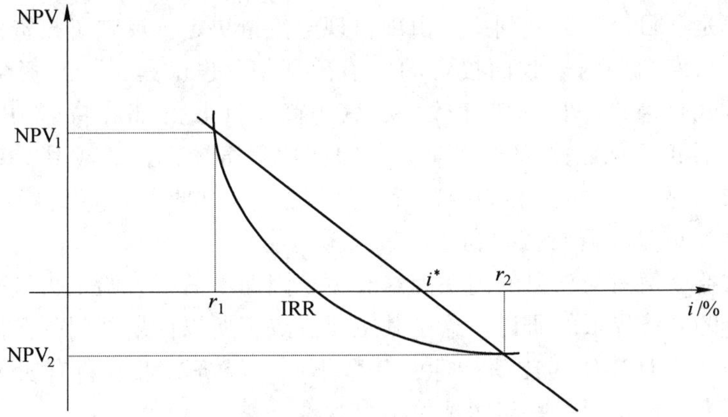

图3.6 用内插法求IRR示意图

例 3.5 某工程项目投资 1000 万元，预期 10 年中每年末可收回 100 万元，并在第 10 年末还可获得 500 万元，该项目可接受的折现率水平大致为 8%~10%，试评价该方案。

解：用内部收益率法评价，现金流量图如图 3.7 所示。

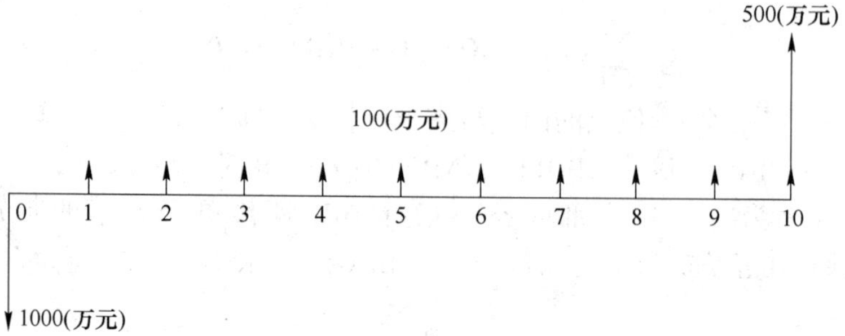

图 3.7 现金流量图

（1）先不考虑资金时间因素，将每年的收益平行移到第 10 年末，得 $F=1500$ 万元。

假设 $$1000 = 1500(P/F, r, 10)$$

则 $$(P/F, r, 10) = 1000/1500 = 0.667$$

（2）查表知 r 在 6%~7%之间，取 $r_1=6\%$，试算净现值。

$$\begin{aligned}NPV(r_1) &= -1000 + 100(P/A, 6\%, 10) + 500(P/F, 6\%, 10)\\ &= -1000 + 100 \times 7.3601 + 500 \times 0.5584\\ &= 15.21\end{aligned}$$

因 $NPV(r_1) > 0$，故再取 $r_2=7\%$试算。

$$\begin{aligned}NPV(r_2) &= -1000 + 100(P/A, 7\%, 10) + 500(P/F, 7\%, 10)\\ &= -1000 + 100 \times 7.0236 + 500 \times 0.5083\\ &= -43.49\end{aligned}$$

（3）因 $r_2-r_1=1\%<5\%$，故可以直接用 r_1 和 r_2 通过内插法求 IRR。

$$IRR = r_1 + \frac{NPV_1}{NPV_1 - NPV_2}(r_2 - r_1) = 6\% + \frac{15.21}{15.21 + 43.49}(7\% - 6\%) = 6.26\%$$

因 IRR<8%~10%，故此项目不能接受。

内部收益率是项目投资的盈利率，由项目现金流量决定，反映了投资的使用效率。其经济涵义是指项目寿命期内未收回投资的增值盈利率。也就是说，当资金被投入项目中后，其回收的方式是通过项目的年净收益，其中尚未回收的部分将以 IRR 为尺度增值，到项目计算结束时正好回收全部投资额。可知在项目寿命期内，项目始终处于“偿付”未被收回投资的状况。IRR 正是反映了项目“偿付”未被收回投资的能力。若项目属于贷款建设，则 IRR 就是项目对贷款利率的最大承担能力。

由于内部收益率值只与项目的内在因素有关，因而不需事先给定折现率，免去了许多既重要而又困难的经济界限的研讨。这是其主要优点，所以计划部门强调内部收益率为经济评价的主要指标。但 IRR 属比率指标，基数不同，经济效果就会有所不同，产生的综合效益状况也不太一样，因而宜与净现值结合观察。

该指标的缺陷在于运算较为复杂，而且对于一些非常规项目，这种解可能不是唯一的。

需要指出的是，内部收益率表现的是比率，不是绝对值，与项目的绝对投资规模无关，所以不能表示初期投资效益，因此不能用来直接排列多个项目的优劣顺序。

3.2.3.3　动态投资回收期

静态方法中的静态投资回收期 P_t 若考虑资金的时间价值就变成了动态投资回收期指标 P_c^* 。其表达式为

$$\sum_{t=0}^{P_t^*}(\mathrm{CI}-\mathrm{CO})_t(1+i_c)^{-t}=0 \tag{3.19}$$

若基准动态投资回收期为 P_c^* ，则项目经济性的判别准则为：若 $P_t^* \leqslant P_c^*$ ，项目可以被接受；反之，不能被接受。其具体计算可参考静态指标，只是需将各笔现金流量均折算为同一时刻方可累加，即考虑资金的时间价值。

例 3.6　题同例 3-2。如果基准回收期 $P_c^*=4.5$ 年，$i_c=10\%$，试用动态投资回收期评价该项目是否可行。

解：由题意列出动态投资回收期计算如表 3.3 所示。

表 3.3　计算结果表　（单位：万元）

年份	0	1	2	3	4	5	6
净现金流量	-1000	500	400	200	200	200	200
折现值	-1000	454.6	330.6	150.3	136.6	124.2	112.9
累计折现值	-1000	-545.4	-214.8	-64.5	72.1	196.3	309.2

$$P_t^*=4-1+\frac{64.5}{136.6}=3.47\text{ 年}$$

因为 $P_t^*<4.5$ 年，所以该项目可行。

3.3　项目方案的比较和选择

在实际工作中，通常对于工程项目有不同技术或不同规模的多种设计方案，即存在若干个备选方案。因而工程方案经济性评价，采用前述各项评价指标分析该方案是否达到了标准要求，以检验其自身经济性的工作，称为绝对经济效果检验；除此之外，往往需要在多个备选方案中进行比选，通过方案对比确定哪一个方案相对最优，称为相对经济效果检验。

3.3.1　备选方案及其类型

工程中，经常会遇到决策问题。设计或规划通常总会面对几种不同情况，又可能采取几种不同的方案，最后总要选定某一个方案。所以，决策是工程和管理过程的核心。合理的决策过程包括两个主要的阶段：一是探寻备选方案，这实际上是一项创新活动；二是对不同备选方案作经济衡量和比较，称之为经济决策。由于经济效果是评价和选择的主要依据，所以决策过程的核心问题就是对不同备选方案经济效果的衡量和比较。

多方案比选的方法，与备选方案之间的类型有关。

通常，备选方案之间的相互关系可分为如下四种类型：

（1）独立型。指各个方案的现金流量是独立的，不具有相关性，且任一方案的采用与否都不影响其他方案是否采用的决策。比如个人投资，可以购买国库券，也可以购买股票，还可以购房增值等。可以选择其中一个方案，也可选择其中两个或三个，方案之间的效果与选择不受影响，互相独立。

（2）互斥型。指各方案之间具有排他性，在各方案当中只能选择一个。比如，同一地域的土地利用方案是互斥方案，是建居民住房，还是建写字楼等等，只能选择其中之一；厂址问题、建设规模问题也是互斥方案的选择问题。

（3）混合型。指独立方案与互斥方案混合的情况。比如在有限的资源制约条件下，有几个独立的投资方案，在这些独立方案中又分别包含着若干互斥方案，那么所有方案之间就是混合型的关系。

（4）相关型。指在多个方案之间选择时，如果接受（或拒绝）某一方案，会显著改变其他方案的现金流量，或者接受（拒绝）某一方案会影响对其他方案的接受（或拒绝）。比如为了满足运输要求，拟在两地间投资兴建一铁路项目和（或）一公路项目。若两个项目同时上，由于货运分流的影响，它们之间就是相关关系。

3.3.2 互斥方案的经济评价方法

比选的方案应具有可比性，主要包括计算的时间具有可比性，计算的收益与费用的范围、口径一致，计算的价格可比。

3.3.2.1 同寿命期互斥方案比选

同寿命期互斥方案满足在时间上可比的要求。其比选通常有以下几种方法：

（1）净现值法。净现值法是多方案比选的常用方法。其比较有三个主要步骤：

1）先计算各方案的净现值，并按照检验规则淘汰所有 NPV<0 的方案；

2）两两比较各方案的净现值并将比较结果排序；

3）按照净现值最大准则选择最优方案。

例 3.7 某工程项目有两个建设方案，项目寿命均为 7 年。A 方案总投资 4000 万元，第 1、2 年年末分别支出 2000 万元，第 3 年开始投产，第 3 年至第 7 年的年生产成本为 300 万元，年销售收入为 1500 万元；B 方案第 1、2 年年末各投资 1400 万元，第 3 年开始至第 7 年的年生产成本为 600 万元，年销售收入 1500 万元，基准收益率 $i_c = 10\%$。试用净现值进行方案评价。

解： 先画出两个方案的现金流量图，如图 3.8 所示。

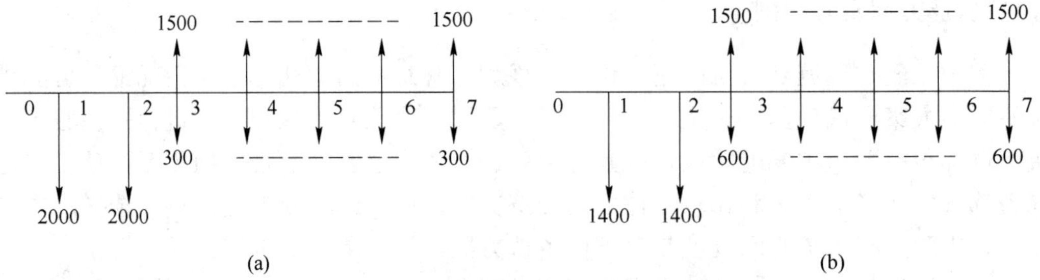

图 3.8 现金流量图

$$\begin{aligned}NPV_A &= (1500-300)(P/A,10\%,5)(P/F,10\%,2)-2000(P/A,10\%,2)\\ &= 1200\times3.7908\times0.8264-2000\times1.7355\\ &= 288(\text{万元})\end{aligned}$$

$$\begin{aligned}NPV_B &= (1500-600)(P/A,10\%,5)(P/F,10\%,2)-1400(P/A,10\%,2)\\ &= 900\times3.7908\times0.8264-1400\times1.7355\\ &= 390(\text{万元})\end{aligned}$$

因 NPV_B>NPVA，故应选择 B 方案。

（2）差额净现值法。通过计算增量净现金流量评价增量投资经济效果，也就是差额（增量）分析法，是互斥方案比选的基本方法。这是由于互斥的备选方案常常投资额不等，其比选实质是判断增量投资的经济合理性，即投资大的方案相对于投资小的方案多投入的资金能否带来满意的增量收益。

设两互斥方案 A 的投资大于 B 的投资，其差额净现值由下式计算：

$$\Delta NPV=\sum_{t=0}^{n}[(CI-CO)_A-(CI-CO)_B]_t(1+i_c)^{-t} \tag{3.20}$$

$$\Delta NPV=\sum_{t=0}^{n}(\Delta CI-\Delta CO)_t(1+i_c)^{-t} \tag{3.21}$$

式中　$(CI-CO)_A$——投资大的方案的净现金流量；

$(CI-CO)_B$——投资小的方案的净现金流量；

ΔNPV——差额净现值。

其判别准则为：ΔNPV≥0，表明增量投资可以接受，则选择投资大的方案，当 ΔNPV<0，表明增量投资不能接受，则选择投资小的方案。

例 3.8　方案 A、B 为互斥方案，方案 A 的年初投资额为 200 万元，第 1~10 年每年的净收益为 39 万元；方案 B 年初投资额为 100 万元，第 1~10 年每年的净收益为 20 万元。试对其经济性进行评价（i_c=10%）。

解：首先按净现值法、差额净现值方法计算其相应值。计算结果如表 3.4。

表 3.4　两个互斥方案净现金流量及相应指标

净现金流量	各年份净现金流量/万元		评价指标	
	0 年	1~10 年	NPV	ΔNPV
方案 A	-200	39	39.64	
方案 B	-100	20	22.89	
增量现金流（A-B）	-100	19		16.75
评价标准			NPV 大者优	ΔNPV>0
评价结果			A 方案优	A 方案优

实际上，ΔNPV 判别准则可以简化。设 A、B 为投资额不等的互斥方案，A 方案比 B 方案投资额大，则

$$\Delta NPV_{A-B}=\sum_{t=0}^{n}[(CI_A-CO_A)-(CI_B-CO_B)]_t(1+i_c)^{-t}$$

$$= \sum_{t=0}^{n}(CI_A - CO_A)_t(1+i_c)^{-t} - \sum_{t=0}^{n}(CI_B - CO_B)_t(1+i_c)^{-t}$$
$$= NPV_A - NPV_B$$

当 $\Delta NPV_{A-B} \geqslant 0$ 时，$NPV_A \geqslant NPV_B$，则 A 优于 B；当 $\Delta NPV_{A-B} < 0$ 时，$NPV_A < NPV_B$，则 B 优于 A。显然，用增量分析法计算 ΔNPV 进行互斥方案比选，与分别计算 NPV、根据 NPV 最大准则进行互斥方案比选，其结论是一致的。

因此，采用净现值指标比选互斥方案时，判别准则为：净现值最大且大于零的方案为最优方案。

当净现值指标用于多方案比较时，没有考虑各方案投资额的大小，不能直接反映资金的利用效率。因而在投资制约的条件下，方案净现值的大小一般不能直接评定投资额不同的方案的优劣，通常用净现值率（NPVR）作为辅助指标。

如对例 3.7 而言，$NPVR_A = \dfrac{288}{2000 \times 1.736} = 0.081$，$NPVR_B = \dfrac{390}{1400 \times 1.736} = 0.160$，$NPVR_B > NPVR_A$，也选择 B，结论一致。

与此类似的等效评价指标有净年值（NAV）及净未来值（NFV），判别准则均为大者优。其中净年值指标在寿命期不等的多方案比选中有着重要的作用。

（3）费用现值和费用年值。当互斥方案的效果一样或者满足相同的需要时，仅需计算费用现金流，采用费用现值或费用年值指标，其判别准则为：费用现值或费用年值最小的方案为最优方案。

（4）差额内部收益率法。

例 3.9 现有 A、B 两个互斥方案，寿命相同，各年的现金流量如表 3.5 所示。试评价选择方案（$i_c = 12\%$）。

解：分别计算 A、B 方案和增量投资的 NPV 和 IRR，计算结果列于表 3.5。

表 3.5 互斥方案 A、B 的净现金流及评价指标 （单位：万元）

年　份	0	1~10	NPV	IRR/%
方案 A 的净现值	-20	5.8	12.8	26
方案 B 的净现值	-30	7.8	14.1	23
增量净现金流（B-A）	-1000	500	1.3	15

$$NPV_A(12\%) = -20 + 5.8(P/A, 12\%, 10) = 12.8(\text{万元})$$
$$NPV_B(12\%) = -30 + 7.8(P/A, 12\%, 10) = 14.1(\text{万元})$$

由方程式

$$-20 + 5.8(P/A, IRR_A, 10) = 0$$
$$-30 + 7.8(P/A, IRR_B, 10) = 0$$

可求得：$IRR_A = 26\%$，$IRR_B = 23\%$

由于 NPV_A、NPV_B 均大于零，IRR_A、IRR_B 均大于基准收益率 12%，所以方案 A、B 都达到了标准要求，就单个方案评价而言，都是可行的。

问题在于 A 与 B 是互斥方案，只能选择其中一个，按 NPV 最大准则，由于 $NPV_A < NPV_B$，则 B 优于 A，但如果按 IRR 最大准则，由于 $IRR_A > IRR_B$，则 A 优于 B。两种指标评价的结论是矛盾的，存在这种矛盾的原因在于，内部收益率 IRR 是一个比率指标，不能直接根据其大小进行方案比选，这可由图 3.9 说明。

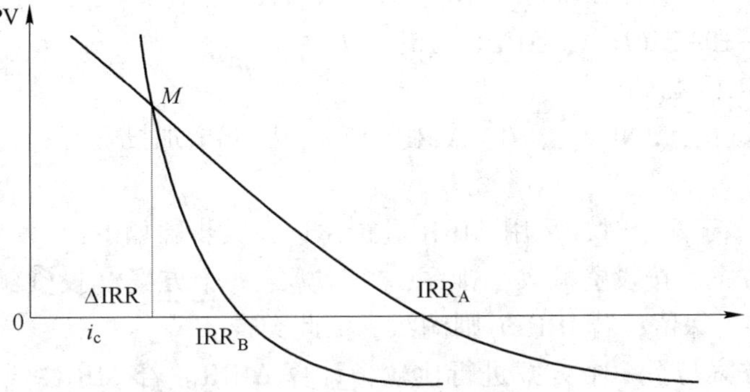

图 3.9 A、B 两方案的 NPV 曲线

在图中，两方案的净现值曲线相交于 M 点，在该点处 A、B 两方案净现值相等，此时对应的折现率记为 ΔIRR。由图可知，$IRR_A>IRR_B>\Delta IRR$ 是既定的，但 A、B 两方案的优劣并不是由两者内部收益率的大小决定的，而是与基准收益率 i_c 设定值和 ΔIRR 的大小相关，当设定的折现率 $i_c<\Delta IRR$ 时，$NPV_B(i_c) > NPV_A(i_c)$ 有 B 优；当 $\Delta IRR<i_c<IRR_B$ 时，$NPV_A(i_c) > NPV_B(i_c)$ 有 A 优。

图中 M 点的折现率 ΔIRR 又称为增量内部收益率，其定义如下：

增量净现值等于零时的折现率，即增量净现金流量的内部收益率，或者说两个方案净现值（或净年值）相等时的折现率。计算表达式为

$$\Delta NPV(\Delta IRR) = \sum_{t=0}^{n}(\Delta CI - \Delta CO)_t(1 + \Delta IRR)^{-t} = 0 \tag{3.22}$$

式中 ΔNPV——增量净现值；

ΔIRR——增量内部收益率；

ΔCI——方案 A 与方案 B 的增量现金流入，即 $\Delta CI=CI_A-CI_B$；

ΔCO——方案 A 与方案 B 的增量现金流出，即 $\Delta CO=CO_A-CO_B$。

或

$$\sum_{t=0}^{n}(CI_A - CO_A)_t(1 + \Delta IRR)^{-t} = \sum_{t=0}^{n}(CI_B - CO_B)_t(1 + \Delta IRR)^{-t} \tag{3.23}$$

经数学分析知，因为 ΔIRR 的求解是一个高次方程，它并不等于内部收益率之差，$\Delta IRR_{A-B} \neq IRR_A-IRR_B$，所以内部收益率最大准则并不能保证比选结论的正确性。因而当采用 IRR 指标进行方案比选时，为保证其与 NPV 指标结论一致，应采用增量内部收益率 ΔIRR 指标。采用 ΔIRR 的判别准则是：若 $\Delta IRR \geqslant i_c$（基准收益率），则投资大的方案为优；若 $\Delta IRR<i_c$，则投资小的方案为优。

投资额不等的互斥方案比选的实质就是判断增量投资的经济效果。显然，若投资额小的方案达到了标准的要求，增量投资又能带来满意的增量收益（也达到标准的要求），那么增加投资是有利的，投资额大的方案（可以看成是投资额小的方案与增量投资方案的组合）为优；反之，增量投资没有达到标准的要求，则投资额小的方案优于投资额大的方案。

表3.5也给出了B相对于A方案的增量现金流，同时计算了相应的增量净现值（ΔNPV）与增量内部收益率（ΔIRR）。

$$\Delta NPV_{B-A}(12\%) = -10 + 2(P/A, 12\%, 10) = 1.3(\text{万元})$$

由方程式：$-10+2(P/A, \Delta IRR, 10) = 0$

可解得：ΔIRR＝15%

从表3.5中可见，$\Delta NPV_{B-A}>0$，ΔIRR>12%，因此增加投资有利，投资额大的B方案优于A方案。

当互斥方案多于两个时，采用ΔIRR进行比选，其步骤如下：

1）对多个方案，按投资额大小排序，并计算第一个方案（投资额最小）的IRR，若IRR≥i_c，则该方案保留；若IRR<i_c则淘汰。依此类推。

2）保留的方案与下一个方案进行比较，计算ΔIRR。若ΔIRR≥i_c，则保留投资大的方案；若ΔIRR<i_c，则保留投资小的方案。

3）重复步骤2），直到最后一个方案被比较为止，找出最后保留的方案为最优方案。

例3.10 某公司为了增加生产量，计划进行设备投资，有三个互斥的方案，寿命均为6年，不计残值，基准收益率为10%，各方案的投资及现金流量如表3.6所示，试进行方案选优。

表3.6 互斥方案的现金流量及评价指标 （单位：万元）

方 案	0	1~6年	NPV	IRR/%
A	-200	70	104.9	26.4
B	-300	95	113.7	22.1
C	-400	115	100.9	18.2

解：分别计算各方案的NPV与IRR，计算结果列于表3.6，由于各方案的NPV均大于零，IRR均大于10%，故从单个方案看均是可行的。增量内部收益率ΔIRR的计算过程及结果列于表3.7。

表3.7 增量现金流与评价指标 （单位：万元）

方 案	0	1~6年	ΔNPV	ΔIRR/%
A-0	-200	70	104.9	26.4
B-A	-100	25	8.9	13.0
C-B	-100	20	-12.9	5.5

如表3.6、表3.7所示，其比选的步骤为：

1）三个方案按投资额大小排序为A、B、C；计算$\Delta IRR_A=26.4\%$，保留A；

2）计算$\Delta IRR_{B-A}=13\%>10\%$，则保留B；

3）计算$\Delta IRR_{C-B}=5.5\%<10\%$，则最后保留的B方案为最优方案。

对此例而言，从NPV最大可判知B优；若从ΔNPV来判别，由$\Delta NPV_{A-0}>0$知A优于0，由$\Delta NPV_{B-A}>0$知B优于A，由$\Delta NPV_{C-B}<0$知B优于C，故ΔNPV与NPV的评价结论确实一致；从ΔIRR也可判别B为最优。可见，对于互斥方案比选，NPV法与ΔIRR法将取得同样结论。正是如此，NPV法和ΔIRR法是应用最普遍的两种比选方法。

需要说明的是，在采用差额内部收益率法时一定要注意，ΔIRR 只能说明增加投资部分的经济合理性，只能说明增量投资部分是有效的，并不能说明全部投资的效果。因此采用此方法前，应该先对备选方案进行绝对经济效果检验，只有可行的方案才能作为比较的对象。

ΔIRR 也可用于仅有费用现金流的互斥方案比选（效果相同），此时，把增量投资所导致的其他费用的节约看成是增量效益。其评价结论与费用现值法一致。

但是当所比较的互斥方案投资额相等时，ΔIRR 判别准则失效；这种情况下应采用 NPV 指标。

3.3.2.2 不同寿命期方案比较

以上分析互斥方案的评价方法，都是在各方案寿命期相同的情况下进行的。这样评价各方案的经济效果，在时间上具有可比性。当对不同寿命期的各方案进行比较时，为满足时间可比性条件，要采用合理选择评价指标或者计算期的方法，使比选可以进行。

（1）最小公倍数法。最小公倍数法又称方案重复法，是以各备选方案寿命期的最小公倍数作为进行方案比选的共同计算期，并假设各个方案均在这样一个共同的计算期内重复进行，对各个方案计算期内各年的净现金流量进行重复计算，直至与共同的计算期相等。

采用此法即可将不等寿命的方案简单地处理为等寿命方案，进而采用前述各种方法进行比选。

例 3.11 A、B 两个互斥方案各年的现金流量如表 3.8 所示，基准收益率 $i_c=10\%$，试比选方案。

表 3.8 寿命不等的互斥方案的现金流量 （单位：万元）

方案	投资	年净现金流	残值	寿命/年
A	−10	3	1.5	6
B	−15	4	2	9

解： A 与 B 的寿命不相等，要使方案在时间上可比，以寿命期最小公倍数作为计算期，采用方案重复型假设。以 A 与 B 的最小公倍数 18 年为计算期，A 方案重复实施三次，B 方案二次。此时，如果以净现值为评价指标，则 18 年的各方案净现值为：

$$\begin{aligned}NPV_A &= -10[1+(P/F,\ 10\%,\ 6)+(P/F,\ 10\%,\ 12)]+3(P/A,\ 10\%,\ 18)+\\&\quad 1.5[(P/F,\ 10\%,\ 6)+(P/F,\ 10\%,\ 12)+(P/F,\ 10\%,\ 18)]\\&=7.37(\text{万元})\end{aligned}$$

$$\begin{aligned}NPV_B &= -15[1+(P/F,\ 10\%,\ 9)]+4(P/A,\ 10\%,\ 18)+\\&\quad 2[(P/F,\ 10\%,\ 9)+(P/F,\ 10\%,\ 18)]\\&=12.65(\text{万元})\end{aligned}$$

因为 $NPV_B>NPV_A>0$，故 B 方案较优。

需要说明的是，这种处理方法虽然简单易行，但也存在着某些缺点，因为它没有考虑实际所需要的服务寿命，也没有考虑由于技术进步而带来的设备更新和价格变化等问题，实际上它是现有方案的简单重复，并且如果诸方案的最小公倍数比较大（如≥50 年），则该方法没有实际意义。

（2）年值法。年值法常用的指标有净年值 NAV 和费用年值 AC，后者通常在所比较方案效果相同或收益不便衡量时采用。

该法是当各方案的寿命期不相等时，直接比较所计算出的各方案的 NAV 或 AC，NAV 最大者或 AC 最小者为最优。

对上例采用年值法进行比选，则

$$NAV_A = 3 + 1.5(A/F, 10\%, 6) - 10(A/P, 10\%, 6) = 0.90(万元)$$

$$NAV_B = 4 + 2(A/F, 10\%, 9) - 15(A/P, 10\%, 9) = 1.54(万元)$$

因为 $NAV_B > NAV_A > 0$，故 B 优于 A。

年值法实际上假定了各方案可以无限多次重复实施，这样就将不等寿命方案比选处理成了等寿命方案比选。而对于年值指标而言，对一个寿命周期计算出的指标值，和对经重复后的若干个寿命周期计算出的指标值，不仅经济含义相同，而且在数值上也完全相同。因而年值法在不等寿命方案比选时是最简便的方法，可直接采用。

3.3.3 独立方案的经济评价方法

独立方案的采用与否，只取决于方案自身的经济性，且不影响其他方案的采用与否。因此，在无其他制约条件的情况下，多个独立方案的比选与单一方案是相同的，即用经济效果评价标准（如 NPV≥0，NAV≥0，$\Delta IRR \geq i_c$ 等）直接判别该方案是否接受。

独立方案的比选，最常见的是受到资源限制的情况。有资源制约条件下独立方案的比选常采用“互斥方案组合法”，即将可行的方案组合列出来，每个方案组合可以看成是一个满足约束条件的互斥方案。这样按互斥方案的经济评价方法可以选择一个符合评价准则的方案组合，该方案组合就是独立方案的一个选择。因此，有约束条件的独立方案的选择可以通过方案组合转化为互斥方案的比选，其方法如同前述。

例 3.12 独立方案 A、B、C 的投资分别为 100 万元、70 万元和 120 万元，计算各方案的净年值分别为 30 万元、27 万元和 32 万元。如果资金有限，不超过 250 万元投资，问如何选择方案。

解：三个方案可能的组合数为 $2^3 = 8$ 种（包括不投资这一组合），各方案组合的投资及净年值计算列于表 3.9。

表 3.9 A、B、C 的方案组合及净年值 （单位：万元）

序号	方案组合	投资	净年值	序号	方案组合	投资	净年值
1	A	100	30	5	B+C	190	59
2	B	70	27	6	A+C	220	62
3	C	120	32	7	A+B+C	290	89
4	A+B	170	57				

第 7 种方案组合的投资额超过了资金约束条件 250 万元，不可行；在允许的 1 到 6 方案组合中，按互斥方案选择的准则，第 6 方案组合（A+C）为最优选择，即选择 A 和 C，达到有限资金的最佳利用，净年值总额为 62 万元。

此外也可利用净现值率排序法。

这种方法是先计算出各种方案的净现值率，再根据判别准则筛选出通过检验标准的项目，依次将这些方案按净现值率排序，最后选取接近于投资总额的项目。

例 3.13 某一经济区投资预算为 150 万元，有 6 个投资方案，其净现值与投资额如表 3.10，试按照净现值率排序法对方案做出选择（$i_c=10\%$）。

表 3.10 各方案的净现值及净现值率 （单位：万元）

方案	初期投资额	净现值	净现值率	按 NPVR 排序
A	60	13.73	0.23	1
B	40	1.78	0.04	5
C	35	5.5	0.16	3
D	20	−1.56	−0.08	6
E	55	11.58	0.21	2
F	10	1.06	0.11	4

解：将各方案的净现值及净现值率列于表 3.10，去掉净现值及净现值率为负数的 D 方案，按 NPVR 的大小排序，从而知满足资金总额约束的方案为 A、E、C，所有的资金总额为 150 万元，净现值总额为 30.81 万元。

3.3.4 混合型方案的经济评价方法

混合型方案其比选方法是分析各方案的类型，寻找一种组合的方案，使其净现值比任何其他的组合方式净现值都大。

混合方案选择按以下步骤进行：

（1）按不同组之间的方案互相独立、组内方案互相排斥的原则，形成所有可能的组合；

（2）以互斥方案比选的原则筛选组内方案；

（3）在总的投资限额下，以受资金限制方案的选择原则选择最优方案。

3.3.5 相关型方案的经济评价方法

常见的现金流量相关型方案也可采用“互斥方案组合法”将各方案组合成互斥方案，计算其互斥方案的现金流量，再按其评价方法进行评价。

例 3.14 为了满足某两地的运输要求，拟在两地间投资兴建一铁路运输线及公路运输线，若上一个项目其净现金流量如表 3.11，若上两个项目，由于货运分流的影响，其净现金流量如表 3.12，当 i_c 为 10%时应如何决策？

表 3.11 投资一个项目时净现金流量 （单位：百万元）

年份	0	1	2	3~32
铁路 A	−200	−200	−200	100
公路 B	−100	−100	−100	60

表 3.12 投资两个项目时净现金流量 （单位：百万元）

年份	0	1	2	3~32
铁路 A	-200	-200	-200	80
公路 B	-100	-100	-100	35
两项目合计 A+B	-300	-300	-300	115

解：将以上两个相关方案组合成三个互斥方案，再计算其净现值。

根据净现值最大准则，A 方案为最优可行方案（如表 3.13）。

表 3.13 投资一个项目时净现金流量 （单位：百万元）

年份	0	1	2	3~32	NPV（$i_c=10\%$）
铁路 A	-200	-200	-200	100	231.98
公路 B	-100	-100	-100	60	193.90
A+B	-300	-300	-300	115	75.29

3.4 不确定性评价方法

前面介绍的都属于投资项目确定性分析。在经济环境比较确定的情况下，确定性分析无疑是减少投资风险的一种科学分析方法。但是，变动着的未来经济环境往往具有不确定性。这里讲的不确定性，一是指影响工程方案经济效果的各种因素（比如各种价格）的未来变化带有不确定性；二是指测算工程方案现金流量时各种数据（比如投资额、产量）由于缺乏足够的信息或测算方法上的误差，使得方案经济效果评价指标值带有不确定性。不确定性的直接后果是使方案经济效果的实际值与评价值相偏离，从而按评价值作出的经济决策带有风险。

不确定性评价主要分析各种外部条件发生变化或者测算数据误差对方案经济效果的影响程度，以及方案本身对不确定性的承受能力。常用的方法有盈亏平衡分析和敏感性分析等。对项目进行不确定性分析的内容和方法，要在综合考虑项目的类型、特点、决策者的要求、相应的人力财力，以及项目对国民经济的影响程度等条件下来选择。一般来讲，盈亏平衡分析只适用于项目的财务评价，而敏感性分析则可同时用于财务评价和国民经济评价。

3.4.1 盈亏平衡分析

盈亏平衡分析，是通过分析产品产量、成本和盈利之间的关系，找出方案盈利和亏损在产量、单价、成本等方面的临界点，判断不确定性因素对方案经济效果的影响程度，说明方案实施风险大小。这个临界点被称为盈亏平衡点（break even point，BEP）。

产品产量、成本、利润这三种关系可能有两种情况，一种是呈线性关系，另一种是呈非线性关系。

3.4.1.1 线性盈亏平衡分析

产品的产量、成本、利润呈线性关系，意味着投资项目的生产销售活动不会明显影响市场的供求状况，即在市场其他条件不变的情况下，产品价格不随其销售量的变动而变动，可以看作一个常数。若假设产品的产量与销售量是一致的，那么销售收入与产量之间呈线性关系，即

$$B = PQ \tag{3.24}$$

式中　B——销售收入；

P——单位产品价格；

Q——产品产量。

项目投产后产品的成本可分为固定成本与可变成本两部分。固定成本是在一定范围内不随产量的变动而变动的生产费用（即为常数）。可变成本是随产量的变动而变动的生产费用，一般情况下可近似看作可变成本随产量作正比例变动。

总成本是固定成本与可变成本之和。它与产量的关系也可近似地看作线性关系。即

$$C = C_f + C_v Q \tag{3.25}$$

式中　C——总成本；

C_f——固定成本；

C_v——单位产品可变成本；

Q——产品产量。

因为利润是销售收入与总成本的差额，即

$$\text{利润} = PQ - (C_f + C_v Q) \tag{3.26}$$

式中　P——单位产品价格。

在盈亏平衡点上，因为该项经济活动盈亏平衡，利润为零，总销售收入恰好等于总成本，设盈亏平衡点的产量为 Q^*，则有

$$PQ^* = C_f + C_v Q^* \tag{3.27}$$

盈亏平衡产量为

$$Q^* = \frac{C_f}{P - C_v} \tag{3.28}$$

将式（3.24）、式（3.25）和式（3.26）在同一坐标系中表达出来，则如图 3.10 所示。

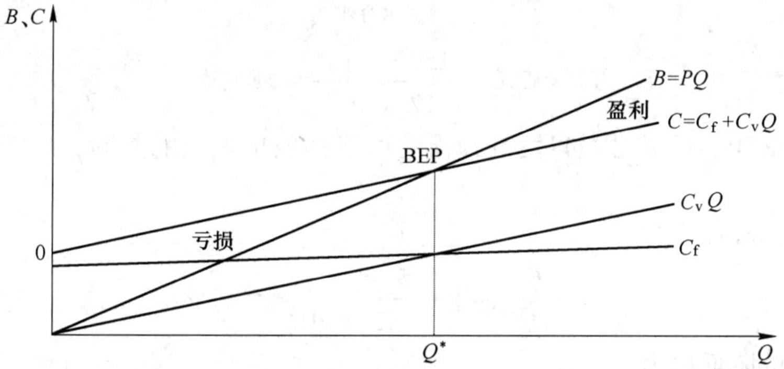

图 3.10　盈亏平衡分析图

从图 3.10 可见，若企业在小于 Q^* 的产量下组织生产，该项目亏损；反之，在大于

Q^* 的产量下组织生产，该项目盈利。显然 Q^* 是 BEP 的一个重要表达。

若项目的设计生产能力为 Q_0；则盈亏平衡点也可以用盈亏平衡生产能力利用率表示。即

$$E^* = \frac{Q^*}{Q_0} = \frac{C_f}{(P - C_v)Q_0} \tag{3.29}$$

式中 E^*——盈亏平衡生产能力利用率。

所以，E^* 越小，也就是 BEP 越低，说明项目造成亏损的可能性越小，其抗风险能力越强。

如果按照设计生产能力进行生产和销售，BEP 还可以用盈亏平衡销售价格来表示。由式（3.27）可知盈亏平衡销售价格为

$$P^* = \frac{C_f + C_v Q_0}{Q_0} = C_v + \frac{C_f}{Q_0} \tag{3.30}$$

如按照设计生产能力进行生产和销售，且销售价格已定，则由式（3.27）还可得到盈亏平衡单位产品变动成本。由于

$$PQ_0 = C_f + C_v Q_0 \tag{3.31}$$

则盈亏平衡单位产品变动成本为

$$C_v^* = P - \frac{C_f}{Q_0} \tag{3.32}$$

例 3.15 某工程方案设计生产能力为 12 万吨/年，单位产品销售价为 510 元/吨，总固定成本 1500 万元，单位成本 250 元/吨，并与产量成正比例关系，求以产量、生产能力利用率、销售价格、单位产品变动成本表示的盈亏平衡点。

解：由式（3.28）、式（3.29）、式（3.30）、式（3.32）得

$$Q^* = \frac{1500 \times 10^4}{510 - 250} = 5.77 \times 10^4(\text{吨})$$

$$E^* = \frac{5.77 \times 10^4}{12 \times 10^4} \times 100\% = 48\%$$

$$P^* = 250 + \frac{1500 \times 10^4}{12 \times 10^4} = 375(\text{元/吨})$$

$$C_v^* = 510 - \frac{1500 \times 10^4}{12 \times 10^4} = 385(\text{元})$$

通过计算 BEP，可以对方案发生亏损的可能性做出大致的判断，比如产量和价格允许的变化率。

产量允许的降低率为

$$1 - \frac{Q^*}{Q_0} = 1 - \frac{5.77 \times 10^4}{12 \times 10^4} = 52\%$$

价格允许的降低率为

$$1 - \frac{P^*}{P} = 1 - \frac{375}{510} = 26\%$$

也就是说，其他条件不变时，只要产量降低幅度不超过生产能力的 52%，项目就不

会发生亏损。同样，在售价上也可降低26%而不至于亏损。

3.4.1.2 线性盈亏平衡分析的应用

对单个方案进行盈亏平衡分析，通过求得BEP，可分析方案的盈利与亏损的可能性。当不确定性的因素同时对两个以上方案，比如对于互斥方案的经济效果产生不同的影响程度时，可以通过盈亏平衡分析方法，帮助互斥方案在不确定性条件下的比选。它可以对决策者确定项目的合理经济规模及对项目工艺技术方案的投资抉择起到一定的参考与帮助作用。下面通过两个例子来加以说明。

例3.16 某建筑工地需抽除积水保证施工顺利进行，现有A、B两个方案可供选择。

A方案：新建一条动力线，需购置一台2.5kW电动机并线运转，其投资为1400元，第4年末残值为200元。电动机每小时运行成本为0.84元，每年预计的维护费120元。因设备完全自动化，无需专人看管。

B方案：购置一台3.68kW柴油机，其购置费为550元，使用寿命为4年，设备无残值。运行每小时燃料费为0.42元，平均每小时维护费0.15元，每小时的人工成本为0.8元。

若寿命都为4年，基准折现率为10%，试比较A、B方案的优劣。

解： 两方案的总费用都与年开机小时数t有关，故两方案的年成本均可表示为t的函数。

$$C_A = 1400(A/P, 10\%, 4) - 200(A/F, 10\%, 4) + 120 + 0.84t$$
$$= 518.56 + 0.84t$$
$$C_B = 550(A/P, 10\%, 4) + (0.42 + 0.15 + 0.8)t$$
$$= 173.51 + 1.37t$$

令$C_A = C_B$，即$518.56+0.84t = 173.51+1.37t$

可解出：$t = 651h$

所以，在$t = 651h$这一点上，$C_A = C_B = 1065.4$（元）

A、B方案的年成本函数曲线如图3.11所示。从图中可见，当年开机小时数低于651h，选B方案有利；当年开机小时数高于651h，则选A方案有利。

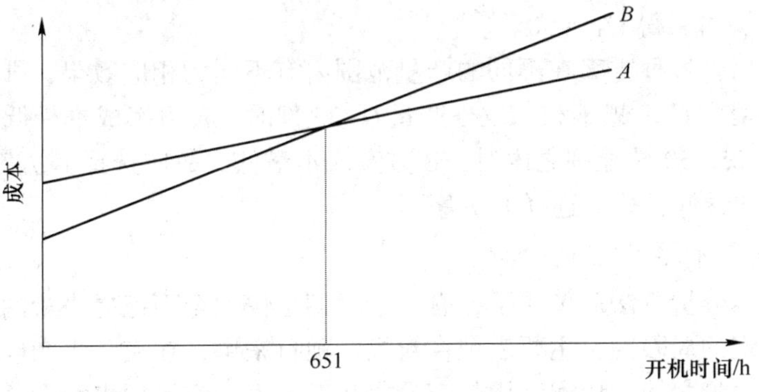

图3.11 A、B方案年成本函数曲线

例3.17 拟兴建某工程项目，现有三种方案，机械化程度高时投资大，固定成本高，则可变成本就低，其具体参数见表 3.14。试评价三种方案的优劣。

表 3.14 项目参数汇总表

方案费用项目	A	B	C
产品可变成本/元·件$^{-1}$	100	60	40
产品年固定成本/元	1000	2000	3000

解：当产量达到某一值时，几个方案的销售收入应一致，故评价指标应是成本大小，而成本又与产量有关，所以列出产量与成本关系式进行评价。

设预计产量为 Q，则各方案的生产成本为：

$$TC_A = 1000 + 100Q$$
$$TC_B = 2000 + 60Q$$
$$TC_C = 3000 + 40Q$$

各方案的成本曲线如图 3.12 所示。

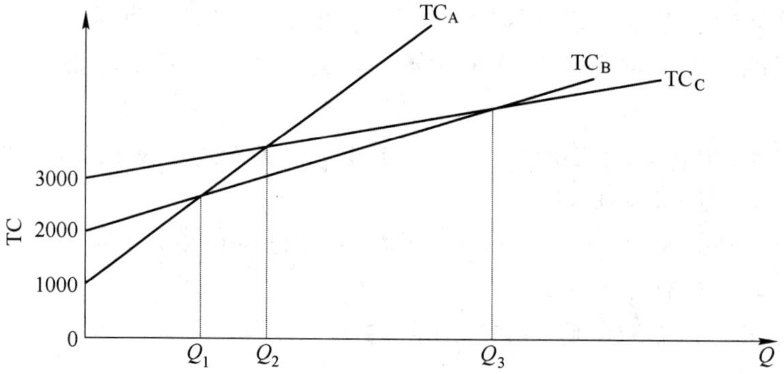

图 3.12 盈亏平衡分析图

当 $TC_A = TC_B$ 时，得 $Q_1 = 25$；

当 $TC_A = TC_C$ 时，得 $Q_2 = 33.3$；

当 $TC_B = TC_C$ 时，得 $Q_3 = 50$。

由上可以看出，每种方案在不同的产量范围内有不同的相应效果，即产量越大，对方案 C 越有利，而对方案 A 越不利。故当产量 $Q<25$ 件时，A 方案成本最低，故应选择 A 方案；当产量 Q 在 25~50 件范围之内时，B 方案成本最低，故应选择 B 方案；当产量 $Q>50$ 件时，C 方案成本最低，故应选择 C 方案。

3.4.1.3 非线性盈亏平衡分析

线性盈亏平衡分析方法简单明了，有助于我们尽快地全面把握决策的目的。但这种方法在应用中有一定的局限性，主要表现在对投资项目来讲，在实际生产经营过程中，产品的销售收入与销售量之间，成本费用与产量之间，并不一定呈现出线性关系。比如当项目的产量在市场中占有较大的份额时，其产量的高低可能会明显影响市场的供求关系，从而使得市场价格发生变化；再比如根据报酬递减规律，变动成本随着生产规模的不同而与产量呈非线性的关系，在生产中还有一些辅助性的生产费用（通常称为半变动成本）随着产量的变化而呈梯形分布。由于这些原因，造成产品的销售收入和总成本与产量之间存在着非线性的关系。在这种情况下进行的盈亏平衡分析称为非线性盈亏平衡分析，其基本原理与线性盈亏平衡分析大致相同，不再赘述。

盈亏平衡分析虽然能够度量项目风险的大小，但并不能揭示产生项目风险的根源，比如说虽然我们知道降低盈亏平衡点就可以降低项目的风险，提高项目的安全性，也知道降低盈亏平衡点可采用降低固定成本的方法，但是如何降低固定成本，应该采取哪些可行的方法或通过哪些有利的途径来达到目的，盈亏平衡分析并没有给我们答案，还需采用其他一些方法来帮助达到这个目标。因此，在应用盈亏平衡分析时，应注意使用的场合及欲达到的目的，以便能够正确运用这种方法。

3.4.2 敏感性分析

敏感性分析是研究当一个或多个不确定因素发生变化时，对方案经济效果的影响程度，从而分析当外部条件发生不利变化时，投资方案的承受能力。

一个项目，在其建设与生产经营的过程中，许多因素都会发生变化，如投资、价格成本、产量、工期等因素，都会由于项目内外部环境的变化而发生变化，从而与我们在项目经济评价中对其所做的预测值（估计值）发生一定的差异。这些差异不可避免地会对项目的经济评价指标产生一定的影响，但这种影响的程度又是各不相同的。有些因素可能仅发生较小幅度的变化，就能引起经济评价指标发生大的变动；而另一些因素即使发生了较大幅度的变化，对经济评价指标的影响也不是太大。我们将前一类因素称为敏感性因素，后一类因素称为非敏感性因素。从评价项目风险的角度出发，我们当然更关注敏感性因素，关注敏感性因素对项目经济评价指标的影响程度。一般地讲，敏感性分析的目的就在于通过分析各个因素对项目经济评价指标的影响程度的大小，找出敏感性因素，从而为采取必要的风险防范措施提供依据。

敏感性分析可以分为单因素敏感性分析和多因素敏感性分析。单因素敏感性分析是假定只有一个不确定因素发生变化，其他因素都不变，分析该不确定因素对经济评价指标的影响程度和敏感程度。多因素敏感性分析是假设两个或两个以上互相独立的不确定因素同时变动时，分析这些变化因素对经济评价指标的影响程度和敏感程度，以判断方案的风险程度。为了找出关键的敏感性因素，通常只进行单因素敏感性分析。

3.4.2.1 单因素敏感性分析的步骤

单因素敏感性分析的基本步骤如下：

（1）确定敏感性分析的对象。敏感性分析的对象就是前面所谈的项目经济评价指标。一般是根据项目的特点、不同的研究阶段、实际需求情况和指标的重要程度来选择一至两种指标为研究对象，经常用到的是净现值（NPV）和内部收益率（IRR）。另外还要说明的一点是，敏感性分析中所确定的经济评价指标，往往应该与方案的经济评价指标一致，不宜设立新的分析指标。

（2）选择需要分析的不确定性因素。影响项目经济评价指标的不确定性因素很多，但在实际分析中并没有必要对所有的不确定性因素进行敏感性分析，而往往是选择一些主要的影响因素，如项目总投资、建设年限、经营成本、产品价格、标准折现率等。选择需要分析的不确定性因素时，主要从以下两条考虑：一是预计这些因素在其可能的变化范围内对经济评价指标的影响较大；二是这些因素发生变化的可能性比较大。

(3) 计算各不确定性因素对经济评价指标的影响程度。对所选定的需要进行分析的不确定性因素，按照一定的变化幅度（如5%、10%、20%等）改变其数值，然后计算该变化所对应的经济评价指标（如NPV、IRR等）值，建立一一对应的数量关系，并用敏感性分析图或敏感性分析表的形式表示。

(4) 确定敏感因素。敏感因素是指该不确定因素的数值有较小的变动就能使项目经济评价指标出现较显著改变的因素，根据分析问题目的的不同，一般可通过两种方法来确定。

第一种称为相对测定法，即设定要分析的因素均从初始值开始变动，且假设各个因素每次变动的幅度均相同，分别计算在同一变动幅度下各个因素的变动对经济评价指标的影响程度，然后按敏感度系数高低对各个因素进行排序，敏感度系数越高的因素越敏感。

敏感度系数可用下式表示：

$$\text{敏感度系数}(\beta) = \left|\frac{\text{评价指标变化幅度}}{\text{变量因素变化幅度}}\right| = \left|\frac{\Delta Y_j}{\Delta X_i}\right| = \frac{\left|\dfrac{Y_{j1} - Y_{j0}}{Y_{j0}}\right|}{|\Delta X_i|} \tag{3.33}$$

式中 ΔX_i——第 i 个变量因素的变化幅度（变化率）；

Y_{j1}——第 j 个指标受变量因素变化影响后所达到的指标值；

Y_{j0}——第 j 个指标未受变量因素变化影响时的指标值；

ΔY_j——第 j 个指标受变量因素变化影响的差额幅度（变化率）。

第二种称为绝对测定法，即利用临界点判别敏感性因素的方法。临界点是指技术方案允许不确定因素向不利方向变化的极限值，超过极限，技术方案的经济效果指标将不可行。例如，当产品价格下降到某一值时，财务内部收益率刚好等于基准收益率，此点称为产品价格下降的临界点。临界点可用临界点百分比或者临界值分别表示，某一变量的变化达到一定的百分比或者一定数值时，技术方案的经济效果指标将从可行转变为不可行。临界点可用专用软件的财务函数计算，也可由敏感性分析图直接求得近似值。采用图解法时，每条直线与判断基准线的相交点所对应的横坐标上不确定因素变化率即为该因素的临界点。但须注意：临界点的高低与设定的指标判断标准有关。如财务内部收益率的判断标准为基准收益率，则不确定性因素变化的临界点是财务内部收益率等于基准收益率。对于同一个技术方案，随着设定基准收益率的提高，临界点就会变低（即临界点表示的不确定因素的极限变化变小）。在一定指标判断标准（如基准收益率）下，若干不确定因素中，临界点越低，说明该因素对技术方案经济效果指标影响越大，技术方案对该因素就越敏感。把临界点与未来实际可能发生的变化幅度相比较，就可大致分析该技术方案的风险情况。

在实践中常常把敏感度系数和临界点结合起来确定敏感因素。

3.4.2.2 单因素敏感性分析图

敏感性分析图是通过在坐标图上作出各个不确定性因素的敏感性曲线，进而确定各个因素的敏感程度的一种图解方法，其基本作图方法如下：

(1) 以纵坐标表示项目的经济评价指标（项目敏感性分析的对象），横坐标表示各个变量因素的变化幅度（以%表示）。

（2）根据敏感性分析的计算结果，绘出各个变量因素的变化曲线，其中与横坐标相交角度较大的变化曲线所对应的因素就是敏感性因素。

（3）在坐标图上作出项目经济评价指标的临界曲线（如 NPV=0，IRR=i_c等），求出变量因素的变化曲线与临界曲线的交点，则交点处的横坐标就是表示该变量因素允许变化的最大幅度，即项目由盈到亏的极限变化值。

3.4.2.3　单因素敏感性分析的应用

例 3.18　某投资方案设计年生产能力为10万台，计划总投资为1200万元，期初一次性投入；预计产品价格为35元/台，年经营成本为140万元，方案寿命期为10年；到期时预计设备残值收入为80万元，标准折现率为10%，试就投资额、单位产品价格、经营成本等影响因素对该投资方案做敏感性分析。

解：选择净现值为敏感性分析的对象，根据净现值的计算公式，可计算出项目在初始条件下的净现值。

$$NPV_0 = -1200 + (35 \times 10 - 140)(P/A,\ 10\%,\ 10) + 80(P/F,\ 10\%,\ 10) = 121.21(\text{万元})$$

由于 $NPV_0>0$，因此该项目是可行的。

下面对项目进行敏感性分析。

取定三个因素，即投资额、产品价格和经营成本，然后令其逐一在初始值的基础上按±10%、±20%的变化幅度变动。分别计算相对应的净现值的变化情况，得出结果如表3.15及图3.13所示。

表 3.15　单因素敏感性分析表　　（单位：万元）

变化幅度	-20%	-10%	0	10%	20%	平均+1%	平均-1%
投资额	361.21	241.21	121.21	1.21	-118.79	-9.90%	9.9%
产品价格	-308.91	-93.85	121.21	336.28	551.34	17.75%	-17.75%
经营成本	293.26	207.24	121.21	35.19	-50.83	-7.10%	7.10%

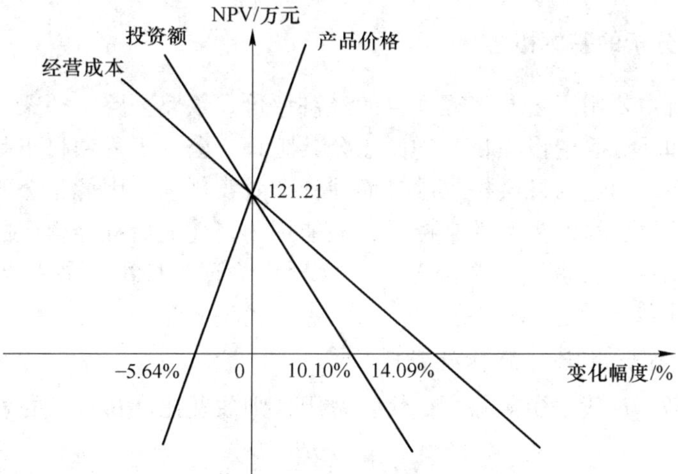

图 3.13　单因素敏感性分析图

由表 3.15 和图 3.13 可以看出，在各个变量因素变化率相同的情况下：首先，产品价格的变动对净现值的影响程度最大，当其他因素均不发生变化时，产品价格每下降 1%，净现值下降 17.75%；并且还可以看出，当产品价格下降幅度超过 5.64%时，净现值将由正变负，也即项目由可行变为不可行。其次，对净现值影响大的因素是投资额，当其他因素均不变化时，投资额每增加 1%，净现值下降 9.90%；当投资额增加的幅度超过 10.10%时，净现值由正变负，项目变为不可行。最后，对净现值影响最小的因素是经营成本，在其他因素均不发生变化的情况下，经营成本每上升 1%，净现值下降 7.10%；当经营成本上升幅度超过 14.09%时，净现值由正变负，项目变为不可行。由此可见，按净现值对各个因素的敏感程度来排序，依次是产品价格、投资额、经营成本，最敏感的因素是产品价格。因此，从方案决策的角度来讲，应该对产品价格进行进一步的、更准确的测算，因为从项目风险的角度来讲，如果未来产品价格发生变化的可能性较大则意味着这一投资项目的风险性亦较大。

3.4.2.4 敏感性分析的局限性

敏感性分析是项目经济评价时经常用到的一种方法，是投资决策中的一个重要步骤，它在一定程度上对不确定因素的变动对项目投资效果的影响作了定量的描述，得到了维持投资方案在经济上可行所允许的不确定因素发生不利变化的最大幅度。但是，敏感性分析在使用中也存在着一定的局限性，就是它不能说明不确定因素发生变动的情况的可能性是大还是小，也就是没有考虑不确定因素在未来发生变动的概率，而这种概率是与项目的风险大小密切相关的。我们经常会碰到这样的情况，某些因素在未来发生不利变动的可能性很小，虽然它可能是一个敏感因素，但实际上它给项目带来的风险并不大；而另外有一些因素，虽然它们不太敏感，不是敏感因素，但由于它们在未来发生不利变化的可能性很大，因而实际上给项目带来的风险可能比敏感因素还要大。对于此类问题，敏感性分析是无法解决的，还要借助于概率分析。

3.5 效益费用分析方法

3.5.1 效益费用分析的基本概念

效益费用分析主要用于公共工程项目的经济评价。铁路公路、桥梁、港口、机场、水库、灌渠、市政和环保等建设项目，均属于公共工程。公共工程项目不是以项目的自身盈利为主要目的，而是通过为社会提供服务而使社会效益增加。因此，公共工程项目的经济效果不能单纯以项目自身的盈利性来衡量，只能用项目建成后社会得到的效益与社会为之付出的费用（包括一次投资及日常经营费）之比作为评价标准。效益费用分析的主要评价指标有以下两种。

3.5.1.1 效益费用比（简称效费比）

设 B 代表效益，D 代表负效益，C 代表费用，则效费比［B/C］的表达式为

$$[B/C] = \frac{B - D}{C} \tag{3.34}$$

如果效费比［B/C］$\geqslant 1$，说明社会所得到的效益大于为该项目支出的费用，项目是

可以接受的；若［B/C］<1，则该项目应该被放弃。注意，公式中负效益是从效益中减去（即 $B-D$）而不是加在费用 C 上。效费比的主要优点是它能表示出单位费用所取得的效益。

3.5.1.2 净效益

净效益［$B-C$］，是将费用从效益中扣除。其表达式为

$$[B - C] = (B - D) - C \tag{3.35}$$

若净效益$[B - C] \geqslant 0$，说明社会的所得大于所失，项目是可以接受的；若$[B - C] < 0$，则项目不可接受。该法的优点是可以避免对负效益的归属考虑不当所产生的矛盾。

式（3.34）及式（3.35）是效益费用分析的基本表达式。公式中的效益及费用都是可以用整个寿命期的总效益及总费用（现值）来表示，也可以采用年度的效益及年度的费用来表示。对于等寿命的方案比较，常用现值计算；对于不等寿命方案的比较，常用年值计算。

在效益费用分析中，必须分清什么是费用、效益和负效益。一般来说，费用是由政府机构来负担的，凡属于费用的现金项目，全部归入效费比的分母中；而效益及负效益则是发生于社会的公众中，凡属于效益或负效益的现金项目，应全部归入效费比的分子中。

例如，公路、桥梁或灌渠等的建造费及每年的维护费为费用；建设国际机场后，当地每年得到的利益及建设旅游设施后当地每年增加的商业收益为效益；建设水库后，库区因淹没使农牧业每年减少的收益为负效益；建设水库后，城镇每年减少的洪水损失为效益；建设水库后，灌区农业生产增加的收益为效益。

计算公共工程项目的费用时，除计算其一次性投资及日常的维护费用外，若项目本身还有一定的现金收入，如使用者日常交纳的使用费以及项目最后的残值等，因为这部分费用从性质上来说属于政府费用的节约，故一般应从分母的费用中减去，而不是加在分子的效益中。

3.5.2 效益费用分析的具体应用

3.5.2.1 无限服务寿命期工程方案的资金等值换算

效益费用分析的对象——公共工程项目，如桥梁、运河、铁路等，通常具有很长的服务期（大于50年）。一般而言，经济分析对遥远未来的现金流量是不敏感的。例如，当利率为4%时，50年后的1元现值仅为1角4分；而利率为8%时，现值仅为2分。因此，对于服务寿命很长的工程方案，可以近似地当作无限服务寿命期来处理。

按无限期计算出的现值，一般称为“资金成本或资本化成本”，计算公式为

$$P = \frac{A}{i} \tag{3.36}$$

证明

$$A = P(A/P,\ i,\ n) = P \cdot \frac{i(1 + i)^n}{(1 + i)^n - 1} = P\left[\frac{i}{(1 + i)^n - 1} + i\right]$$

当 $n\to\infty$ 时，上式括号中第一项趋近于零，于是

$$\lim_{n\to\infty}(A/P,\ i,\ n) = i$$

因此，$A = P \cdot i$，$P = \dfrac{A}{i}$。

式（3.36）在处理无限服务寿命的经济分析中常常有重要作用。

3.5.2.2 效益费用分析用于公共工程项目评价

效益费用分析本质上仍是对工程方案进行经济可行性的判断，除了所采用指标、考察范围角度与一般工程方案有所不同外，前述各项基本评价原理还是适用的。下面通过例子说明其具体应用。

（1）单项方案的效益费用分析。

例 3.19 某城市拟扩建一国际机场，扩建投资估计 4000 万元，以后每年的维护费约为 100 万元。机场扩建后可促进该城市工商业和旅游业的发展，估计每年可增加收入 600 万元。但由于扩建机场，每年的农业损失估计为 100 万元。设利率规定为 5%，试用效益费用法对该建设项目进行评价。

解：1）用现值计算

费用 $C = 4000 + \dfrac{100}{5\%} = 6000$ 万元

效益 $B = \dfrac{600}{5\%} = 12000$ 万元

负效益 $D = \dfrac{100}{5\%} = 2000$ 万元

$$[B/C] = \frac{B - D}{C} = \frac{12000 - 2000}{6000} = 1.67 > 1$$

$$[B - C] = (B - D) - C = (12000 - 2000) - 6000 = 4000 \text{ 万元} > 0$$

2）用年值计算

费用 $C = 4000 \times 5\% + 100 = 200 + 100 = 300$ 万元

效益 $B = 600$ 万元

负效益 $D = 100$ 万元

$$[B/C] = \frac{B - D}{C} = \frac{600 - 100}{300} = 1.67 > 1$$

$$[B - C] = (B - D) - C = (600 - 100) - 300 = 200 \text{ 万元} > 0$$

故该机场应加以扩建，以促进城市的繁荣。

（2）多项互斥方案的效益费用分析。

例 3.20 某公共工程项目有四种建造方案，其计算参数见表 3.16。用效益费用分析法选出最佳方案。设定利率为 10%。

表 3.16 计算参数汇总表

方　案	Ⅰ	Ⅱ	Ⅲ	Ⅳ
投资 C/万元	20	27.5	19	35
年效益 B/万元	2.2	3.5	1.8	4.4
寿命 n/年	30	30	30	30

解：把四种方案按其投入费用的多少，由小到大排列在表 3.17 中。首先计算它们自身的整体效费比 [B/C]（见表中第 5 行），并舍弃 [B/C] < 1 的方案。本题中的方案Ⅲ虽然其 [B/C] < 1，但为了便于说明问题，仍让它参与计算对比。

表 3.17 计算结果汇总表

序号	方 案	Ⅲ	Ⅰ	Ⅱ	Ⅳ
1	投资 C	19	20	27.5	35
2	年效益 B	1.8	2.2	3.5	4.4
3	$B\times(P/A, 10\%, 30)$	16.97	20.74	32.99	41.48
4	整体效费比 [B/C]	0.89<1	1.04>1	1.20>1	1.18>1
5	对比方案	Ⅲ对 0	Ⅰ对 0	Ⅱ对Ⅰ	Ⅳ对Ⅱ
6	费用增量 ΔC	19	20	7.5	7.5
7	效益增量 ΔB	16.97	20.74	12.25	8.49
8	增量效益比 [$\Delta B/\Delta C$]	0.89<1	1.04>1	1.63>1	1.13>1
9	可否接受	否	可	可	可
10	最佳方案	0	Ⅰ	Ⅱ	Ⅳ
11	净效益 [$B-C$]	-2.03	0.74	5.49	6.48

首先选定基准方案为零方案（即该工程允许不兴建），它的投资为零。依次令投资较大方案与投资较小方案对比（见表中第 6 行）。求出投资较大方案的增量效费比 [$\Delta B/\Delta C$]（见表中第 9 行），如 $\Delta B/\Delta C \geqslant 1$，则投资较大方案应是可以接受的，并把它作为一个新的基准方案，再与投资更大的方案进行对比，如此继续进行。本题最后一个可被接受的方案是方案Ⅳ，即最佳方案。

通过计算，虽然选中了方案Ⅳ，但它的整体效益费用比 [B/C] 在四个方案中并不是最高者，最高的方案是Ⅱ，为 1.20，而方案Ⅳ为 1.18。如果资金来源有限，我们也可采纳方案Ⅱ，因为它的投资额少于方案Ⅳ，且整体效费比 [B/C] 在所有方案中最高。

3.6 国民经济评价方法

建设项目的国民经济评价，也称国民利益分析或社会效益费用分析，是指从国家的角度来考察该项目在建设期间和建成投产后的投入与产出之比。投入包括“一次性投入”（如土地、设备、建筑物等）和“二次投入”（如生产用原料、动力人工、外购劳务等），这些投入的使用，对国民经济来讲，就是必须支付的代价；产出包括产品、利润、税收等，对国民经济来讲，就是得到的利益。因此，国民经济评价就是要检验工程项目建设中和投产后，国家付出的代价以及建成投产对国家的贡献。工程项目国民经济评价和企业财务评价的区别，除了两者考虑的角度不同外，还有以下几点：

(1) 评价的范围不同。企业财务评价一般仅包括直接的可计量的货币效果，而国民经济评价则除直接效果外，还有间接的和不可计量的效果。

(2) 效益与费用的项目不同。企业财务评价时，税收等作为费用支出；而国民经济评价则是作为效益。

（3）计算的基础不同。企业财务评价时，采用国内现行市场价格、官方汇率和长期贷款的一般利率作为折现率；而国民经济评价则采用经过修正的价格、汇率和社会折现率。

3.6.1 影子价格及其确定

3.6.1.1 影子价格的概念

影子价格是在国民经济评价中采用的价格体系。

国民经济评价是对最终产品的增长进行衡量，而最终产品的增量要用货币表现它的价值。货币数额的大小由最终产品的实物量和价格确定，涉及如何确定最终产品的价值问题。市场价格受到经济政策地区差别以及市场价格的继承性等多种因素的影响，市场价格偏离产品价值的现象时常发生，用这种市场价格计算的国民收入增长量，不能反映最终产品增长的实际价值。因此，在国民经济评价中，应采用能正确体现各种产品价值关系的价格体系——影子价格体系。

所谓影子价格，是当某资源得到最优利用时的边际产出的价值，即资源充分利用时，每增加一单位该资源所带来的收益的价值。从数学上看，它是数学规划原问题的目标函数的最优值对某一约束条件的一阶偏导数。从财务上考虑，若某种资源的市场价格低于影子价格，就可购进该资源，否则可出售该资源。

3.6.1.2 影子价格的确定

影子价格是以完全竞争的假定为前提。但这种经济现实并不存在，因此我们通常采用间接办法对影子价格进行某种有根据的估计。

一般情况下，国际市场上的商品价格主要由供需规律决定，市场机制起主导作用，受个别国家或集团垄断和控制的可能性极小，可以认为其价格能够反映社会价值。因此，通常采用国际市场的价格作为影子价格的基础，对影子价格进行估计。确定影子价格时，一般将项目的投入与产出对国民经济的影响分别处理。其原则是产出品影子价格应反映出该产品给社会提供的效益，即社会效益；投入品的影子价格应反映出社会为该投入品支付的代价，即社会代价。

为了确定货物的影子价格，将货物分成三大类：外贸货物、非外贸货物和特殊投入物，而每大类又分为投入物和产出物。投资项目的特殊投入物是指除外贸货物及非外贸货物以外的生产要素。如劳动力、土地、资金。这种划分是为了便于确定相应的影子价格。

（1）外贸货物影子价格。外贸货物影子价格以实际可能发生的口岸价格为基础来确定。

（2）非外贸货物影子价格。非外贸货物影子价格主要应从商品供求关系出发，由机会成本（投入物）或消费者意愿（产出物）确定。

（3）劳动力的影子价格。劳动力的影子价格称为影子工资。影子工资受劳动力的机会成本和社会资源消耗等因素的影响。

影子工资一般通过影子工资换算系数计算获得。影子工资换算系数是影子工资与项目财务分析中劳动力工资的比值。根据目前我国劳动力市场状况，技术劳动力的影子工资一般可以财务实际支付工资计算，即影子工资换算系数一般取 1；对于非技术劳动力，根据我国非技术劳动力就业状况，其影子工资换算系数一般取为 0.25～0.8，具体可根据当地的非技术劳动力供求状况确定，非技术劳动力较为富余的地区可取较低值，不太富余的地区可取较高值，中间状况可取0.5。

（4）土地的影子价格。土地的机会成本是建立土地影子价格的基础。

1）若项目占用的土地属荒山野岭，没有其他的作用，其机会成本可视为零。

2）若项目占用的土地为农牧林业等土地，应以原生产行业的净收益作为其机会成本，可以用净收益的现值或净收益年值来表达。

3）若项目占用的是城市用地，应当以该项目以外的其他单位愿意支付的最高财务价格来作为土地机会成本。

（5）资金的影子价格。资金同样存在着机会成本。在资金有限的情况（资金无限的情况几乎不存在）下，我们希望将资金用于收益相对大的项目上，而放弃收益相对小的项目。这里收益大小的衡量标准是内部收益率。若投资项目的内部收益率大于放弃项目的内部收益率，则资金的配置是合理的；反之是不合理的。当被放弃项目的内部收益率表现为边际投资内部收益率时，则成为一种标准，用于判别其他项目的投资资金是否合理。这个标准就是资金的影子价格——社会折现率，也称为影子利率。在一个国家内部，社会折现率是一种全社会的标准，是社会对资金时间价值的估值。在国民经济评价中，采用社会折现率作为贴现率进行资金时间价值的计算。

根据我国国民经济运行的实际情况、投资收益水平、资金供求状况、资金机会成本以及国家宏观调控等因素综合分析，根据国家发展改革委和建设部联合发布的《建设项目经济评价方法与参数》（第三版），目前测定社会折现率为8%；对于受益期长的建设项目，如果远期效益较大，效益实现的风险较小，社会折现率可适当降低，但不应低于6%。

（6）外汇的影子价格。外汇的影子价格是影子汇率，与影子汇率相对应的是官方汇率。

在财务评价中，采用官方汇率；在国民经济评价中，采用影子汇率。官方汇率是由本国政府规定的单位外币的国内价格；影子汇率是单位外币与实际兑换成本国货币之间的比例，是外币的真实价格。

在现实经济活动中，影子汇率是国家的统一参数，由国家颁布执行并适时调整。影子汇率的大小反映了国家的经济政策，国家以此作为经济杠杆，从一个侧面调整和控制国民经济的发展，特别是对引进国外投资的建设项目，更具有不可缺少和不可替代的作用。

社会折现率及影子汇率是国民经济评价的计算基础，是重要的国家参数。国家参数是指国家为审查工程项目是否符合国民经济整体利益而规定的一些基本参数，国家计委设有专门机构测定这些参数并予以公布，所以称为国家参数。这些参数要考虑到国家政治、经济、社会、安全生态等方面各种目标的发展因素，提出一个符合实际工程项目的指标数值。这些参数应反映出最佳的资源分配。这些参数从社会来看，是用数值表达的可接受的限度，或社会指定给某些主要因素值的数量量度。

3.6.2 国民经济评价指标

对具体项目进行国民经济评价，应本着国民经济评价的目的，正确地衡量项目对国家和社会做出的贡献。在这里，国民经济评价指标区别于国民经济统计指标。统计指标面对的是整个国家和社会的统计范围，评价指标仅是具体投资项目对国家和社会贡献的衡量。国民经济评价指标还区别于财务指标。财务指标以自身收益出发衡量企业的盈利性；评价指标虽在方法和内容上与财务指标有许多相似，但实质却是对资源增减状况的衡量。

3.6.2.1 国民经济评价的现金流量

在财务评价中，依据财务的现金流量进行各财务指标的计算。在国民经济评价中，以财务现金流量为起点和基础，按国民经济评价的要求，将其调整为国民经济价格的现金流量。

对于所有投资都来自国内的项目，在调整现金流量中，可根据前面叙述的原则进行调整，成为国民经济评价现金流量，为经济指标的计算提供数据。

对于含有国外资金投入的项目，在具体分析后，做出相应的调整。这里需要分析的主要是来自国外的资金情况，其他各项仍与前面叙述的处置原则相同。

国民经济评价的目的是使全部资源都得到合理配置，包括用国外贷款取得的资源。然而一些国外贷款往往是定向投资，即指定贷款针对某一具体项目，专款专用。这使该项贷款的使用范围单一，不具备作其他选择的可能。若取消该项目的投资，也同时拒绝了该项贷款。在这类资金用途被唯一限定的情况下，国外贷款仅作为投资项目所需资源的表达形式而存在于项目中。因此，无须对项目的全投资进行经济效益评价，可只进行国内投资经济效益评价，将国外贷款视为收益，还本付息视为费用。所谓全投资，是指国内投资与国外投资之和所形成的投资。

另外，当国外投资不作为专款专用的定项投资，而与从国内取得的贷款具有同样作用，即能够对它的资源进行配置时，则国外贷款与国内贷款一样，也应被认为是直接转移交付而不加入现金流量中。也就是说，既不视为收益，也不视为费用，而要从现金流量中剔除。

在对国外贷款进行了具体分析之后，不论是国内贷款还是国外贷款，都可具体选择现金流量的计算公式。

全投资国民经济评价下：

ENCF(经济现金流量) = (销售收入) + (寿命期末回收固定资产残值和流动资金) +
(外部收益) − (固定资产投资) − (新增流动资金) −
(经营成本) − (外部费用)

国内投资国民经济评价下：

ENCF(经济现金流量) = (销售收入) + (国外贷款) +
(寿命期末回收固定资产残值和流动资金) +
(外部收益) − (固定资产投资) − (新增流动资金) −
(经营成本) − (偿还国外贷款本金和利息)

3.6.2.2 国民经济评价指标

国民经济评价的主要经济指标有经济内部收益率（EIRR）、经济净现值（ENPV）、经济净现值率（ENPVR）和经济换汇成本等。

（1）经济内部收益率（EIRR）。经济内部收益率是经济净现值为零时的折现率，是反映投资项目投资效率的指标。使用经济内部收益率指标，可以从国民经济评价的角度得出是否可行的结论。

单方案情况下，经济内部收益率的方程为

$$\sum_{t=0}^{n}(CI - CO)_t(1 + EIRR)^{-t} = 0 \tag{3.37}$$

式中 CI——现金流入（影子价格调整后）；

CO——现金流出（影子价格调整后）；

n——投资项目寿命期；

EIRR——经济内部收益率。

判别准则：当 EIRR ≥ i_s 时，方案可行；当 EIRR< i_s 时，方案不可行。i_s 为社会折现率。

在互斥方案且寿命期相同的情况下，首先分别按单方案情况处置，以判别方案的绝对效果。对 EIRR< i_s 的舍弃，然后对 EIRR ≥ i_s 的方案再进行相对效果检验。应先将方案按投资从大到小进行排列，然后从前向后两两进行比较，确定出最优方案。两两比较时，计算其差额经济内部收益率。差额经济内部收益率的计算方程为

$$\sum_{t=0}^{n}(CI_{A-B} - CO_{A-B})_t(1 + \Delta EIRR)^{-t} = 0 \tag{3.38}$$

式中 CI_{A-B}——方案 A 减方案 B 的差额现金流入；

CO_{A-B}——方案 A 减方案 B 的差额现金流出；

ΔEIRR——差额经济内部收益率；

其他符号意义同前。

判别准则：当 ΔEIRR ≥ i_s 时，方案 A 优于方案 B；当 ΔEIRR< i_s 时，方案 B 优于方案 A。

（2）经济净现值（ENPV）。经济净现值是经济效益指标，既能用于进行绝对效果检验，又能用于相对效果的检验。

在单方案情况下，经济净现值的计算公式为

$$ENPV = \sum_{t=0}^{n}(CI - CO)_t(1 + i_s)^{-t} \tag{3.39}$$

式中的符号含义同前。

判别准则：ENPV≥0 时，方案可接受；ENPV<0 时，方案不可接受。

（3）经济净现值率（ENPVR）。经济净现值率是反映投资项目占用的单位投资对国民经济所做贡献的相对评价指标。经济净现值率是经济净现值与经济投资现值之比。其公式表达为

$$ENPVR = ENPV/PI \tag{3.40}$$

式中 PI——经济投资现值；

ENPVR——经济净现值率；

其他符号意义同前。

判别标准：当 ENPVR≥0 时，方案可以接受；当 ENPVR<0 时，方案不可接受。

（4）经济换汇成本。经济换汇成本是指投资项目生产出口产品及替代出口产品所耗费的国内资源价值的现值（如人民币）和外汇（如美元）净收益的现值之比。也就是说，

获取1美元净外汇的收入或节约1美元的耗费所需消耗的国内资源价值。经济换汇成本的计算公式为

$$\mathrm{EFC} = \frac{\sum_{t=1}^{n} \mathrm{DR}_t (1 + i_s)^{-t}}{\sum_{t=1}^{n} (\mathrm{FI} - \mathrm{FO})_t (1 + i_s)^{-t}} \tag{3.41}$$

式中 EFC——经济换汇成本；

DR_t——项目在第 t 年为生产出口产品替代进口产品所投入的本国资源价值；

FI——外汇流入量（美元）；

FO——外汇流出量（美元）；

其他符号意义同前。

判别准则：当经济换汇成本小于影子汇率，表明投资项目生产出口产品或替代进口产品的经济效益好；当经济换汇成本大于影子汇率，则表明投资项目生产出口产品或替代进口产品的经济效益不好。

若投资项目产出中只有部分为外贸产品时，应将其生产的外贸产品部分所消耗的国内资源的价值从国内资源的总耗费中划分出来，然后再进行计算。

3.6.3 国民经济评价的步骤

进行投资项目的国民经济评价时，首先要对财务评价的现金流量表做出调整。具体步骤与方法如下：

（1）以财务评价现金流量表为基础将具有直接转移支付性质的效益与费用剔除，并相应调整进单位固定投资回收费用和单位流动资金回收费用。

（2）确定外部收益与外部费用。

（3）对投入物与产出物按外贸品、非外贸品和特殊投入物三类进行划分，并分别用影子价格、影子工资、土地费用等调整各类的价格。调整后即得到了进行国民经济评价使用的现金流量。

（4）若投资项目有国外贷款进行投资，应对投资情况具体分析后做出相应的调整。

（5）进行国民经济评价的经济效果计算。可依据全投资现金流量与国内投资现金流量分别计算投资项目的经济效果——经济内部收益率、经济净现值、经济净现值率、经济换汇成本等指标。其中经济换汇成本是对项目创汇能力的考察。

（6）根据计算的结果比较各指标是否达到要求的标准，并结合对投资项目的社会效果的评价和考察，对投资项目综合做出国民经济评价的结论。

复习题

1. 项目现金流量的构成要素主要有哪些？
2. 什么是静态评价方法和动态评价方法？分别说明其适用情况。
3. 常用动态经济评价指标有哪些？试对其作简要对比分析。
4. 备选方案之间的相互关系有哪几种？试举例说明。

5. 如何进行不等寿命方案的比选？
6. 盈亏平衡分析能为决策者提供哪些信息？
7. 敏感性分析的作用是什么，它的局限性表现在哪里？
8. 简述效益费用分析的基本概念。
9. 简述国民经济评价和企业财务评价的区别。
10. 什么是影子价格？

4 价 值 工 程

本章知识要点结构层次分析导图如图 4.1 所示。

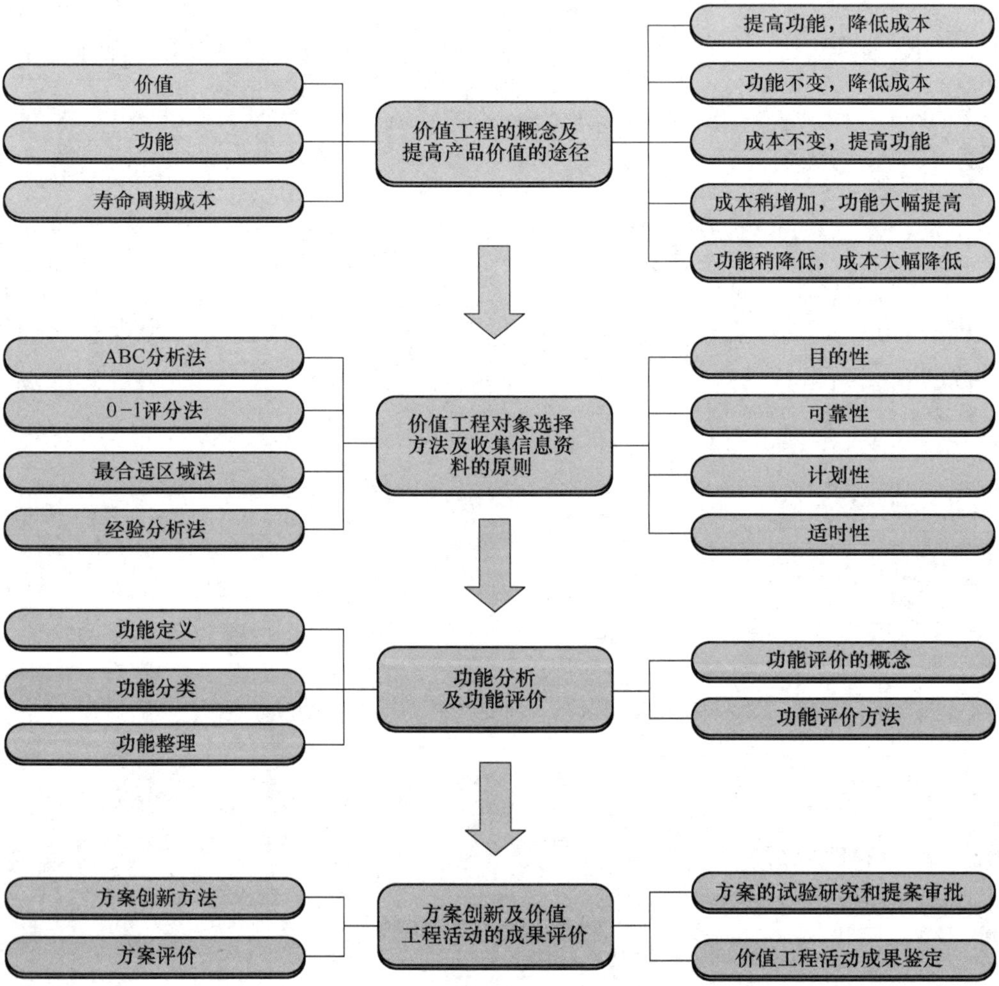

图 4.1　知识结构导图

4.1　价值工程的基本理论

价值工程（value engineering，VE）又称价值分析（value analysis，VA），是一种把功能与成本、技术与经济结合起来研究的现代化科学管理技术，是一种降低成本提高经济效益的有效技术经济分析方法。从产品投产到制造进行的价值活动分析即事后分析，称价值分析（VA）；在科研、设计、生产、准备、试制新产品的生产过程之前进行价值活动分析即事前分析，称价值工程（VE）。

价值工程不仅广泛应用于产品研发和产品设计，而且也应用于工程建设领域。国内外的实践证明，建筑业应用价值工程在降低工程成本、保证业主投资效益方面具有显著的功效，投资兴建的工程项目能够更好地满足社会的需求。同时，推广应用价值工程也能够促进社会资源得到合理有效的利用。

4.1.1　价值工程的含义

价值工程是以提高所研究对象的价值和有效利用资源为目的，通过对研究对象的功能和成本进行系统分析，寻求用最低的寿命周期成本，可靠地实现使用者所需功能，以获取最佳综合效益的一种管理技术。

凡为获取功能而发生费用的事物，均可作为价值工程的研究对象，通常表现为产品或作业。“产品”泛指以实物形态存在的各种产品，如材料、制成品、设备和建设工程等；“作业”是指能够提供一定功能的工艺、工序、活动和劳务等。

4.1.1.1　价值（value）

所谓价值，在价值工程中具有特定的含义，可用下面的数学公式表达：

$$V=\frac{F}{C} \tag{4.1}$$

式中　V——对象的价值；

F——对象的功能，广义上指产品或作业的功用和用途；

C——对象的成本，即寿命周期成本。

价值工程中的“价值”是指对象所具有的功能与获得该功能所发生的全部费用之比，即对象的比较价值，即性能价格比。产品的价值高低表明产品物美价廉的程度和产品合理有效利用资源的程度。凡是成本低而功能大的产品其价值就高，意味着产品有效利用资源的程度就高；反之，产品价值就低。价值高的产品是好产品，价值低的产品是需要改进或淘汰的产品。价值工程的目的，就是通过对产品进行系统的分析，寻求提高产品价值的途径和方法，以提高产品的功能，降低产品成本。

使用者购买一种产品，并不是购买产品实体，而是购买产品的功能。例如，人们购买灯泡是因为它能发光，所以，购买的是灯泡发光的功能。同时，人们在购买灯泡时必然要考虑付出的代价，对于具有相同发光功能的两种灯泡，如果成本不同，人们总是购买成本较低者。对于生产者来说，希望生产的产品质量高而消耗低；对于使用者来说，希望购买的产品物美价廉。因此，用价值来衡量产品的优劣，对于两者都是适用的。

4.1.1.2　功能（function）

价值工程中的“功能”是指对象能满足某种需求的效用或属性，即对象的有用性。广义上讲，是指产品或作业的功用、用途及性能。任何产品和作业都具有功能，如建筑物的功能是提供可使用之空间或可观赏之形象，智能手机的功能主要是无线通话、上网等。

4.1.1.3 寿命周期成本（life cycle cost）

A 寿命周期

对象从研究、形成到退出使用的全过程称为对象的寿命周期。对象的寿命周期一般分为自然寿命和经济寿命，价值工程所计算和确定的寿命周期一般是指对象的经济寿命。就建筑产品而言，其寿命周期可以划分为以下四个阶段，即准备期、建造期、使用期及报废处理期。

B 寿命周期成本的组成

价值工程的目标就是以最低的寿命周期成本来实现产品或作业的必要功能。为实现产品功能而发生在其整个寿命周期中的全部费用，称为寿命周期成本，它是产品从研究开发、设计制造、投入使用到报废为止所耗费的一切费用的总和。其中，发生在生产企业内部的成本也是用户购买产品的费用称为生产成本，具体包括产品的科研、设计、试制、生产和销售等费用及税金等；用户在使用产品过程中所支付的各种费用称为使用成本，具体包括维修费用、保养费用、能耗费用、人工费用、管理费用等，有时还包括报废拆除所发生的费用（扣除残值）。价值工程中的“成本”即寿命周期成本 C，由生产成本 C_1 和使用成本 C_2 两部分组成，如图 4.2 所示。

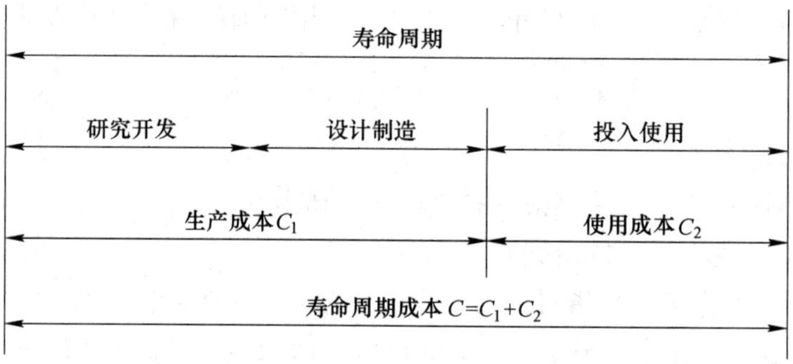

图 4.2 寿命周期成本的组成

对于建筑产品，其寿命周期成本是指从规划、设计、施工、使用、维修直至报废为止整个期间所发生的全部费用。建筑产品的生产成本是指从筹建直至竣工验收为止的费用，具体包括勘察设计费、施工建造费等，也称为建设费用；使用成本包括使用期间发生的运行费用、维修费用、更换改造费用以及报废拆除费用等。

C 寿命周期成本与功能的关系

产品的寿命周期成本与产品的功能有关。

随着产品功能水平的提高，产品的生产成本增高，而使用成本降低；反之，产品功能水平降低，则其生产成本降低，使用成本却增高。故产品的功能水平逐步提升时，其生产成本和使用成本之间存在的这种此消彼长的关系决定了寿命周期成本 $C(C=C_1+C_2)$ 呈“两边高起、中间低落”的马鞍形变化，如图 4.3 所示。这样，生产成本和使用成本之和必然存在一个最小值，即生产成本 C_1 曲线和使用成本 C_2 曲线的交点所对应的寿命周期成本 C_B 为最低，B 点就表示了最适宜的功能水平和成本水平。如果用 A 点表示价值工程开发前的成本和功能水平，则：

（C_A-C_B）为价值工程活动可降低寿命周期成本的幅度；

（F_A-F_B）为价值工程活动可提高产品功能的幅度。

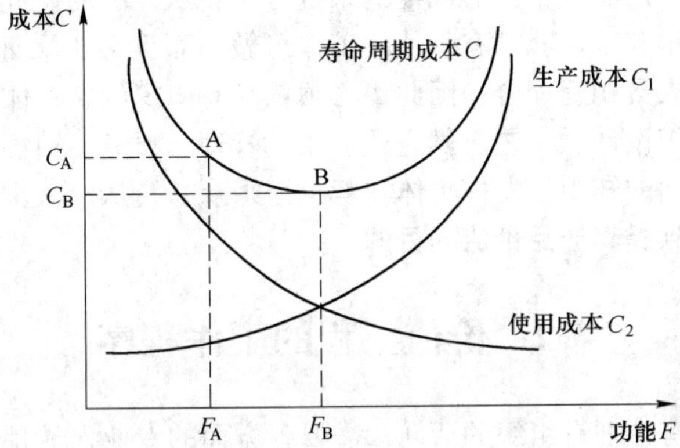

图 4.3 功能与寿命周期成本的关系图

4.1.2 提高价值的途径

价值工程以提高产品价值为目的，这既是用户的需求，又是企业生产经营者追求的目标。因此，研究产品功能和成本的最佳匹配模式对于各方意义重大。根据价值工程的基本原理公式 $V=F/C$，如欲提高产品的价值，不外乎以下五种途径：

（1）双向型——提高功能，同时降低成本，则价值大幅提高（$F\uparrow$，$C\downarrow$）；

（2）节约型——功能不变，若降低成本，则价值提高（$F\rightarrow$，$C\downarrow$）；

（3）改进型——成本不变，若提高功能，则价值提高（$F\uparrow$，$C\rightarrow$）；

（4）牺牲型——功能略有下降，而成本大幅度降低，则价值提高（$F\downarrow$，$C\downarrow\downarrow$）；

（5）投资型——成本略有上升，而功能大幅度增大，则价值提高（$F\uparrow\uparrow$，$C\uparrow$）。

上述第（1）（2）两种方法属于降低成本，（3）（5）两种方法属于提高功能，第（1）种是功能及成本同时改善，是最积极、最理想的提高价值的途径。

在产品寿命周期的各个阶段均可应用价值工程来提高产品价值。但在不同阶段开展价值工程活动对于项目经济效果的影响却不尽相同。对于建设工程，价值工程的应用重点在项目的规划和设计阶段。因为一旦设计完成并施工，建设工程的价值就基本确定。当然，在施工阶段也可进行价值工程活动。如对工程本身应用价值工程，在保证工程质量的前提下，可提高其功能，降低寿命周期成本，节约业主投资；如对项目组织进行价值工程研究，可提高项目组织的素质，改善内部组织的管理结构，降低不合理消耗，更有效利用资源。

4.1.3 价值工程的特点

价值工程涉及价值、功能和寿命周期成本三个要素，它具有以下特点：

（1）价值工程以使用者的功能需求为出发点；

（2）价值工程是以功能分析为核心，并系统研究与成本之间的关系；

（3）价值工程是致力于提高价值的创造性活动；

（4）价值工程应有组织、有计划地按一定的工作程序进行；

（5）价值工程要求不断改革和创新。

价值工程是贯穿于产品整个寿命周期的系统方法，从产品的研究、设计到原材料的采购、生产制造以及推销和维修，都有价值的工作可做，而且它涉及面广，需要一个单位的许多部门和各种专业人员相互配合。因此，必须依靠有组织的、集体的努力来完成。开展价值工程活动，要组织设计、工艺、供应、加工、管理、财务、销售乃至用户等各方面的人员参加，运用各方面的知识，发挥集体智慧，博采众长，从产品生产的全过程来确保功能，降低成本，以达到提高产品价值的目的。

4.2 价值工程的工作程序

价值工程是一种有计划有组织的活动，需要各方面的专业人员相互配合协作，以求得最理想的设计方案或达到某一预期的目标。价值工程的工作程序，实质就是针对对象的功能和成本提出问题、分析问题和解决问题以求提高价值的过程。其工作程序如表 4.1 所示。

表 4.1 价值工程的实施程序

<table>
<tr><th rowspan="2">一般程序</th><th colspan="2">实 施 程 序</th><th rowspan="2">对 应 问 题</th></tr>
<tr><th>基本程序</th><th>操作程序</th></tr>
<tr><td rowspan="2">准备</td><td rowspan="2">确定目标</td><td>1. VE 对象的选择</td><td rowspan="2">1. 价值工程的研究对象是什么？</td></tr>
<tr><td>2. 信息资料的收集</td></tr>
<tr><td rowspan="6">分析</td><td rowspan="3">功能分析</td><td>3. 功能定义</td><td rowspan="3">2. 它是干什么用的？</td></tr>
<tr><td>4. 功能分类</td></tr>
<tr><td>5. 功能整理</td></tr>
<tr><td rowspan="3">功能评价</td><td>6. 功能成本分析</td><td>3. 它的成本是多少？</td></tr>
<tr><td>7. 功能评价</td><td rowspan="2">4. 它的价值是多少？</td></tr>
<tr><td>8. 确定改进范围</td></tr>
<tr><td rowspan="2">创新</td><td rowspan="2">方案创新</td><td>9. 方案创新</td><td>5. 有无其他方法实现同样的功能？</td></tr>
<tr><td>10. 方案评价</td><td>6. 新方案的成本是多少，能满足功能需要吗？</td></tr>
<tr><td rowspan="3">实施</td><td rowspan="3">方案实施与成果评价</td><td>11. 方案审批</td><td rowspan="3">7. 偏离目标了吗？</td></tr>
<tr><td>12. 方案实施与检查</td></tr>
<tr><td>13. 成果评价</td></tr>
</table>

4.2.1　确定目标

4.2.1.1　VE 对象的选择

VE 对象的选择过程就是收缩研究范围、寻找研究方向的过程。VE 对象的选择是关系到价值工程能否收效的第一步，只有正确地选择 VE 对象，才能收到事半功倍的效果；如果 VE 对象选择不当，可导致入不敷出。但为了节省资源，提高效率，实施价值工程研究的并非企业生产的全部产品，也不一定是构成产品的所有零部件。对象选择需遵循以下原则：在生产经营上迫切需要改进的对国计民生有重大影响的项目，在功能改进和成本降低上有较大潜力的产品。常用方法有以下 4 种。

（1）ABC 分析法（成本比重法）。ABC 分析法是意大利经济学家帕莱脱（Pareto）创造的，帕莱脱通过对经济社会财富分布情况的研究，发现西方经济社会的大部分财富掌握在少数人手中。基于该思想，ABC 分析法的实质就是选择工程中数量不多而成本比重大的部分作为 VE 对象。

一个项目通常由若干个分项工程组成，由于每个分项工程负担的功能不同，成本的分配也很不均匀，其中少数重要分项工程的成本占了产品总成本的绝大部分。据统计，对于建筑产品而言，主要分项工程占全部分项工程数目的 10%左右，其成本却占建筑产品总成本的 70%左右，这类分项工程称为 A 类；数目 70%左右的分项工程，其成本仅占总成本的 10%左右，称其为 C 类；其余部分的分项工程，其数目和成本所占比重皆较低，称为 B 类。如图 4.4所示。A 类数目少，成本比重大，容易收到效果，所以是 VE 重点对象；C 类数目多，成本比重小，即使进行 VE 活动，可降低成本幅度也有限，而工作量却很大，有可能得不偿失，故 C 类不作为 VE 对象；B 类仅作为一般分析对象。ABC 分析法的步骤如下：

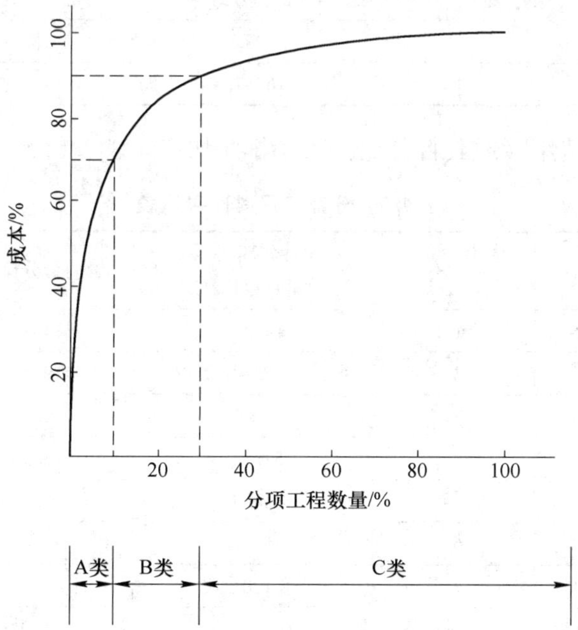

图 4.4　ABC 分析图

1）按成本大小将分项工程顺序排列。

2）计算累计分项工程比率。

$$累计分项工程比率 = \frac{累计分项工程数}{分项工程总数} \times 100\%$$

3）计算累计成本比率。

$$累计成本比率 = \frac{累计成本}{总成本} \times 100\%$$

4）确定 VE 对象。选择累计分项工程比率在 10%左右，累计成本比率在 70%左右的分项工程为 VE 重点对象。

ABC 分析法的核心思想是抓住“关键的少数”，略去“次要的多数”，高效地开展工作。但其没有将费用与功能联系起来共同考虑，容易忽视功能重要但成本不高的对象。

例 4.1 某八层住宅工程，结构为钢筋混凝土框架，材料、机械、人工费总计为 216357.83 元，建筑面积为 1691.73m^2。各分部工程所占费用如表 4.2 所示。试用 ABC 分析法确定 VE 的研究对象。

表 4.2 分部工程所占费用表

分部名称	费用/元	百分比/%
基础	29113.01	13.46
墙体	41909.53	19.37
框架	75149.86	34.73
楼地面	10446.04	4.83
装饰	20571.49	9.51
门窗	33777.31	15.61
其他	5390.59	2.49
总计	216357.83	100

解：按分部工程费用（或其百分比）大小排序如表 4.3：

表 4.3 分部工程累计费用表

分部名称	费用/元	累计分部工程数量	累计分部工程数量百分比/%	费用百分比/%	累计费用百分比/%
框 架	75149.86	1	14.29	34.73	34.73
墙 体	41909.53	2	28.57	19.37	54.1
门 窗	33777.31	3	42.86	15.61	69.71
基 础	29113.01	4	57.14	13.46	83.17
装 饰	20571.49	5	71.43	9.51	92.68
楼地面	10446.04	6	85.71	4.83	97.51
其他	5390.59	7	100	2.49	100
总计	216357.83	—	—	100	—

由上表可知：应选框架、墙体、门窗作为 VE 研究对象。

（2）0-1 评分法。0-1 评分法属于强制评分法的一种。该法是同时考虑分项工程成本和功能两方面影响而选择 VE 对象的方法。其计算步骤如下：

1）求功能重要性系数。功能重要性系数又称功能评价系数或功能指数，是指评价对象（如各分项工程、零部件等）的功能在整体功能中所占的比率。

对于建筑产品，首先将构成项目的各分项工程排列起来，按分项工程功能的重要程度将各分项工程轮番比较，重要的得 1 分，次要的得 0 分，然后把各分项工程得分累计起来，得出分项工程得分；再除以总得分，得出的比值即为分项工程的功能重要性系数。计算得分时应注意：分项工程自己相比时不得分，且不能认为两个分项工程都重要各得 1 分，也不能认为两个分项工程都不重要各给 0 分。

$$功能重要性系数=\frac{分项工程得分}{总得分}$$

有时为避免不重要的功能得零分，可将各功能累计得分加 1 分进行修正，用修正后的总分分别去除各功能累计得分即得到功能重要性系数，如表 4.4 所示。

表 4.4　功能重要性系数计算表

分项工程	A	B	C	D	E	功能总分	修正得分	功能重要性系数
A	×	1	1	0	1	3	4	0.25
B	0	×	1	0	1	2	3	0.19
C	0	0	×	1	1	2	3	0.19
D	1	1	1	×	1	4	5	0.31
E	0	0	0	0	×	0	1	0.06
合计						11	16	1.00

2）求成本系数。

$$成本系数=\frac{分项工程现实成本}{总成本}$$

3）求价值系数。

$$价值系数=\frac{功能重要性系数}{成本系数}$$

4）确定 VE 对象。选择价值系数远离 1 者为 VE 重点对象。

（3）最合适区域法（田中法）。这种方法是由日本的田中教授提出的，是一种通过求算价值系数来选择 VE 对象的方法。其思想为：价值系数相同的对象，由于各自的功能重要性系数与成本系数的绝对值不同，因而对产品价值产生的实际影响有很大差异。在选择目标时不应把价值系数相同的对象同等看待，而应优先选择对产品实际影响大的对象，至于对产品影响小的，则可根据必要与可能，决定选择与否。

对于建筑产品，功能重要性系数或成本系数大的分项工程对项目的影响较大，应从严控制，允许其价值系数偏离 1 的范围应小；而功能重要性系数或成本系数较小的分项工程对项目的影响较小，可放宽控制，允许其价值系数偏离 1 的范围可稍大。而在最终选取 VE 对象时，提出了一个选用价值系数的最合适区域，该区域由围绕 $V=1$ 的两条曲线组成。凡价值系数落在该区域之内的点都认为是比较满意的，价值系数落在区域之外的点作为 VE 对象。

在图 4.5 中，以纵坐标表示功能重要性系数，横坐标表示成本系数，则价值系数 $V=1$ 的点均在同坐标轴呈 45°的直线上。由两条曲线所围成区域即为“最合适区域”。凡落在区域内的点（如 c 点）被认为是合理的，可以不作为分析重点；凡落在区域外较远的点（如 a 点），则应重点加以分析。

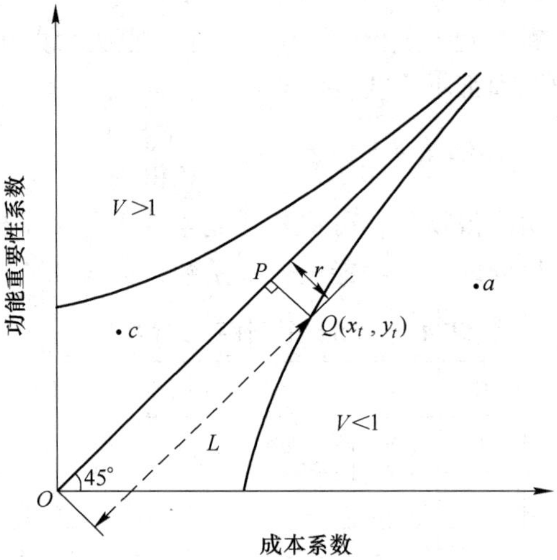

图 4.5 最合适区域图

最合适区域的确定方法如下：

设 Q 为曲线上任意一点，其坐标为 x_t，y_t，由于 $QP \perp OP$，P 点又位于上述 45°倾角的直线上，则可计算出 P 点的坐标为$\left(\dfrac{x_t+y_t}{2},\ \dfrac{x_t+y_t}{2}\right)$。

因此

$$L = OP = \frac{\sqrt{2}}{2}\left|x_t + y_t\right|$$

$$r = PQ = \frac{\sqrt{2}}{2}\left|x_t - y_t\right|$$

设 $L \cdot r=b$，则

$$L \cdot r = \frac{1}{2}\left|x_t^2 - y_t^2\right| = b$$

解得

$$y_t = \sqrt{x_t^2 \pm 2b}$$

（若 Q 位于直线 $y=x$ 上侧曲线上，取“+”；若 Q 位于直线 $y=x$ 下侧曲线上，取“-”）

此式即为“最合适区域”边缘曲线方程式。式中，b 为设定的常数，b 值越大，区域越宽，此图取 $b=50$。区域越宽，价值工程的对象就可以选得少些；反之，曲线接近标准线（$V=1$），选定的VE对象就多一些。在应用时可通过试验，代入不同的 b 值，直到获得满意结果为止。

（4）经验分析法。经验分析法是一种对象选择的定性分析方法，是目前企业较为普遍使用、简单易行的价值工程对象选择方法。它实际上是利用一些实践经验丰富的专业人员和管理人员对企业存在问题的直接感受，经过主观判断确定价值工程对象的一种方法。运用该方法进行对象选择，要对各种影响因素进行综合分析，区分主次轻重，既考虑需要也考虑可能，以保证对象的合理性。所以，该方法也叫因素分析法。

经验分析法的优点是简便易行，考虑问题综合全面；缺点是缺乏定量分析，在分析人员经验不足时易影响结果的准确性，但用于初选阶段是可行的。

运用这种方法选择对象时，可以从设计、施（加）工、制造、销售和成本等方面综合分析。任何产品的功能和成本都是由多方面的因素构成的，关键是找出主要因素，抓住重点。一般情况，具有下列特点的产品和零件可以作为价值分析的重点对象：

1）设计年代已久、技术已显陈旧的产品；

2）重量、体积很大，会增加材料用量和工作量大的产品；

3）质量差、用户意见大或销量大、市场竞争激烈的产品；

4）成本高、利润率低的产品；

5）组件或加工工序复杂而影响产量的产品；

6）成本占总费用比重大、功能不重要而成本较高的产品。

总之，运用这种方法要求抓住主要矛盾，选择成功概率大、经济效益差的产品和零部件作为价值工程的重点分析对象。

4.2.1.2 信息资料的收集

在价值工程中，信息是指对实现VE目标有益的知识、情况和资料。VE目标是提高价值，为实现这一目标所作出的一系列决策都离不开信息的支持。可以说，收集信息资料的工作贯穿于VE活动的始末。必要或有益的信息越多，价值提高的可能性就越大，但错误的信息会导致错误的决策。因此，VE成果的大小一般取决于信息收集的质量、数量和时间。

（1）收集信息的原则。

1）目的性。事先要明确所收集的信息是用来实现VE特定目标的，不要盲目地碰到什么就收集什么，要避免无的放矢。

2）可靠性。信息是正确决策所必不可少的依据。若信息不可靠、不准确，将严重影响VE的预测结果，还可能最终导致VE的失效。

3）计划性。在收集信息之前应预先编制计划，加强该工作的计划性，使这项工作具有明确的目的和确定的范围，以便提高工作效率。

4）适时性。在收集信息时要收集近期的、较新的情况。此外，收集信息应适时，决策之后提供的信息是毫无帮助的。

（2）信息收集的内容。

1）用户要求方面的信息。用户使用产品的目的、环境、条件，用户所要求的产品必需功能，用户对产品外观的要求。

2）销售方面的信息。产品产销数量的演变及目前产销情况、市场需求量及市场占有率的预测、产品竞争的情况。

3）成本方面的信息。产品机构配件的定额成本、工时定额、材料消耗定额、各种费用定额及企业历年来各种有关的成本费用数据，国内外其他厂家与 VE 对象有关的成本费用资料。

4）科学技术方面的信息。与产品有关的学术研究或科研成果，新结构、新工艺、新材料、新技术以及标准化要求。

5）生产及供应方面信息。产品生产方面的信息、原材料及外协或外购件种类、质量、数量、价格、材料利用率等情报，供应与协作部门的布局、生产经营情况、技术水平、价值、成本、利润等。

6）政策、法令、条例、规定方面的信息。

4.2.2 功能分析

作为价值工程核心的功能分析，是指为完整描述各功能及其相互关系而对各功能进行定性和定量的系统分析过程。功能分析包括功能定义、功能分类和功能整理三部分。

4.2.2.1 功能定义

功能定义是用简明准确的语言来表述对象功能的内容和本质属性。这里要求描述的是对象的功能，而不是其结构、外形或材质。

功能定义常用动宾词组来完成，即采用动词加名词的词组来定义功能。动词部分要尽可能抽象，以便在方案创新时，引导出更多与现方案完全不同的构想或实现方式，名词应尽可能定量化。动词是功能承担体发生的动作，而名词是该动作的作用对象。如隔墙的功能是分隔空间，地板的功能是承受荷载，圈梁的功能是加固墙体等。如果两个词组成的词组不足以表示清楚功能的涵义，允许增加一个形容词来表示。

4.2.2.2 功能分类

为了便于分析功能，需对功能进行分类，一般有如下几种分类：

（1）按功能的重要程度分类，有基本功能和辅助功能。

基本功能是对象达到使用目的所不可或缺的功能，是主要功能，如果不具备这种功能，产品就失去其存在的价值。辅助功能是为了更有效地实现基本功能而起辅助作用的功能，是次要功能，是为了实现基本功能而附加的功能。如承受荷载是承重外墙的基本功能，保温、隔热、隔声是承重外墙的辅助功能。

（2）按功能满足要求的性质分类，有使用功能和美学功能。

使用功能是对象具有的与技术经济用途直接有关的功能，是从功能的内涵上反映其使用属性（可用性、可靠性、安全性、易维修性等）。如承重外墙的使用功能是承受荷载、保温、隔热、隔声等。

美学功能是对象具有的以视觉美观为代表的功能，是从产品外观（造型、形状、色彩、图案等）反映功能的艺术属性。如建筑物上面的图案浮雕，就是为了使建筑物美观大方而增加的部分，其功能就是美学功能。

无论是使用功能和美学功能，它们都是通过基本功能和辅助功能表现出来的。产品的使用功能和美学功能要根据产品的特点而有所侧重。有的产品应突出其使用功能，例如地下电缆、地下管道等；有的产品应突出其美学功能，例如墙纸、陶瓷壁画等。当然，有的产品如房屋建筑、桥梁等二者功能兼而有之。

（3）按使用者的需求分类，有必要功能和不必要功能。

功能水平是功能的实现程度，价值工程强调产品的功能水平必须符合使用者的需求。必要功能是为满足使用者的需求而必须具备的功能，基本功能、辅助功能、使用功能、美学功能等均为必要功能；不必要功能是对象具有的与满足使用者需求无关的功能。不必要功能包括三类：一是多余功能，二是重复功能，三是过剩功能。不必要功能必然产生不必要费用，不仅增加了使用者的经济负担，还造成了资源的浪费。因此，价值工程的功能一般是指必要功能，即充分满足使用者必不可少的功能要求。

（4）按功能的量化标准分类，有过剩功能和不足功能。

过剩功能是指对象具有的超量满足使用者需求的必要功能，即功能虽属必要，但在数量上超过了使用者要求或标准功能水平。过剩功能将导致成本增加，给使用者造成不合理的负担，故应尽可能削减过剩功能。不足功能是指对象尚未足量满足使用者需求的必要功能，即产品整体功能或构配件功能水平在数量上低于标准功能水平，不能完全满足使用者需求。不足功能将影响产品的正常安全使用，最终也将给使用者造成不合理负担，故设计时应尽可能弥补。

（5）按功能整理的逻辑关系分类，有并列功能和上下位功能。

并列功能是指对象功能之间属于并列关系，如住宅应具有遮风、避雨、保温、隔热、采光等功能，它们之间属于并列关系。

上下位功能是目的和手段的关系。上位功能是作为目的的功能，下位功能是作为手段的功能。例如，为了实现通风目的，必须使室内有穿堂风，则通风是上位功能，而组织穿堂风是下位功能。上位功能和下位功能的划分是相对的。例如，为组织穿堂风，必须提供进、出风口（如设置门窗），设置进、出风口是手段，属下位功能，而组织穿堂风又是目的，则属上位功能。即对于某个特定功能而言，从它所实现的目的来看，是上位功能；从实现它的手段来看，又是下位功能。

4.2.2.3 功能整理

功能整理是用系统的观点将对象含有的各项功能按照特定的逻辑关系进行整理和排列，并用图表形式表达，以明确对象的功能系统，从而在实现功能过程中选择更合理的方案。功能整理通常用功能系统图（FAST 图）直观地描述对象功能得以实现的各项细分功能的逻辑关系，其实施步骤为：

（1）明确基本功能和辅助功能。

（2）明确功能之间的逻辑关系：并列关系或是上下位关系。

（3）绘制功能系统图。功能系统图就是产品应有的功能结构图。绘图时，将上位功能摆在左边，下位功能摆在右边，总功能摆在最左边，末位功能摆在最右边，并列关系功能并排排列，整个图形由左向右扩展和延伸。通过“目的—手段”关系把功能之间关系系统化，绘制功能系统图。功能系统图的一般形式如图 4.6 所示。

4.2.3 功能评价

通过功能的系统分析明确必要功能后，价值工程的下一步工作就是在已定性确定问题

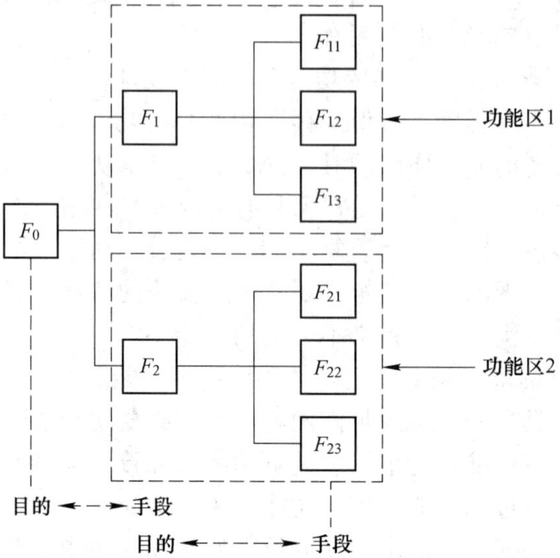

图 4.6 功能系统图

的基础上进一步作定量的确定，即评定功能的价值。

4.2.3.1 功能评价的程序

价值工程涉及两种成本，一是现实成本，即产品目前的实际成本；二是目标成本，常被作为功能成本降低的奋斗目标。功能评价就是指找出实现功能的最低费用作为功能的目标成本（又称功能评价值），以功能目标成本为基准，通过与功能现实成本的比较，求出两者的比值（功能价值）和两者的差异值（成本改善期望值），然后选择功能价值低、成本改善期望值大的功能作为价值工程活动的重点对象。功能评价工作可以更准确地选择价值工程的研究对象，同时，通过制定目标成本，有利于提高价值工程的工作效率，并增加工作人员的信心。

功能价值和成本改善期望值的表达式为：

$$V = F/C \tag{4.2}$$

$$\Delta C = C - F \tag{4.3}$$

式中 F——功能评价值（目标成本）；

C——现实成本（实际成本）；

V——功能价值（价值系数）；

ΔC——成本改善期望值（成本降低幅度）。

功能评价的程序如图 4.7 所示。

4.2.3.2 功能现实成本 C 的计算

（1）功能现实成本的计算。功能现实成本的计算与一般传统的成本核算既有相同点，也有不同之处。两者相同点是指它们在成本费用的构成项目上是完全相同的，如建筑产品的成本费用都是由人工费、材料费、施工机具使用费、企业管理费等构成；而两者的不同之处在于功能现实成本的计算是以对象的功能为单位，而传统的成本核算是以产品或零部件为单位。因此，在计算功能现实成本时，就需要根据传统的成本核算资料，将产品或零

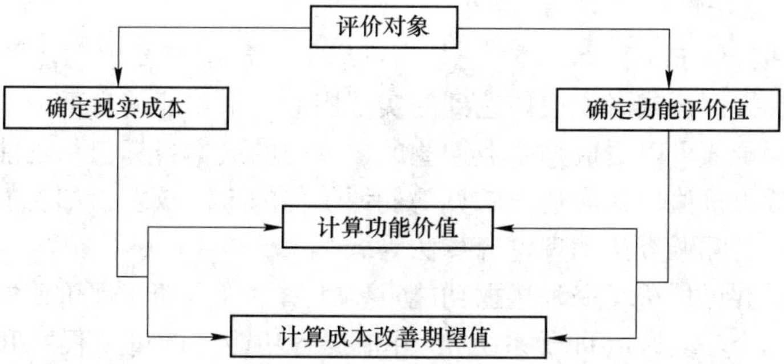

图 4.7 功能评价的程序

部件的现实成本换算成功能的现实成本。

具体地讲，当一个零部件只具有一个功能时，该零部件的成本就是它本身功能的现实成本；当一项功能要由多个零部件共同实现时，该功能的现实成本就等于这些零部件的功能成本之和；当一个零部件具有多项功能或同时与多项功能有关时，就需按照该零部件对实现各功能所起作用的比重将成本分摊给各项功能，即得到各功能的现实成本；多个零部件交叉实现多项功能，计算各项功能的现实成本，可通过填表进行。

零部件对实现功能所起作用的比重，可请有经验的人员集体研究确定，或者采用评分方法确定。

例如，某产品具有 $F_1 \sim F_6$ 共六项功能，由四种零部件实现，功能现实成本计算如表 4.5所示。

表 4.5 功能现实成本计算表

零部件			功能或功能区域					
序号	名称	成本（元）	F_1	F_2	F_3	F_4	F_5	F_6
1	甲	300	100		100			100
2	乙	500		50	150	200		100
3	丙	60				40		20
4	丁	140	50	40			50	
功能现实成本		C	C_1	C_2	C_3	C_4	C_5	C_6
合计		1000	150	90	250	240	50	220

在表 4.5 中，甲零部件对实现 F_1、F_3、F_6 三项功能所起的作用均为 33.3%，故该三项功能分配的成本均为 300×33.3% = 100（元）。按此方法将所有零部件的成本分配到各相关功能中，再进行功能成本相加，即可得到 $F_1 \sim F_6$ 这六项功能的现实成本。

（2）成本指数的计算。成本指数是指各评价对象的现实成本在全部成本中所占的比重。其计算式如下：

$$第\ i\ 个评价对象的成本指数\ C_i = \frac{第\ i\ 个评价对象的现实成本\ C_i}{全部成本} \tag{4.4}$$

4.2.3.3 功能评价值 F 的计算

对象的功能评价值 F（目标成本），是指可靠地实现用户要求功能的最低成本，它可以理解为是企业有把握，或者说应该达到的实现用户要求功能的最低成本。从企业目标的角度来看，功能评价值可以看成是企业期望的、理想的成本目标值。功能评价值一般以使用者所需功能的货币价值形式表达。求算功能评价值的方法较多，如功能重要性系数评价法、经验估算法、实际调查法和理论计算法等。

功能重要性系数评价法是一种根据功能重要性系数确定功能评价值的方法。这种方法是把功能划分为几个功能区（即子系统），并根据各功能区的重要程度和复杂程度，确定各个功能区在总功能中所占的比重，即功能重要性系数。然后将产品的目标成本按功能重要性系数分配给各个功能区作为该功能区的目标成本，即功能评价值。

A　确定功能重要性系数

确定功能重要性系数的关键是对功能进行打分，常用的打分方法有强制打分法（0-1评分法或0-4评分法）、环比评分法等。

（1）强制评分法。又称FD法，包括0-1法和0-4法两种方法。它是采用一定的评分规则，采用强制对比打分来判定对象的功能重要性。

1）0-1评分法。

2）0-4评分法。0-1评分法中的重要程度差别仅为1分，不能反映功能之间的真实差别。为弥补这一不足，将分档扩大为4级，其打分矩阵仍同0-1法。0–4评分法档次划分如下：

F_1比F_2重要得多：F_1得4分，F_2得0分；

F_1比F_2重要：F_1得3分，F_2得1分；

F_1与F_2同等重要：F_1得2分，F_2得2分；

F_1不如F_2重要：F_1得1分，F_2得3分；

F_1远不如F_2重要：F_1得0分，F_2得4分。

以各评价对象功能得分占总分的比例确定各评价对象功能重要性系数：

$$\text{第 } i \text{ 个评价对象的功能重要性系数} F_i = \frac{\text{第 } i \text{ 个评价对象的功能得分值} F_i}{\text{全部功能得分总和}} \tag{4.5}$$

如果功能重要性系数大，说明功能重要。反之，说明功能不太重要。

强制确定法适用于被评价对象在功能重要程度上差异不太大，并且评价对象子功能数目不太多的情况。

（2）环比评分法。又称DARE法。这是一种通过比较各因素之间的相关性来评价和选择创新方案的方法。以表4.6为例说明该法的具体步骤：

1）依照功能系统图（参见图4.8）决定评价功能的级别。根据各项功能的重要程度按上高下低的原则进行排序，确定功能区F_{A1}、F_{A2}、F_{A3}、F_{A4}。

2）对上下相邻两项功能的重要性进行对比。假如将F_{A1}与F_{A2}进行对比，F_{A1}的重要性是F_{A2}的1.5倍，同样，F_{A2}与F_{A3}对比为2.0倍，F_{A3}与F_{A4}对比为3.0倍。

3）将最下面一项功能F_{A4}的得分定为1.0，由于F_{A3}的暂定重要性是F_{A4}的3倍，故F_{A3}的得分为3.0（=3.0×1.0），而F_{A2}的重要性为F_{A3}的2倍，故F_{A2}的得分为6.0（=3.0×2.0），同理F_{A1}的得分为9.0（=6.0×1.5）。将该列各得分数相加，即得全部功能区的总得分19.0。

表 4.6 功能重要性系数计算表

功能区	功能重要性评价		
	相对比值	得分	功能重要性系数
F_{A1}	1.5	9.0	0.47
F_{A2}	2.0	6.0	0.32
F_{A3}	3.0	3.0	0.16
F_{A4}		1.0	0.05
合计		19.0	1.00

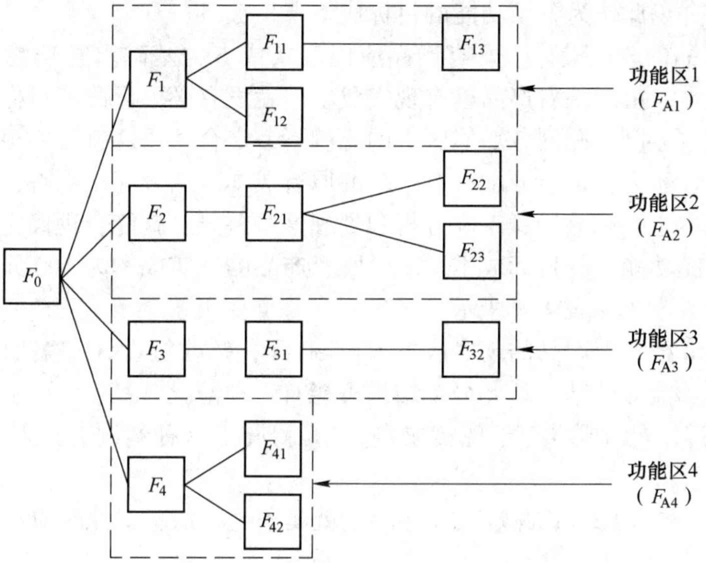

图 4.8 环比评分法确定功能区示意图

4）将各项功能的得分除以全部功能的总得分，即得各功能区的重要性系数。如 F_{A1} 的功能重要性系数为 9.0/19.0 = 0.47，F_{A2}、F_{A3} 和 F_{A4} 的功能重要性系数依次为 0.32、0.16 和 0.05。

环比评分法适用于各个评价对象之间有明显的可比关系，能直接对比，并能准确地判定功能重要度比值的情况。

B 确定功能评价值 F

功能评价值的确定分以下两种情况：

（1）新产品评价设计。一般在产品设计之前，根据市场供需情况、价格、企业利润与成本水平，已初步设计了目标成本。因此，在功能重要性系数确定之后，就可将新产品设定的目标成本（如为 1000 元）按已有的功能重要性系数加以分配计算，求得各个功能区的功能评价值，并将此功能评价值作为各功能区的目标成本，如表 4.7 所示。

表 4.7 新产品功能评价计算表

功能区 ①	功能重要性系数 ②	功能评价值（F） ③=②×1000
F_{A1}	0.47	470
F_{A2}	0.32	320
F_{A3}	0.16	160
F_{A4}	0.05	50
合计	1.00	1000

如果需要进一步求出各功能区所有各项功能的功能评价值时，则采取同样的方法，先求出各项功能的重要性系数，然后按所求出的功能重要性系数将成本分配到各项功能，求出功能评价值，并以此作为各项功能的目标成本。

（2）既有产品的改进设计。既有产品应以现实成本为基础求算功能评价值，进而确定功能的目标成本。由于既有产品已有现实成本，就没有必要再假定目标成本。但是，既有产品的现实成本原已分配到各功能区中的比例不一定合理，这就需要根据改进设计中新确定的功能重要性系数，重新分配既有产品的原有成本。从分配结果看，各功能区新分配成本与原分配成本之间有差异。正确分析和处理这些差异，就能合理确定各功能区的功能评价值，求出产品功能区的目标成本。现设既有产品的现实成本为 500 元，即可计算出功能评价值或目标成本，如表 4.8 所示。

表 4.8 中第③栏是把产品的现实成本 $C=500$ 元，按改进设计方案的新功能重要性系数重新分配给各功能区的结果。此分配结果可能有三种情况：

1）功能区新分配的成本等于现实成本。F_{A3} 就属于这种情况，此时应以现实成本作为功能评价值 F。

2）新分配成本小于现实成本。F_{A2} 和 F_{A4} 就属于这种情况，此时应以新分配的成本作为功能评价值 F。

表 4.8 既有产品功能评价值计算表

功能区	功能现实成本/元 ①	功能重要性系数 ②	根据产品现实成本和功能重要性系数重新分配的功能区成本/元 ③=②×500	功能评价值 F（或目标成本）/元 ④	成本降低幅度 ΔC/元 ⑤
F_{A1}	130	0.47	235	130	—
F_{A2}	200	0.32	160	160	40
F_{A3}	80	0.16	80	80	—
F_{A4}	90	0.05	25	25	65
合计	500	1.00	500	395	105

3）新分配的成本大于现实成本。如 F_{A1} 就属于这种情况。为什么会出现这种情况，需要进行具体分析。如果是因为功能重要性系数定高了，经过分析后可以将其适当降低。如因成本确实投入太少，可以允许适当提高一些。

4.2.3.4 功能价值 V 的计算及分析

通过计算和分析对象的功能价值 V，可以分析成本功能的合理匹配程度。功能价值 V 的计算方法可分为两大类——功能成本法与功能指数法。

(1) 功能成本法（绝对值法）。功能成本法是通过一定的测算方法，测定实现应有功能所必须消耗的最低成本，同时计算为实现应有功能所耗费的现实成本，经过分析、对比，求得对象的价值系数和成本降低期望值，确定价值工程的改进对象。其表达式如下：

$$第\,i\,个评价对象的价值系数\,V=\frac{第\,i\,个评价对象的功能评价值\,F}{第\,i\,个评价对象的现实成本\,C} \tag{4.6}$$

一般可采用表 4.9 进行定量分析。

表 4.9 功能评价值与价值系数计算表

项目 / 序号	子项目	功能重要性系数①	功能评价值 ②=目标成本×①	现实成本③	价值系数 ④=②/③	改善幅度 ⑤=③-②
1	A					
2	B					
3	C					
…	…					
合计						

功能的价值计算出来以后，需要进行分析，以揭示功能与成本的内在联系，确定评价对象是否为功能改进的重点，以及其功能改进的方向及幅度，从而为后续方案创造打下良好的基础。

根据上述计算公式，功能的价值系数计算结果有以下三种情况：

1）$V=1$，即功能评价值等于功能现实成本，这表明评价对象的功能现实成本与实现功能所必需的最低成本大致相当。此时评价对象的价值为最佳，一般无需改进。

2）$V<1$，即功能现实成本大于功能评价值。表明评价对象的现实成本偏高，而功能要求不高，一种可能是存在着过剩功能，另一种可能是功能虽无过剩，但实现功能的条件或方法不佳，以致使实现功能的成本大于功能的实际需要。这两种情况都应列入功能改进的范围，并且以剔除过剩功能及降低现实成本为改进方向，使成本与功能比例趋于合理。

3）$V>1$，即功能现实成本小于功能评价值。说明该部件功能比较重要，但分配的成本较少，即功能现实成本低于功能评价值。此时应进行具体分析，功能与成本的分配可能已较理想，或者有不必要的功能，或者应该提高成本。

4）$V=0$，要进一步分析。如果是不必要的功能，该部件则取消；但如果是最不重要的必要功能，则要根据实际情况处理。

（2）功能指数法（相对值法）

在功能指数法中，功能的价值用价值指数来表示，它是通过评定各对象功能的重要程度，用功能指数来表示其功能程度的大小，然后将评价对象的功能指数与相对应的成本指数进行比较，得出该评价对象的价值指数，从而确定改进对象，并求出该对象的成本改进期望值。其表达式如下：

$$第\ i\ 个评价对象的价值指数\ V_i = \frac{第\ i\ 个评价对象的功能指数\ F_i}{第\ i\ 个评价对象的成本指数\ C_i} \tag{4.7}$$

功能指数法的特点是用分值来表达功能程度的大小，以便使系统内部的功能与成本具有可比性，由于评价对象的功能水平和成本水平都用它们在总体中所占的比率来表示，这样就可以采用上面的公式方便地、定量地表达评价对象价值的大小。因此，在功能指数法中，价值指数是作为评定对象功能价值的指标。

根据功能重要性系数和成本系数计算价值指数可以通过列表进行，其表达式如表4.10所示。

表 4.10　价值指数计算表

零部件 名称	功能指数 ①	现实成本（元） ②	成本指数 ③	价值指数 ④=①/③
A B C …				
合计	1.00		1.00	

价值指数的计算结果有以下三种情况：

1）$V_i=1$。此时评价对象的功能比重与成本比重大致平衡，合理匹配，可以认为功能的现实成本是比较合理的。

2）$V_i<1$。此时评价对象的成本比重大于其功能比重，表明相对于系统内的其他对象而言，目前所占的成本偏高，从而会导致该对象的功能过剩。应将评价对象列为改进对象，改善方向主要是降低成本。

3）$V_i>1$。此时评价对象的成本比重小于其功能比重。出现这种结果的原因可能有三种：第一，由于现实成本偏低，不能满足评价对象实现其应具有的功能要求，致使对象功能偏低，这种情况应列为改进对象，改善方向是增加成本；第二，对象目前具有的功能已经超过了其应该具有的水平，即存在过剩功能，这种情况也应列为改进对象，改善方向是降低功能水平；第三，对象在技术、经济等方面具有某些特征，在客观上存在着功能很重要而需要消耗的成本却很少的情况，这种情况一般就不应列为改进对象。

从以上分析可以看出，对产品部件进行价值分析，就是使每个部件的价值系数尽可能趋近于1。换句话说，在选择价值工程对象的产品和零部件时，应当综合考虑价值系数偏离1的程度和改善幅度，优先选择价值系数远小于1且改进幅度大的产品或零部件。

4.2.3.5 确定VE对象的改进范围

VE对象经过以上各个步骤，特别是完成功能评价之后，得到其价值的大小，就明确了改进的方向、目标和具体范围。确定对象改进范围的原则如下：

（1）F/C 值低的功能区域。计算出来的 $V<1$ 的功能区域，基本上都应进行改进，特别是 V 值比1小得较多的功能区域，应力求使 $V=1$。

（2）ΔC值大的功能区域。通过核算和确定对象的实际成本和功能评价值，分析、测算成本改善期望值，从而排列出改进对象的重点及优先次序。成本改善期望值的表达式为：

$$\Delta C = C - F \tag{4.8}$$

当 n 个功能区域的价值系数同样低时，就要优先选择 ΔC 数值大的功能区域作为重点对象。一般情况下，当 $\Delta C>0$ 时，ΔC 大者为优先改进对象。

（3）复杂的功能区域。复杂的功能区域，说明其功能是通过采用很多零件来实现的。一般来说，复杂的功能区域其价值系数也较低。

综上所述，表4.8第④栏的功能区域评价值总和为395元，这可以作为产品改进设计方案的目标成本，而成本降低幅度为：$\Sigma(C-F)=105$元。

4.2.4 方案创新

4.2.4.1 方案创新

为提高对象的功能价值，在功能分析和功能评价的基础之上，需要寻求和构思最佳的替代方案。这种为满足已明确的或潜在的功能需求而开发新构想或新方案的活动称为方案创新，它包括提出客观环境中尚未存在的创新方案或采用客观环境中已经存在的方案。方案创新总的精神是要充分发挥有关人员的智慧，集思广益。方案的创新常采用以下方法：

（1）头脑风暴法（BS（brain storm）法）。头脑风暴法其是通过会议形式，针对一个问题，无拘无束地提出改进方案的方法。

根据所要解决的问题，召集10名左右专家，前来开会讨论。选择10名左右，是考虑发言机会和代表性而确定的。会议开始时，首先由会议主持人提出四条会议原则：不相互开展批评；欢迎自由奔放的联想；希望结合别人意见提出设想；提出方案越多越好。然后提出所要解决的问题。最后，会议参加者围绕要解决问题展开联想，提出改进方案。

（2）模糊目标法（哥顿（Gordon）法）。模糊目标法其是通过会议形式，先讨论抽象问题后讨论具体问题，提出改进方案的方法。

根据所要解决的问题，召集10名左右的专家前来开会。会议开始时，只向专家提出一个抽象化问题，要求大家展开讨论。当讨论到一定程度后，再提出具体问题。这样利于开拓思路，打破条条框框。

（3）专家函询法（德尔菲法）。这种方法不采用开会形式，而是由主管人员或部门把预想方案以信函的方式分发给有关的专业人员，征询他们的意见，然后将意见汇总，统计和整理之后再分发下去，希望再次补充修改。如此反复若干次，即经过几上几下，把原来比较分散的意见在一定程度上使其内容集中一致，形成统一的集体讨论结果，作为新的代替方案。

方案创新方法的比较如表4.11所示。

表 4.11 方案创新方法的比较

名称	头脑风暴法（BS 法）	模糊目标法（哥顿法）	专家函询法（德尔菲法）
过程	通过会议形式，事先通知议题，围绕议题无拘无束地提出改进方案	通过会议形式，先讨论抽象问题后讨论具体问题，提出改进方案	采用背对背的通信方式征询专家意见，经过几轮征询，形成统一的集体讨论，作为替代方案
特征	会议上不相互开展批评，欢迎自由奔放的联想，希望结合别人意见提出设想，提出方案多多益善	事先不知道议题，会议开始时只抽象讨论，不接触具体的实质性问题	匿名集体交流，信息的多次反馈，小组的统计回答

4.2.4.2 方案评价

方案评价可分为概略评价和详细评价两种。概略评价是对方案进行初步筛选，将一些明显价值不高的方案先行排除，保留价值较高的少数方案，以减少进一步评价所耗费的人力和时间。详细评价是对概略评价后保留的方案，通过进一步的调查研究和技术经济分析，从中选出最优方案。

无论是概略评价或详细评价，均包括四部分内容，即技术评价、经济评价、社会评价和环境评价。技术评价是围绕功能所进行的评价，主要是评价方案能否满足功能的要求，以及技术上的可靠性和完善性；经济评价是围绕经济效果所进行的评价，主要是评价有无降低成本的可能和能否实现预定的目标成本；社会评价是对新产品投产后给社会带来的利益和影响的估计，包括方案是否符合国家规定的各项政策、法令及标准，方案实施后，对社会相关事业的影响等；环境评价围绕环境效果进行，内容是方案对环境的影响，如污染、噪声和能耗等。在从四个方面评价的基础上，再对方案作出综合评价。常用的综合评价方法有下述两种。

（1）优缺点对比法。将各方案的优缺点逐一列出，通过对比择优。这种方法简便易行，但是缺乏定量依据，不同指标之间可能存在矛盾。

（2）定量评分法。首先拟定评价指标，再将每一评价指标分成若干等级，对每一等级规定一个评分标准。对拟定的各种方案均按照同样的评分标准打分，最后将所得分数相加或连乘，得出总分，总分最高者为最优方案。表 4.12 及表 4.13 分别为得分相加、得分连乘两种评价方法的示例。可以看出，连乘得到的总分能使方案之间的分差拉大，对比醒目。

表 4.12 得分连加定量评价法

评价项目			评价方案			
指标	评价等级	评分标准	A	B	C	D
产品功能	能圆满实现用户所需功能	30	30	20	15	20
	功能水平不低于外场同类产品，但不能圆满实现用户所需功能	20				
	实现所需功能有缺陷，但尚能满足用户的基本使用需求	15				

续表 4.12

评价项目			评价方案			
指标	评价等级	评分标准	A	B	C	D
产品销售	销路大，地区广	15	15	8	8	4
	销路中等	8				
	销路小	4				
预计盈利率	30%以上	20	20	18	15	10
	25%以上	18				
	20%以上	15				
	15%以上	10				
全年净节约额	大于 20 万元	10	10	7	7	3
	大于 10 万元	7				
	大于 5 万元	3				
对现有生产条件适应程度	利用现有条件就能成批生产	15	3	10	10	15
	采用少量措施就能成批生产	10				
	需要较多投资和较长时间才能投产	3				
环境污染	无污染或确定能消除污染	10	10	10	0	0
	不能将污染控制在规定范围内	0				
	总评		88	73	55	52

表 4.13 得分连乘定量评价法

评价项目			评价方案			
指标	评价等级	评分标准	A	B	C	D
产品功能	满足用户要求	3	3	2	1	2
	基本满足用户要求	2				
	功能不全，仅能满足用户的最低要求	1				
成本	低于外企业同类产品	3	2	3	1	2
	低于本企业原有产品	2				
	与本企业原有成本相等	1				
产品销路	未来市场销路很广	3	3	2	1	2
	市场销路广，但竞争产品多	2				
	市场规模不大	1				
方案投资	实施方案所需投资回收期短	3	3	2	3	3
	投资较多，回收期较长	2				
	投资多且资金来源困难	1				
产品方向	符合国家规划及企业经营目标	3	3	2	1	1
	符合当前社会需要	2				
	与国家要求及长远规划不符	1				
	总评		162	48	3	24

4.2.5 提案审批和方案实施

通过综合评价选出的新方案，提交决策部门审批获准后方可实施。在方案实施过程中，从事价值工程工作的人员应该对方案的实施执行情况随时进行检查，发现问题及时解决。

4.2.6 VE 活动的成果评价

开展价值工程活动的目的在于提高产品或服务的价值，取得良好的经济效益。在进行功能分析、功能评价、方案创新和实施等一系列活动后，需将改进后新方案的各项经济技术指标与原设计方案进行比较，以考察新方案取得的综合效益，这就是价值工程活动的成果评价。

价值工程活动的最终评价工作通常围绕以下指标开展：

（1）全年成本净节约额 P。

$$P = (C - C')Q - P' \tag{4.9}$$

式中 P——全年成本净节约额；

C——改进前的单位产品成本；

C'——改进后的单位产品成本；

Q——年产量；

P'——VE 活动费用。

（2）成本降低率 R。

$$R = \frac{C - C'}{C} \tag{4.10}$$

式中 R——成本降低率。

4.3 价值工程在工程建设中的应用

在工程建设中，价值工程的应用是广泛的。同一建设项目，同一单项、单位工程可以有不同的设计方案，方案不同，造价也会有差异，这时，设计人员可通过价值工程活动进行方案的优选。根据功能系统图分析，对上位功能进行分析和改善比对下位功能效果好；对功能领域进行分析和改善比对单个功能效果好。因此，价值工程既可用于工程项目设计方案的分析选择，也可用于单位工程设计方案的分析选择。同时，价值工程也广泛应用于工程施工组织设计中。

4.3.1 价值工程在设计方案优选中的应用

建设项目设计主要是对项目的功能及其实现手段进行设计，因此，整个设计方案可以作为价值工程的研究对象。在设计阶段实施价值工程的步骤一般为：

（1）功能分析。建筑功能是指建筑产品满足社会需要的各种性能的总和。不同的建筑产品有不同的功能，建筑产品的功能一般分为社会性功能、适用性功能、技术性功能、物理性功能和美学功能。功能分析首先应明确项目各类功能具体有哪些，哪些是主要功能，并对功能进行定义和整理，绘制功能系统图。

（2）功能评价。功能评价主要是比较各项功能的重要程度，用 0-1 评分法、0-4 评分法、环比评分法等，计算各项功能的功能重要性系数，作为该功能的重要度权数。

（3）方案创新。根据功能分析的结果，提出各种实现功能的方案。

（4）方案评价。对方案创新提出方案的各项功能的满意程度打分，然后以功能重要性系数作为权数计算各方案的功能评价得分，最后再计算各方案的价值系数，以价值系数最大者为最优。

4.3.2　价值工程在设计阶段工程造价控制中的应用

价值工程在设计阶段工程造价控制中应用的程序为：

（1）对象选择。在设计阶段，应用价值工程控制工程造价，应将对工程造价影响较大的项目作为价值工程的研究对象。因此，将设计方案的成本进行分解，将成本比重大、品种数量少的项目作为实施价值工程的重点。

（2）功能分析。分析研究对象具有哪些功能，确定各项功能之间的关系。

（3）功能评价。评价各项功能，确定功能重要性系数，并计算实现各项功能的现实成本，从而计算各项功能的价值系数。价值系数小于 1 的，应该在功能水平不变的条件下降低成本，或在成本不变的条件下提高功能水平；价值系数大于 1 的，如果是重要的功能，应该提高成本，保证重要功能的实现，如果该项功能不重要，可以不作改变。

（4）分配目标成本。根据限额设计的要求，确定研究对象的目标成本，并以功能重要性系数为基础，将目标成本分摊到各项功能上，与各项功能的现实成本进行对比，确定成本改善期望值，成本改善期望值大的，应重点改进。

（5）方案创新及评价。根据价值分析结果及目标成本分配结果的要求，提出各种方案，对方案进行比选，使设计方案更加合理。

4.3.3　案例分析

例 4.2　某工程项目设计人员根据业主的使用要求，提出了三个设计方案。有关专家决定从五个方面（分别以 $F_1 \sim F_5$ 表示）对不同方案的功能进行评价，并对各功能的重要性分析如下：F_3 相对于 F_4 很重要，F_3 相对于 F_1 较重要，F_2 和 F_5 同样重要，F_4 和 F_5 同样重要。各方案单位面积造价及专家对三个方案满足程度的评分结果见表 4.14。

表 4.14　方案评分结果

功能＼得分＼方案	A	B	C
F_1	9	8	9
F_2	8	7	8
F_3	8	10	10
F_4	7	6	8
F_5	10	9	8
单位面积造价	1680	1720	1590

问题：

（1）试用0-4评分法计算各功能的权重。

（2）用功能指数法选择最佳设计方案。

（3）在确定某一设计方案后，设计人员按限额设计要求，确定建安工程目标成本额为14000万元。然后以主要分部工程为对象进一步开展价值工程分析。各分部工程评分值及目前成本见表4.15。试分析各功能项目的功能指数、目标成本及应降低额，并确定功能改进顺序。

表4.15 各分部工程评分值及目前成本

功能项目	功能评分	目前成本/万元
A. ±0.000以下工程	21	3854
B. 主体结构工程	35	4633
C. 装饰工程	28	4364
D. 水电安装工程	32	3219

解：（1）各功能的权重如表4.16所示。

表4.16 功能权重计算表

功能	F_1	F_2	F_3	F_4	F_5	得分	权重
F_1	×	3	1	3	3	10	0.250
F_2	1	×	0	2	2	5	0.125
F_3	3	4	×	4	4	15	0.375
F_4	1	2	0	×	2	5	0.125
F_5	1	2	0	2	×	5	0.125
合计						40	1.000

（2）计算各方案的加权得分：

$W_A = 9 \times 0.25 + 8 \times 0.125 + 8 \times 0.375 + 7 \times 0.125 + 10 \times 0.125 = 8.375$

$W_B = 8 \times 0.25 + 7 \times 0.125 + 10 \times 0.375 + 6 \times 0.125 + 9 \times 0.125 = 8.500$

$W_C = 9 \times 0.25 + 8 \times 0.125 + 10 \times 0.375 + 8 \times 0.125 + 8 \times 0.125 = 9.000$

总得分：$W_A + W_B + W_C = 25.875$

计算各方案的功能得分：

$F_A = 8.375 \div 25.875 = 0.324$

$F_B = 8.500 \div 25.875 = 0.329$

$F_C = 9.000 \div 25.875 = 0.348$

计算各方案的成本系数：

$C_A = 1680 \div (1680 + 1720 + 1590) = 1680 \div 4990 = 0.337$

$C_B = 1720 \div (1680 + 1720 + 1590) = 1720 \div 4990 = 0.345$

$C_C = 1590 \div (1680 + 1720 + 1590) = 1590 \div 4990 = 0.319$

计算各方案的价值系数：

$V_A = 0.324 \div 0.337 = 0.961$

$V_B = 0.329 \div 0.345 = 0.954$

$V_C = 0.348 \div 0.319 = 1.091$

方案 C 的价值系数最高，故 C 为最佳设计方案。

（3）计算各功能项目的功能指数：

$F_A = 21 \div (21 + 35 + 28 + 32) = 21 \div 116 = 0.181$

$F_B = 35 \div (21 + 35 + 28 + 32) = 35 \div 116 = 0.302$

$F_C = 28 \div (21 + 35 + 28 + 32) = 28 \div 116 = 0.241$

$F_D = 32 \div (21 + 35 + 28 + 32) = 32 \div 116 = 0.276$

计算各功能项目的目标成本：

A. ±0.000 以下工程：14000×0.181＝2534 万元

B. 主体结构工程：　14000×0.302＝4228 万元

C. 装饰工程：　　　14000×0.241＝3374 万元

D. 水电安装工程：　14000×0.276＝3864 万元

计算各功能项目的降低额：

A. ±0.000 以下工程：3854－2534＝1320 万元

B. 主体结构工程：　4633－4228＝405 万元

C. 装饰工程：　　　4364－3374＝990 万元

D. 水电安装工程：　3219－3864＝－645 万元

根据各功能项目的降低额，确定功能改进顺序为：A. ±0.000 以下工程→C. 装饰工程→B. 主体结构工程→D. 水电安装工程。

例 4.3 某工程功能评分和预算成本构成如表 4.17 所示，企业在项目管理目标责任书中要求项目经理部降低成本 8%，项目经理部拟采用价值工程方法寻求降低成本的途径。

表 4.17 各分部工程的功能评分及预算成本

分部工程	功能评分	预算成本/万元
挖土和基础工程	12	1650
地下结构工程	14	1500
主体结构工程	36	4880
装饰装修工程	38	5630
合计	100	13660

问题：

（1）求出工程各分部工程的功能系数、成本系数和价值系数。

（2）用价值工程求出降低成本的工程对象和目标。

解：（1）计算各分部工程的功能系数：

挖土和基础工程：12÷100＝0.12

地下结构工程：14÷100＝0.14

主体结构工程：36÷100＝0.36

装饰装修工程：38÷100=0.38

计算各分部工程的成本系数：

挖土和基础工程：1650÷13660=0.12

地下结构工程：1500÷13660=0.11

主体结构工程：4880÷13660=0.36

装饰装修工程：5630÷13660=0.41

计算各分部工程的价值系数：

挖土和基础工程：0.12÷0.12=1.00

地下结构工程：0.14÷0.11=1.27

主体结构工程：0.36÷0.36=1.00

装饰装修工程：0.38÷0.41=0.93

（2）目标降低总成本=13660×8%=1092.8 万元

目标总成本=13660-1092.8=12567.2 万元

计算各分部工程的目标成本：

挖土和基础工程：12567.2×0.12=1508.1 万元

地下结构工程：12567.2×0.14=1759.4 万元

主体结构工程：12567.2×0.36=4524.2 万元

装饰装修工程：12567.2×0.38=4775.5 万元

计算各分部工程的成本降低值：

挖土和基础工程：1650−1508.1=141.9 万元

地下结构工程：1500−1759.4=−259.4 万元

主体结构工程：4880−4524.2=355.8 万元

装饰装修工程：5630−4775.5=854.5 万元

复习题

1. 价值工程中，产品的功能和其寿命周期成本的关系如何？请绘制它们的关系图，并在图中指出最适宜的功能水平和成本水平。
2. 根据价值的定义，欲提高产品的价值，可采取的途径有哪些？
3. 价值工程有哪些特点？
4. 价值工程的一般工作程序是什么？
5. VE 对象的选择有哪些方法，各有何特点？
6. 什么是 ABC 分析法，其基本思想是什么？
7. 最合适区域法中，最合适区域是如何确定的？
8. 作为价值工程核心的功能分析，包含哪些内容？
9. 产品功能按不同角度有哪些分类？
10. 价值工程中，功能评价常用的方法有哪些？
11. 价值工程的方案创新有哪些方法，各有何特点？
12. 某产品有四个零部件，可以实现五项功能，已知该五项功能的重要性如下：F_5相对于F_4很重要，F_5相对于F_1较重要，F_2和F_3同样重要，F_2和F_4同样重要。该产品目前成本 24 元，成本在各功能之间的比例分摊如表4.18所示。若该产品的目标成本为20元，试求各功能的成本降低幅度。

表4.18 各功能的成本分摊 （单位：元）

		F_1	F_2	F_3	F_4	F_5
甲	8	4		4		
乙	6				1.2	4.8
丙	4		2			2
丁	6	2.4			3.6	
现实成本	24	6.4	2	4	4.8	6.8

5 预测与决策技术

本章知识要点结构层次分析导图如图5.1所示。

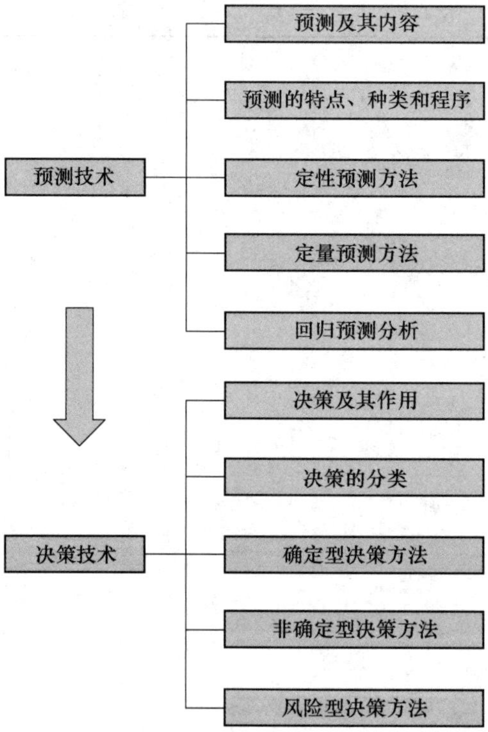

图5.1　知识结构导图

5.1 预测技术

5.1.1 预测及其内容

预测的目的在于认识自然和社会的发展规律以及各种规律之间的相互作用。对未来的预测，可以揭示其发展趋势，使人们及早发现问题并能进行控制，使其为人类社会服务。预测的基本方法，是根据过去和现在所掌握的资料和数据、目前的状态、人们的经验和教训，运用一定的科学理论和技术，通过一定的程序，遵循事物演变的逻辑，对未来事件进行科学的判断和估算，从而推测出未来的结果。换句话说，预测是研究如何对未来事件做出估计的科学。

预测的实质是分析判断，主要包括三个方面的内容：一是搜集与预测有关的各种资料，搜集的资料越多，分析得就越充分，判断得就越准确。二是选用适当的分析方法，方法越恰当，预测结果就越准确。三是研究预测结果、编写预测报告。因为预测结果受到预测条件、各类因素的影响，所以预测中必须持客观态度，多方面建立假设，多方面进行分析研究，从而建立正确的模型及选择科学合理的方案。

5.1.2 预测的特点、种类和程序

5.1.2.1 预测的特点

（1）科学性。预测是依据调查和统计资料，通过合乎逻辑的程序和方法，得到未来事件可能出现的趋势和结果的信息。这些信息能够反映出事物发展过程中诸因素之间的相互联系及相互制约的关系，能够把握住未来事物发展的方向，基本反映未来事物发展的规律性。所以，预测具有科学性。

（2）近似性。预测是在事件发生之前，对未来所做的估量和推测。未来事物的发展，都不是简单的重复，而是受多方面因素和环境的影响与制约。而预测者采用的方法不可能对各方面的因素都考虑得十分周到，因此，没有人能对未来事件做出千真万确的判断，所预测的结果与未来事件发生的实际结果存在一定的偏差。所以，预测具有近似性。

（3）局限性。预测的结果受着各种因素的制约和影响。由于未来的发展是千变万化的，往往人们对未来事件的认识缺乏经验，受到知识水平的限制，加之环境、心理及个性均有一定的局限性，因此，要用有限的知识来预测科学技术飞跃发展的未来是很困难的，致使预测的结果不能表达事物未来发展变化的全貌。所以，预测有局限性。

5.1.2.2 预测的种类

（1）按预测的对象划分：

1）社会发展预测。是指社会发展问题的预测，如人员预测、社会就业预测、教育发展预测等。

2）科学预测。是指对科学发展的趋势、方法及可能出现的成果进行预测。

3）技术发展预测。是指对技术发展趋势、技术应用范围、技术研究成果方面的预测。

4）经济预测。在宏观上主要是对国民经济的发展速度、工农业总产值、国民收入增长速度、社会消费水平的构成等方面进行预测，在微观上主要是对企事业单位或局部的经济问题等方面进行预测。

5）市场需求预测。主要是预测市场对产品的品种、质量、数量的需求等。

（2）按预测的时间划分：

1）长期预测。一般在10年以上。

2）中期预测。一般在5~10年。

3）近期预测。一般在1~5年。

4）短期预测。一般以月或季度为限期。

（3）按预测的方法划分：

1）定性预测。一般用于数据资料不足或不完全依靠数据资料的情况，如对技术发展、经济发展趋势等宏观问题的预测。

2）定量预测。是建立在历史数据资料基础上的预测，不直接靠人的主观判断，而是

用计算出来的数据结果作为判断的依据。

3）综合预测。任何一种预测方法都有一定的适用范围和一定的局限性，所以为了预测结果更完全及更准确，可以采取多种预测方法进行综合预测。

5.1.2.3 预测的程序

（1）分析预测对象。正确地把握预测对象而不被表面现象所迷惑，是开展正确预测的前提。分析预测对象，就是研究预测对象的过去和现在，以及发展趋势和变化规律。研究预测对象固然重要，而研究预测对象所处的环境和背景也十分重要。因为任何事物的发展都不是孤立的，都受到周围环境和背景的制约。

（2）研究资料数据。主要是收集和研究资料数据，确定应预测的问题，在对各类数据进行归纳整理的基础上，找出其发展变化的规律。

（3）建立预测模型。掌握了预测对象的性质、所处的环境和背景及足够的数据后，就可以建立预测模型。所谓模型，就是以尽可能简单、形象的方法来描绘预测对象。预测模型还应说明预测对象与其相关因素的关系。

（4）研究预测结果，编写预测报告。主要是对多方案的预测结果，以系统性和可行性准则以及社会、政治和技术的准则进行分析比较，并选择最佳方案，提供给规划管理部门作为决策的依据。预测结果一般编写为两种报告：

1）通俗性报告。主要提供给领导参考，其内容主要包括：预测结果，预测对象的过去和现在，对预测对象的未来有重要影响的各种条件和因素，预测对象及其相关因素在预测期间的发展趋势，达到预测目标的各种有效途径，达到预测目标所必要的资料。

2）专题性报告。主要提供给规划管理人员参考，其内容主要包括：预测结果，预测模型，获取和处理数据的方法，电子计算机的运算程序等。这就有可能使规划管理部门利用报告中提供的资料，核实预测结果，进一步发展预测研究。

5.1.3 定性预测方法

5.1.3.1 专家调查法

所谓专家调查法，就是依靠专家为索取信息的对象，组织各领域的专家运用专业方面的经验和理论，研究预测对象的性质，考虑预测对象所处的社会环境和背景，直观地对过去和现在发生的问题进行综合分析并从中找出规律，据此对发展远景做出判断。专家调查法的最大优点，是在缺乏足够统计数据和原始资料的情况下，可以做出定性估计并得到文献上还未反映的信息。特别是在预测对象的技术发展上很大程度取决于政策和专家的努力，而不取决于现实技术基础时，采用专家预测法可得到更为正确的结果。

（1）专家个人预测法。首先向专家提出预测的问题，同时提供有关的信息，然后由专家独自分析，不开讨论会，最后将专家的意见整理和归纳，形成预测结论。这种方法的优点是不受外界影响，没有心理压力，可以最大限度地发挥专家个人的创造能力。但仅仅依靠专家个人的判断，容易受到专家的知识面、知识深度和占有资料以及对预测问题是否有兴趣等因素的限制，所以难免带有片面性。

（2）专家会议预测法。专家们根据提出的预测问题和提供的信息，先进行准备，然后在会议上提出自己的预测意见，经过讨论、启发、补充、修正后得出预测结果。这种方法的优点是能够集思广益，有助于交换意见，相互启发，弥补个人的不足，通过内外反馈把思想集中于战略目标，从而为重大决策提出预测。然而这种方法也有不足，主要表现在专家易受心理因素的影响，如屈从于权威和多数人意见，受劝说性意见的影响，以及不愿意公开修正自己发表的意见等。

5.1.3.2　专家函调预测法

专家函调预测的具体做法可分为以下几步：

(1) 选择专家：要选择有名望的专家及具体工作人员，人数一般在 10~50 人为宜，遇重大问题时可扩大到 100 人以上。

(2) 预测结构用函调方式与专家联系，而专家之间不联系。首次联系要整理出征询的问题，并向专家提示预测目标及信息资料，以函信形式发给专家。

(3) 将各位专家的回函进行编译、统计、归纳，整理出新问题，用匿名方式再传递给各位专家，请专家提出修改后的预测意见。

(4) 将专家反馈的意见进行再归纳、整理，并重复发函给各位专家。经过几次反复，即可形成预测结果。

(5) 整理预测结果，并加以分析、综合统计，最后整理出来，用表格、直观图的形式进行描绘，要求文字简洁、准确、清楚。具体程序如图 5.2 所示。

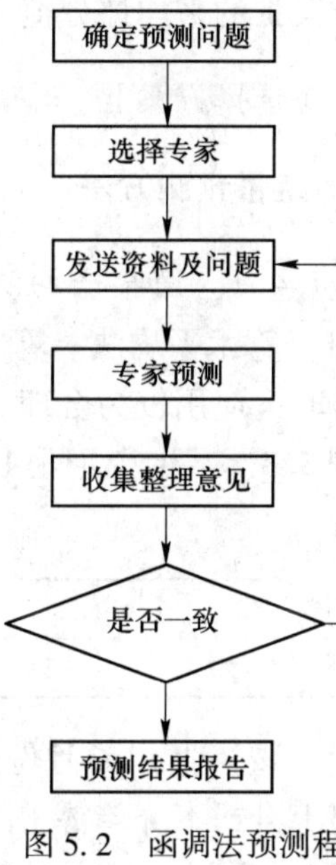

图 5.2　函调法预测程序

例 5.1　某建筑公司现聘请 12 名专家预测下年度利润的增长率，其中有 2 人预测增长 5%，4 人预测增长 4.5%，3 人预测增长 4%，2 人预测增长 3.5%，1 人预测增长 3%，求利润的预测增长率是多少？

解： 采用加权平均法计算利润的预测增长率，以专家人数为权数。

$$A = \frac{5\% \times 2 + 4.5\% \times 4 + 4\% \times 3 + 3.5\% \times 2 + 3\% \times 1}{12}$$

$$= 4.17\%$$

故下年度的利润增长率预测为 4.17%。

例 5.2　某建筑公司现采用专家预测法预测某项建筑工程施工方案的经济效益，公司将 8 名专家最后一轮评分资料整理，结果如表 5.1 所示。

表 5.1　施工方案评分

方案 \ 评分 \ 专家	1	2	3	4	5	6	7	8
Ⅰ	8	6	4	8	—	4	8	6
Ⅱ	7	8	5	7	8	9	8	7
Ⅲ	9	7	—	6	5	7	6	9

解： 采用算术平均法计算各方案评分数，依公式

$$M_j = \frac{\sum_{i=1}^{m} x_{ij}}{m_j}$$

式中 M_j——方案 j 的平均分值；

m_j——对方案 j 做出预测的专家人数；

x_{ij}——专家 i 对方案 j 评定的分值（未评分时，$x_{ij}=0$）；

m——参加预测的专家人数。

结果：方案Ⅰ的平均评分值 $M_1 = \frac{44}{7} = 6.3$；

方案Ⅱ的平均评分值 $M_2 = \frac{59}{8} = 7.4$；

方案Ⅲ的平均评分值 $M_3 = \frac{49}{7} = 7.0$。

故应选择方案Ⅱ。

5.1.4 定量预测方法

5.1.4.1 简单平均法

（1）算术平均法。算术平均法简单易行，如预测对象变化不大且无明显的上升或下降趋势时，应用较为合理。但它多用于近期预测。

例 5.3 某生产企业 1~6 月份的销售情况如表 5.2 所示，试预测 7 月份的销售额。

表 5.2 销售情况汇总表

月　份	1	2	3	4	5	6
销售额/万元	31	29	30	33	34	29

解： 该企业 1~6 月份的销售额变化不大，最高额为 34 万元，最低额为 29 万元，且无明显上升或下降趋势，故可认为属于随机变动。

因此，可用 6 个月的算术平均数作为第 7 月份的预测值，即

$$y_t = \frac{\sum x}{T} = \frac{31+29+30+33+34+29}{6} = 31$$

故第 7 月份的预测值为 31 万元。

（2）加权平均法。当一组统计资料中每一数据的重要性不完全相同时，求平均数最理想的办法是将每个数的重要性用一个称为 W_i 的数值来代表，计算平均数时把这些给它的权数值同时计入，这种方法即称为加权平均法，加权平均法的关键是合理地确定权数。其计算公式为：

$$y_t = \frac{\sum_{i=1}^{n} x_i W_i}{\sum_{i=1}^{n} W_i} \tag{5.1}$$

式中　y_t——第 t 期的预测值；
W_i——第 i 期的权数值；
x_i——第 i 期的数据；
n——统计数据的期数。

例 5.4　某建材商店过去 6 个月的水泥销售量依次为 65，68，70，75，85，90 吨。如果取 0.01，0.04，0.08，0.12，0.25，0.5 依次为此等销售量之权数，试求此 6 个月销售量之加权平均数，并讨论以此加权平均数作为第 7 个月销售量之预测值是否恰当。

$$\text{解：} y = \frac{\sum xW}{\sum W}$$
$$= \frac{65 \times 0.01 + 68 \times 0.04 + 70 \times 0.08 + 75 \times 0.12 + 85 \times 0.25 + 90 \times 0.5}{0.01 + 0.04 + 0.08 + 0.12 + 0.25 + 0.5}$$
$$= 84.2$$

纵观原给的 6 个月销售额之数据，具有明显上升趋势，估计第 7 个月销售量可能接近 100 吨/月。因此，求得的加权平均数 84.2 不宜作为第 7 个月的预测值。如果改为更合理的权数以取代题中所给者，则可能符合实际情况。

（3）几何平均法。一组观测值 $x_1, x_2, \cdots, x_n$，如把它们相乘再开 n 次方，所得 n 次方根称为几何平均数 G。

$$G = \sqrt[n]{x_1 x_2 x_3 \cdots x_n} \tag{5.2}$$

在 n 个数据中只要有一个为零，其几何平均数即为零。如 n 个数据中有一个或几个为负值，则其几何平均数不是不能计算（算得之值为虚数），便是算得数无意义。例如 $\sqrt{(2) \times (-2)} = \sqrt{-4} = 2i$ 视为不能计算；又如 $\sqrt[3]{(3) \times (1) \times (-9)} = \sqrt[3]{(-27)} = -3$，视为无意义。

几何平均数一般小于算术平均数，而且数据越分散几何平均数越小。

5.1.4.2　简单移动平均法

简单移动平均法是在算术平均法的基础上发展起来的。它是以近期资料为依据，并考虑事物发展趋势的一种预测方法。简单移动平均法又称一次移动平均法。

分段平均移动是按数据点的顺序逐点推移。例如，第一段是 1、2、3、4 数据点，第二段是 2、3、4、5 数据点……，如此等等。这种方法即为移动平均法，其计算公式为

$$W_t^{(1)} = \frac{x_t + x_{t-1} + x_{t-2} + \cdots + x_{t-N+1}}{N} \tag{5.3}$$

式中　$W_t^{(1)}$——第 t 周期的一次移动平均数；
t——周期数；
x_t——第 t 周期的一次移动平均数；
N——分段数据点数。

当取 $N=1$ 时，则　$W_t^{(1)} = x_t$

当取 N 为全部数据点的个数，即 $N=t$ 时，

$$W_t^{(1)} = \frac{\sum x_t}{N} = \bar{x} \tag{5.4}$$

一般表达式为

$$W_t^{(1)} = \frac{x_t + x_{t-1} + \cdots + x_{t-N+1}}{N} = W_{t-1}^{(1)} + \frac{x_t - x_{t-N}}{N} \tag{5.5}$$

此即改进型公式。

若已知 $W_t^{(1)}$，只需计算 $\frac{x_{t+1} - x_{t-N+1}}{N}$ 就可以求得 $W_{t+1}^{(1)}$。可见式（5.5）为一迭代公式，其计算过程为一迭代过程，使计算量大为减少，故当 N 较大时效果更为显著。

5.1.4.3 指数平滑预测法

指数平滑法，既具备移动平均法的长处，又可以减少数据的存储量，所以应用得比较广泛。

（1）一次指数平滑法。在简单移动平均法中，我们得到的移动平均公式：

$$W_t^{(1)} = W_{t-1}^{(1)} + \frac{x_t - x_{t-N}}{N}$$

如果已经求出了 $W_{t-1}^{(1)}$，由概率论和数理统计知识及 $W_t^{(1)}$ 的定义，可以近似的用 $W_{t-1}^{(1)}$ 代替 x_{t-N}，得

$$\begin{aligned} W_t^{(1)} &= W_{t-1}^{(1)} + \frac{x_t - x_{t-N}}{N} \\ &= W_{t-1}^{(1)} + \frac{x_t - W_{t-1}^{(1)}}{N} \\ &= \frac{1}{N}x_t + \left(1 - \frac{1}{N}\right) W_{t-1}^{(1)} \end{aligned}$$

令 $\alpha = \frac{1}{N}$，$S_t^{(1)} = W_t^{(1)}$，代入上式得

$$S_t^{(1)} = \alpha \cdot x_t + (1 - \alpha) S_{t-1}^{(1)} \tag{5.6}$$

式中 $S_t^{(1)}$ ——第 t 周期的一次指数平滑值；

α——加权系数（$0 \leqslant \alpha \leqslant 1$）。

实际上，预测值等于新数据与原估算值的不同比例之和，即

预测值 = α(新数据) + (1 − α)(原估算值)

（2）二次指数平滑法。二次指数平滑法是对一次指数平滑数据做再一次的指数平滑。其公式为

$$S_t^{(2)} = \alpha \cdot S_t^{(1)} + (1 - \alpha) S_{t-1}^{(2)} \tag{5.7}$$

5.1.5 回归预测分析

回归法包括一元线性、多元线性与非线性回归法。回归预测分析在经济管理中的应用有时间序列分析和因果关系分析。

一元线性回归法是处理 x、y 两个变量之间线性关系的一种用途很广的方法。一元是指一个自变量 x 对因变量 y 的影响。用这种方法可以处理科学技术方面的实践数据，也可以对经济管理中的数据进行处理。该方法简单、适用，可用手工计算，也可以用计算机运算。

一元线性回归近似解的基本公式是

$$y = a + bx$$

式中 x——自变量；

y——随 x 的变化而变化的变量；

a、b——回归系数。

当 $x=0$ 时，$y=a$，a 是直线在 y 轴上的截距。y 是由 a 点起，随着 x 的变化开始演变的。a 是利用统计数据计算得来的经验常数，b 是用来表现自变量 x 与因变量 y 的比例关系的。y 是按着 b 这个比值，随着 x 等比变化的。x、y 这两个变量之间的关系，将在 a、b 这两个回归系数的范围内，进行有规律的演变。因此：

（1）先根据 x、y 等现有的实验数据或统计数据，把 x、y 作为已知数，寻求合理的 a、b 等回归系数。根据 a、b 等回归系数确定回归方程，是运用回归技术的关键。

（2）利用已求出的回归方程中的 a、b 等回归系数的经验值，把 a、b 作为已知数据，再去确定 x、y 等值的未来演变，并与具体条件相结合，是运用回归技术的目的。

这两大步骤就构成了回归技术及其应用的简单过程。

设 y_i（$y_1, y_2, y_3, \cdots, y_n$）为估算值（回归方程的计算值），其公式为

$$y_i = a + bx_i$$

设 y_{ai} =（$y_{a1}, y_{a2}, y_{a3}, \cdots, y_{an}$）为实测值（实验数据或统计数据），其公式为

$$y_{ai} = a + bx_i + e_i$$

估算值 y_i 与实测值 y_{ai} 的离差为 e_i（$e_1, e_2, \cdots, e_n$），其公式为

$$e_i = y_{ai} - y_i = y_{ai} - a - bx_i$$

用最小二乘法求 a、b 等回归系数，使总方差 $\sum e_i^2$ 为最小，可使回归方程 $y = a + bx$ 与实际测试数据 y_{ai} 的线性拟合为最佳。总方差

$$Q = \sum e_i^2 = \sum (y_{ai} - y_i)^2 = \sum (y_{ai} - a - bx_i)^2$$

根据求极值原理，Q 对 a、b 分别求偏导数并令其等于零，得到方程组，从而解得能使 Q 达到最小值的 a、b 值。

$$\frac{\partial Q}{\partial a} = 0;\ \frac{\partial Q}{\partial a} = -2\sum (y_{ai} - a - bx_i) = 0$$

$$\frac{\partial Q}{\partial b} = 0;\ \frac{\partial Q}{\partial b} = -2\sum (y_{ai} - a - bx_i)x_i = 0$$

化简

$$\sum y_{ai} - na - b\sum x_i = 0$$

$$\sum x_i y_{ai} - a\sum x_i - b\sum x_i^2 = 0$$

解方程组，即得

$$a = \bar{y} - b\bar{x} \tag{5.8}$$

$$b = \frac{\sum x_i y_{ai} - \bar{x}\sum y_{ai}}{\sum x_i^2 - \bar{x}\sum x_i} \tag{5.9}$$

其中

$$\bar{x} = \frac{1}{n}\sum_{i=1}^{n} x_i$$

$$\bar{y} = \frac{1}{n}\sum_{i=1}^{n} y_{ai}$$

式中 x_i ——自变量的历史数据；

y_{ai} ——相应的因变量的历史数据；

n ——所采用的历史数据的个数；

$\bar{x}$ —— x_i 的平均值；

$\bar{y}$ —— y_{ai} 的平均值。

5.2 决策技术

5.2.1 决策及其作用

决策贯穿于各个方面。决策是行为的选择，行为是决策的执行。决策的正确与否，对经营管理效益关系极大。尤其在科学技术迅速发展的现代社会里，企业的领导如何决策，往往决定着企业的成败兴衰。在相同的客观条件下，决策者的水平不同，得出的结果会相差悬殊。即使在客观条件很好的情况下，由于决策者的水平低，考虑不周，也会导致决策反复或失效。相反，在客观条件不利的情况下，如果决策水平高，运筹得当，执行起来比较顺利，也会取得预期效果。

决策在管理的职能中占居首位。决策就是做出决定的意思，也可以理解为“决定对策”。决策是人们在生活、生产中经常进行的活动。人们为了达到某一种目的，可能有多种可供选择的方案、途径和策略，为了获得满意的结果，就需要进行比较、选择，然后做出如何行动的决定。所以，决策行为是人类固有的行为之一，有人类就有集体，有集体就有管理和决策。决策是否合理，是否及时，都会影响到效率和质量，都关系到企业的命运。所以，决策在经济管理中占有重要地位。在技术经济分析中，决策就是对多方案进行评价与择优，从而选定一个最满意的方案。

5.2.2 决策的分类

（1）按决策所处的条件分类。

1）确定型决策。确定型决策是指在自然状态的发生为已知情况下进行的决策。一个方案的确立只有一种结果，通过比较、计算、选优，即可做出决策。

2）非确定型决策。非确定型决策是过去无任何先例，无法通过统计资料对自然状态发生的概率加以预测，全凭决策者的运气来进行的决策。

3）风险型决策。风险型决策也称随机型决策，是由于客观上存在不可控制的因素，对自然状态下是否发生不能肯定，在知道各种自然可能发生的概率情况下的决策。

（2）按决策对象分类。

1）宏观决策。相应对国民经济的决策以及国家级的战略决策，称为宏观决策。

2）微观决策。相应对基层单位、个别企业发展的决策，称为微观决策。

宏观决策和微观决策是相对的概念，宏观具有广泛的影响，微观具有普遍性和多元性的特点。

（3）按决策在企业组织中的地位分类。

1）高层决策。高层决策所要解决的是企业全局性的以及与外界环境有关的重大问题。如产品结构、市场开拓等。

2）中层决策。中层决策所涉及的问题多属于安排一定时期的任务或解决生产中所存在的某些问题。如原料不足、费用超支、施工进度慢、出勤率不高等。

3）基层决策。基层决策主要解决作业任务中的问题。一方面是经常性的作业安排，如每日每班的作业安排和设备使用等；另一方面是处理生产过程中出现的非常情况和偶然事件的决策，这类决策问题技术性较强，要求迅速解决，如原材料供应不上、设备发生故障等。

5.2.3 确定型决策方法

确定型决策就是决策者对有关的各种因素能确切的了解和掌握，决策结果能明确肯定。它多属于一般性的短期的管理决策，是比较简单的决策。确定型决策的方法可分为单目标和多目标两种。

（1）单目标决策。决策只依据某一单一因素或单一指标，或者只突出某一单一因素或单一指标，只要定量地计算指标数值，就可以比较出优劣。例如，只考虑成本因素时，成本指标最低的方案即为最优方案。

（2）多目标决策。决策考虑多个因素或多个指标。例如，决定采用何种施工方案，要综合考虑工期、质量、成本资源需要量、施工用地等，进行综合评价，最后择优出最佳方案。一般多用综合评分法进行决策，其步骤为：

1）根据工程条件和建设要求，确定各指标的重要程度并排出顺序，如费用、工期、资源消耗、新增临时设施费用、施工用地等。

2）根据单项指标的优劣排列各方案的单项名次。例如，按工程费用排的名次是甲、丁、丙等，依此类推。

3）确定各单项指标各名次的分值。

4）累计各方案的得分，最后排出名次。

5.2.4 非确定型决策方法

非确定型决策是指决策者对自然状态是否发生事先不能肯定，被决策的事物具有两种以上客观存在的自然状态，同时具有可供决策人选择的两个以上方案。非确定型决策常用的方法有以下三种。

（1）最大最小收益值法（小中取大法）。最大最小收益值法是在计算出每个行动方案在各个自然状态下的最小收益值的基础上，选择效益最大的行动方案作为最优方案。

在最小效益时，选择效益最大的，所以也叫作“小中取大”法。这种分析方法是以最小效益值作为评价方案的标准。它着眼于最小效益不低于某个值，因而是一种比较保守的方法，又称为“悲观法则”。

例 5.5 某生产企业要建造一个车间生产新产品。现有三个设计方案投标，三个方案的投资费不同，建成后生产的产品根据市场预测，需求情况有三种可能，即需求高、一般、较低。根据计算每个方案的收益值如表 5.3 所示。根据最大最小收益值法进行决策。

解：计算结果如表 5.3 所示。

表 5.3 计算结果表

收益值 需求量 方案	需求量高	需求量一般	需求量较低	最小收益
Ⅰ	20	1	-6	-6
Ⅱ	9	8	0	0
Ⅲ	6	5	4	4

从表中计算结果看，最大最小收益值为 4，应选择方案Ⅲ。

（2）最大最大收益值法。最大最大收益值法和最大最小收益值法正好相反，它是在计算出每个行动方案在各个自然状态下的最大收益值的基础上，再从这些最大的收益值中选择一个最大的收益值，将所对应方案作为最优方案。

（3）最小最大后悔值法。最小最大后悔值法又称遗憾法。在实际工作中，决策者应该采取最优方案作为行动的方案，但是，由于决策者未能选取最优方案，而在决策时选择了其他方案，所以事后会感到后悔。因为最优方案效益值最大，其他方案的效益值较差。在每一种自然状态下，最大效益值与采取其他方案的效益值之差，称为后悔值。这种方法是先找出各个方案的最大后悔值，再从这些最大后悔值中选择一个最小后悔值。这个最小的最大后悔值所属的方案就是决策者应该选用的最优方案。

例 5.6 某企业将推出一种新产品，有 3 种推销方案：让利销售（d_1）、送货上门（d_2）、不采取措施（d_3）；未来市场可能有畅销（s_1）、一般（s_2）、滞销（s_3）3 种状态。假设事先不知道这 3 种状态出现的概率，但知道各种状态下各方案的赢利，见表 5.4。试用以上介绍的 3 种决策方法进行决策。

表 5.4 方案赢利信息

市场状态 赢利 方案	畅销（s_1）	一般（s_2）	滞销（s_3）
让利销售（d_1）	60	10	-6
送货上门（d_2）	30	25	0
不采取措施（d_3）	10	10	10

解：收益矩阵 $\boldsymbol{a}_{ij} = \begin{bmatrix} 60 & 10 & -6 \\ 30 & 25 & 0 \\ 10 & 10 & 10 \end{bmatrix}$

（1）最大最小收益值法（小中取大法）。

让利销售（d_1）：$\min\limits_j\{60, 10, -6\} = -6$

送货上门（d_2）：$\min\limits_j\{30, 25, 0\} = 0$

不采取措施（d_3）：$\min\limits_j\{10, 10, 10\} = 10$

最大最小收益值为 10，应选择最优方案 d_3。

（2）最大最大收益值法。

让利销售（d_1）：$\max\limits_j\{60，10，-6\}=60$

送货上门（d_2）：$\max\limits_j\{30，25，0\}=30$

不采取措施（d_3）：$\max\limits_j\{10，10，10\}=10$

最大最大收益值为60，应选择最优方案 d_1。

（3）最小最大后悔值法。

计算后悔值 $\bar{a}_{11}=60-60=0$，$\bar{a}_{12}=25-10=15$，$\bar{a}_{13}=10-(-6)=16$

$\bar{a}_{21}=60-30=30$，$\bar{a}_{22}=25-25=0$，$\bar{a}_{23}=10-0=10$

$\bar{a}_{31}=60-10=50$，$\bar{a}_{32}=25-10=15$，$\bar{a}_{33}=10-10=0$

各个方案的最大后悔值：

让利销售（d_1）：$\max\{0，15，16\}=16$

送货上门（d_2）：$\max\{30，0，10\}=30$

不采取措施（d_3）：$\max\{50，15，0\}=50$

最小最大后悔值为16，应选择最优方案 d_1。

由上例可知，同样一个问题，对于非确定型决策问题，用不同方法进行决策，其决策的方案往往是不一样的。这是由于决策的原则与选择标准不同而造成的，很难断言哪一种决策方法更好。为了使非确定情况下的决策更合理些，最好的办法就是对各种自然状态做调查研究，努力搜集所需的信息，设法估计出各状态出现的概率，然后再进行决策。

5.2.5 风险型决策方法（决策树法）

决策用树形图来表示的方法，称为决策树法。决策树是一种形象的说法，它所伸出的枝，像大树的枝干，枝干上又长出树枝，整个图形像棵树。

5.2.5.1 决策树

为了掌握和运用决策树方法进行决策，需要掌握以下几个步骤：

（1）画决策树图。决策树是人们对某个决策问题未来发展情况的可能和可能结果所做的预测或预计在图纸上的反映。

所以画决策树的过程，实质上就是拟定各种抉择方案的过程，是对该决策进一步深入推进的过程。决策树的符号有：

□——决策结点，由结点引出若干条直线，每条直线代表一个方案，叫作方案分枝。分枝数反映可能的行动方案数。

△——决策终点（结果点），在终点后列出的数字，反映每一个方案在不同自然状态下可能得到的收益值或损失值，统称为损益值。

○——决策变点，又称为自然状态点。由变点引出的分枝叫作概率分枝，表示可能出现的不确定性状态。

决策树的一般图形如图5.3所示。

（2）预计可能发生的概率。预测发生的概率就是预计未来事件发生的可能性大小。因为未来事件处于捉摸不定的状态，所以存在着概率问题。概率的大小可凭决策人的经验估算或根据过去历史资料推算。

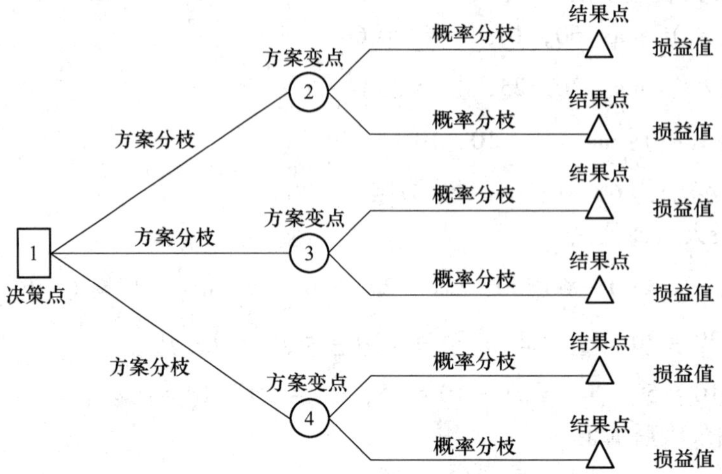

图 5.3 决策树的构成示意图

(3) 计算期望值。这是决策树方法中所使用的一个专用词汇。一般是按反向的时间程序逐步计算，即从方案终点开始，各方案的几种可能结果的数值和它们各自的概率相乘，并汇总所得之积，其和就是该方案的期望值。

(4) 确定决策方案。在比较方案时，如果计算的是收益值，则取期望值大者为优。如果考虑的是损失值，则取最小的损失值——最小期望值为优。

5.2.5.2 单级决策

决策的问题只有一项时称为单级决策。

例 5.7 某生产企业确定下年度产品生产的批量时，拟采用的方案有三个。三个方案的市场调查、估算的概率及各自然状态下的效益值列于表 5.5，试用决策树法比较哪个方案最优。

表 5.5 有关参数汇总表

方案	各种自然状态下的效益及概率值						期望值
	销路好		销路一般		销路差		
	效益值	概率	效益值	概率	效益值	概率	
Ⅰ	20	0.3	12	0.5	8	0.2	13.6
Ⅱ	16	0.3	14	0.5	10	0.2	13.8
Ⅲ	12	0.3	10	0.5	6	0.2	9.8

解：(1) 画决策树图形，如图 5.4 所示。

(2) 计算期望值。

方案Ⅰ期望值 = 20×0.3+12×0.5+8×0.2 = 13.6

方案Ⅱ期望值 = 16×0.3+14×0.5+10×0.2 = 13.8

方案Ⅲ期望值 = 12×0.3+10×0.5+6×0.2 = 9.8

(3) 方案Ⅱ的期望值最大，故选择方案Ⅱ。

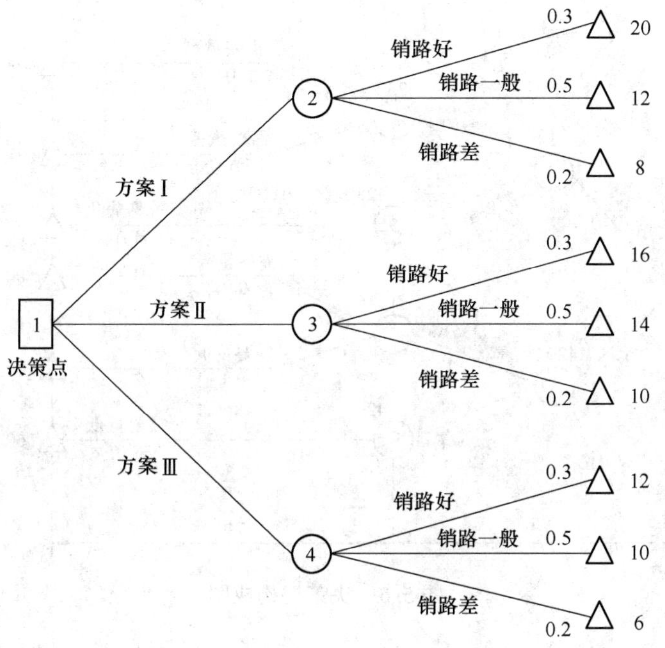

图 5.4　决策树构成图

例 5.8　某建筑公司提出预测扩大构件生产的两个方案：一个方案是建大预制厂，另一个方案是建小预制厂，两者的使用期都是 10 年。建大厂需投资 650 万元，建小厂需投资 300 万元。但要分前 3 年和后 7 年考虑，两个方案的损益值及概率见表 5.6。试用决策树法选出最优方案。

表 5.6　有关参数汇总表　　　　(单位：万元/年)

自然状态	前 3 年			后 7 年		
	概率	建大厂损益	建小厂损益	概率	建大厂损益	建小厂损益
需求量高	0.7	200	80	高 0.9 低 0.1	200 -40	80 60
需求量低	0.3	-40	60	1	-40	60

解：(1) 画出决策图形如图 5.5 所示。

(2) 计算期望值。

点 ④ = [0.9 × 200 + 0.1 × (-40)] × 7 = 1232(万元)

点 ⑤ = 1.0 × (-40) × 7 =- 280(万元)

点 ② = 0.7 × 200 × 3 + 0.7 × 1232 + 0.3 × (-40) × 3 + 0.3 × (-280) - 650(投资)
　　= 512.4(万元)

点 ⑥ = (0.9 × 80 + 0.1 × 60) × 7 = 546(万元)

点 ⑦ = 1.0 × 60 × 7 = 420(万元)

点 ③ = 0.7 × 80 × 3 + 0.7 × 546 + 0.3 × 60 × 3 + 0.3 × 420 - 300(投资) = 430.2(万元)

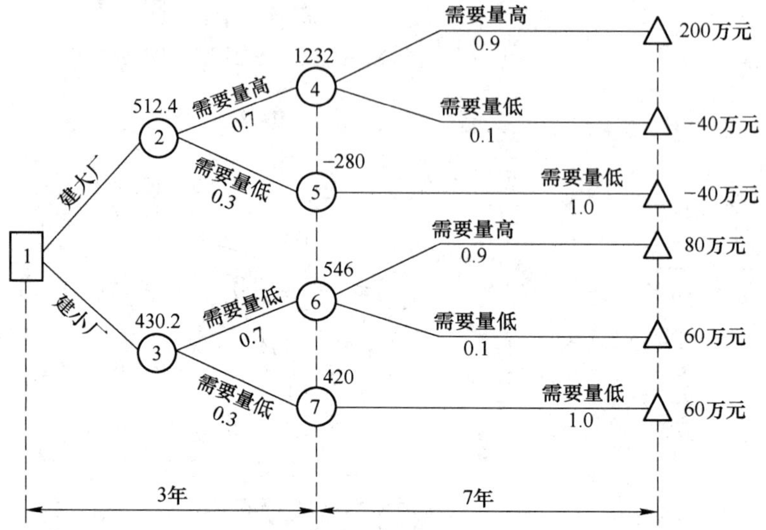

图 5.5 决策树构成图

由此可见，建大厂期望值高于建小厂期望值，故建大厂的方案最优。

5.2.5.3 多级决策问题

实际决策活动中往往在一个大决策中还包括两个以上的分枝决策，甚至分枝决策中还有小分枝决策，这样就构成了多级决策的形式。运用决策树方法解决多级问题，也是首先把决策图形画出，然后由右向左一步步地计算期望值，逐级决定取舍到最终决策选定为止。

例 5.9 在例 5.8 中，如果增加一个考虑方案，即先建小厂，若前 3 年的需求量高，3 年以后再扩建。根据计算，扩建需要投资 500 万元，可使用 7 年，每年的损益值与建大厂相同。试比较哪个方案较好？

解：（1）画决策图形如图 5.6 所示。

（2）计算各点期望值。点④、⑤、②与例 5.7 中建大厂期望值相同，即为：1232、−280、512.4（万元）。

点⑧ = 0.9 × 200 × 7 + 0.1 × (−40) × 7 − 500(投资) = 732(万元)

点⑨ = 0.9 × 80 × 7 + 0.1 × 60 × 7 = 546(万元)

点⑧和点⑨比较，点⑧期望值大，故删去点⑨方案，所以点⑥的期望值也是 732 万元。

点⑦ = 1.0 × 60 × 7 = 420(万元)

点③ = 0.7 × 80 × 3 + 0.7 × 732 + 0.3 × 60 × 3 + 0.3 × 420 − 300(投资) = 560.40(万元)

点③与点②比较，点③期望值大。最优方案应先建小厂，如需要量高，3 年后再扩建。

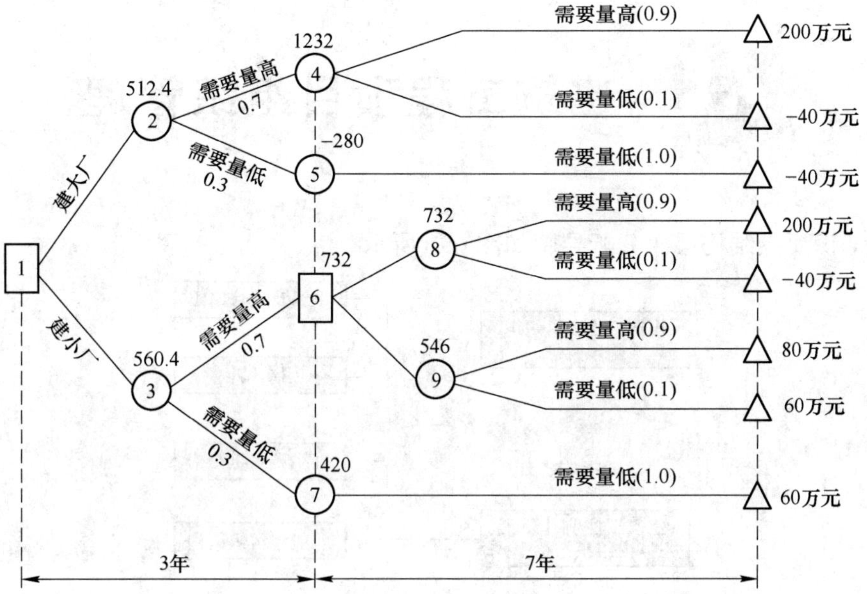

图 5.6　决策树构成图

复　习　题

1. 预测的内容有哪些？
2. 简述预测的特点。
3. 简述预测的分类与程序。
4. 定性预测方法有哪些？请简要说明。
5. 简述决策的分类及作用。
6. 什么是确定型决策和非确定型决策？
7. 多目标决策的步骤是什么？
8. 非确定型决策常用的方法有哪些？
9. 什么是单级决策和多级决策？
10. 简述利用决策树进行决策的步骤。

6 建筑工程项目组织管理

本章知识要点结构层次分析导图如图 6.1 所示。

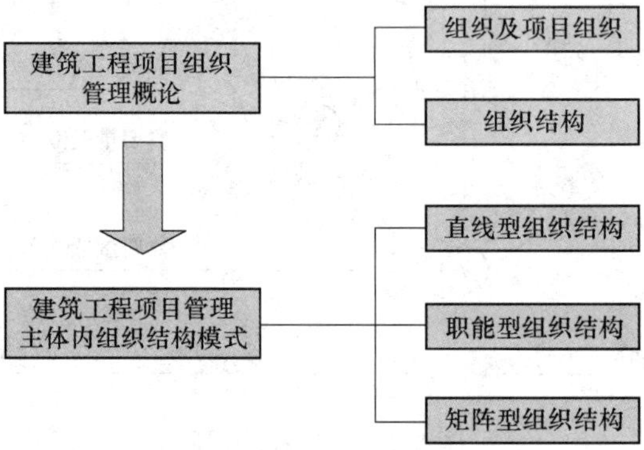

图 6.1　知识结构导图

6.1　建筑工程项目组织管理概论

6.1.1　组织及项目组织

6.1.1.1　组织的含义

组织是由两个或两个以上的人组成的有特定目标和一定资源并保持某种权责结构的群体。在管理学上，组织有两层含义。

第一，指静态的组织，组织是由两个以上人员按照共同的目的形成的团体，即将组织视为社会的一个机构或单位。从系统的角度来看，将组织视为属于社会大系统的一个子系统。从静态组织的含义来看，组织理论主要研究组织的结构，特别是形成组织的各部门、各岗位之间的指令关系以及工作任务分工、管理职责分工问题。

第二，指动态的组织，组织是一个动态的整合过程，是组织机构中各部门、各岗位之间资源进行动态整合的过程。为实现组织目标，构成组织的各要素之间存在人流、物流、资金流、信息流，将组织需要完成的工作与组织所拥有的资源相结合的过程，就是管理的组织职能，其研究的重点是工作流程组织问题，包括管理工作流程组织、信息处理工作流程组织和物资流程组织。

建设工程项目管理是一个多单位、多专业的综合性的管理活动，涉及人员广，投入资源大，生产周期长，可变因素多，存在的盲点也较多，各参与单位之间的关系复杂。

如果没有一个恰当的组织模式和指令关系，没有合理的组织分工和任务流程，很容易在工程管理中产生漏洞，造成目标失控，规范管理就更无从谈起。

对于建设工程项目管理，组织职能是十分重要的，是目标实现的重要保障。组织与目标之间的关系可以概括为目标决定组织，组织是目标能否实现的决定性因素。合理的组织结构、高效的人力资源设置、明确的指令关系、完善而到位的职责与任务分工、清晰的工作流程组织是项目目标达成的基础。

综上，组织是一个系统，是由某种共同的特征，按照特定的结构将人们联系起来的系统。首先组织是由人组织的，是组织成员的集合体；其次组织具有明确的目标，该目标是组织存在的根本，也构成组织的共同特征；最后组织有着一定的结构，即组织成员按照一定的顺序构成的有机整体，保证组织目标的实现。

6.1.1.2 项目组织的含义

一个项目一旦确立，首先就要面临以下两个问题：

(1) 必须确定项目与公司的关系，即项目的组织结构。

(2) 必须确定项目内部的组成。同时还应考虑与其内外组织有密切联系的环境问题。

项目组织是指为了完成特定的工程建设项目任务而由不同部门、不同专业的人员所组成的一个特别的临时性组织，通过计划、组织、领导、控制等活动，对项目的各种资源进行合理配置，以保证项目目标的成功实现。

项目组织与其他组织一样，要有好的领导、章程、沟通渠道、人员配备、激励机制，以及健康向上的组织文化等。但工程项目组织完成的任务和其他组织完成的任务具有很大的不同，致使项目组织具有特殊性。项目组织的特殊性表现如下：

(1) 一次性，有明确的起止时间。该特点和工程建设任务的一次性有关，任何一个工程建设项目任务都是一次性的，具有明确的起止时间，作为完成该工程建设项目任务的组织也随着建设任务的形成而存在，当工程建设项目任务完成，该组织必然面临解散或是重新接受新的建设任务。

(2) 项目组织的理解多样性。工程建设项目参与方众多，因此仅仅说项目组织，从理解上会有两个方面的含义。一是不同的参与方如何组织起来的，也就是从工程建设项目的整体出发，理解项目组织如何实现，各个参与方之间进行有效的联系和沟通，从而完成工程建设任务。二是从单个参与方的角度出发进行工程项目任务完成而构建的组织。但不论从哪个角度进行理解，项目组织的复杂性是由工程项目的系统性和复杂性引起的。

(3) 项目组织具有外部开放性和变动性。工程建设项目具有外部开放性，同时随着工程建设项目任务的进展，不论从各个参与方的角度还是单个参与方的角度，项目组织的目标发生改变，组织的成员也会相应进行局部调整。

6.1.2 组织结构

6.1.2.1 组织结构的含义

组织结构是组织的全体成员为实现组织目标，在管理工作中进行分工协作，在职务范围、责任、权利方面所形成的动态结构体系。

组织结构的本身就是组织成员分工协作的过程，也就是组织成员在职、权和责方面相互均衡的一个结构体系，组织结构建立的目的就是通过建立和维持一个适宜的职务结构，通过职务关系和职权关系的设计达到一个稳定的组织结构，使每个组织成员都在组织中有明确的工作关系或者隶属关系，组织成员之间配合协调的工作环境。因此，组织结构就是组织内部各个组成部分以及各个组成部分之间相互关系的结构框架，该组织框架是根据目标、任务和规模而采用的各种组织管理结构形式的统称。

6.1.2.2 组织结构的主要作用

（1）组织结构确定了一定的权利和责任系统。组织是为了完成一定的目标而存在，组织目标在实现过程中任务需要分工，需要一定的人来完成，分工的过程就会涉及分权，享有一定权利的同时也将承担一定的责任。

（2）组织结构是完成项目任务的前提和保障。组织的存在就是为了完成一定的工程建设任务，如何更有效地完成任务，更高效地提升管理效率，就涉及将什么样的事分给什么样的人做，也就是将任务指派给最合适的人，不同的人之间需要协调，而组织结构就是用框架的方式确定了组织之间的沟通协调途径。

（3）组织结构形成信息沟通体系。组织结构形成了一个组织的信息传递路径和方式，形成一个组织的信息沟通体系。而信息的快捷、真实传递是保证组织活动高效运行的前提。

6.1.2.3 组织结构设计的要素

（1）确定组织结构中有多少个部门，根据工作任务来确定部门数量，一个工作任务交给一个部门来完成。

（2）确定每个部门的人员。根据任务的特点和人员能力的高低进行人员安排。

（3）确定每个部门之间信息的传递方式和部门内部信息传递途径。

（4）制定明确的规章制度，确定组织的工作流程。

6.1.2.4 组织结构设计原则

（1）目标统一原则。组织结构设计的目的是为了实现工程建设任务。每一个工程建设项目都有其特定的目的，而组织结构设计就是为了更好地实现工程建设项目的目标。将工程建设项目目标层次分解，因目标而设立任务，因任务设置岗位编制，并将相关的岗位统一在一个部门中进行集中管理，这样建立的组织结构才具有针对性，更有利于工程建设目标的实现，也就是说组织结构设计的目标和工程项目的目标是统一的。

（2）集权与分权相统一原则。所谓集权，就是将权力集中在高层管理者手中；分权，就是将权力下放，将权力适当地进行分散。集权与分权相统一原则就是要求在建立组织结构的时候处理好上下级之间的关系。不能将权力过分集中在高层手中，首先一个人的精力有限，即使能力再好的管理者也会因为疲于应付各种琐事，而使注意力过分分散，忽略了重要的事情；其次权力过分集中，下级做事必将事事申请，没有自主权，有可能产生责任推诿和工作积极性消退的情况；再者权力过分集中，会产生权力寻租的现象，不利于高层管理者的成长。因此应该将权力适当地下放，不仅可以让最高管理者将主要的精力集中在重大的决策问题上，也能让下级管理者充分发挥积极能动性，增强下级员工的责任意识和主人翁情感。

（3）专业分工与协作统一原则。专业分工的根本目的是提高工作效率，从管理学的角度而言，就是部门化的过程，将专业相同的人员、工作等资源集中在一个部门提高工作效率，但是在专业分工的同时应加强部门之间的信息沟通协作统一。在实现专业分工的同时，组织部门之间加强横向联系，协作配合，发挥组织的整体效率。

（4）责、权、利相统一原则。责、权、利相统一原则就是要求组织中每个部门以及每个部门中的工作人员所承担的责任、享有的权利和应得的利益相一致。在工程项目建设过程中，项目组织的存在就是为了完成一定的工程建设任务，因此组织结构的设置也是将工作任务进行分解的过程，因工作而产生部门，那么组织部门的存在也就承担着一定的工作责任。同时工作责任的存在必将赋予一定的权力进行资源的调配，对部门管理者而言应当被赋予完成分配的工作任务相一致的权力，才能指挥下级人员完成工作任务；在责权相统一的过程中一定要注意工作职责和工作职权的对等，不能存在过多的工作职责而缺乏工作职权，也不能存在工作职权大于工作职责的情况，否则会产生缺乏工作积极性和滥用职权的现象。同时“经济人”的存在，应当对付出一定劳动之后给予物质上的利益满足，使组织中的人具有更大的激励和积极性完成工作任务。

（5）稳定性和适应性相结合的原则。稳定性就是要求组织结构中各个部门以及各个成员要保持一定的稳定性，不能出现太频繁的变动现象；适应性指的是组织的存在要适应周围环境的要求而进行一定的改变。任何一个组织高效运转的前提是组织存在一定的稳定性，组织成员对各自的工作内容熟悉，对组织部门之间、工作人员之间的沟通等渠道熟悉，完成工作任务的效率较高，但是任何一个组织不是真空存在的，其必然依附于一定的外界环境，特别是经济环境，当外部环境变化的时候组织应进行适当的变更，否则只能走向消亡。同时，建筑业宏观经济环境和微观经济环境以及国家的政策是不断在变化的，组织要保持与外部环境一定的适应性才能更好地生存。

（6）灵活性原则。组织结构的设计要灵活，要适应周围环境的要求，同时在人员的调整上也要保持一定的灵活性，不至于产生当工作任务来临而工作人员缺失的情况。对建设工程项目而言，随着工程进展对人员的需求是不同的，一个企业如果能有针对性对项目组织进行变更，保证人人有事做，事事有人做的情况，那就从根本上提高了工作效率和企业的竞争性。

（7）精简高效与最少层次的原则。组织要精简才具备高效性。在相同的组织规章制度和完善的市场经济体制条件下，一个组织结构的精简对组织成员的精干提出更高的要求，而组织成员的精干必然会提高组织的效率。相反一个庞大的组织由于组织内部成员、组织制度等各方面的原因，在效率的提高上有更大的障碍。管理层次是组织结构中纵向管理系统所划分的等级数量。管理最少层次原则是指在保证组织合理有效运转的前提下，应尽量减少管理层次。

（8）指令清晰原则。不同的指令关系决定了组织结构的典型特征，因此组织结构模式的关键是明确的指令关系。简单而小规模的组织结构，原则上，一个下属只能有一个直接上级，保持指令的唯一性，不能令出多门，造成下属无所适从。确实无法做到指令唯一性的，如矩阵型组织结构，则应做到指令清晰。

（9）有效管理幅度的原则。管理幅度又称管理宽度、管理跨度，是指一个主管人员直接有效指挥下属人员的数量。管理幅度原则是指组织中的主管人员直接管辖的下属的人数应是适当的，才能保证组织的有效运行，有效管理幅度是组织结构分层次的原因。组织因为有效管理幅度的限制而分层次管理，形成了组织结构。

6.2 建筑工程项目管理主体内组织结构模式

为了实现工程项目的管理目标，使人们在项目中高效地完成工作，必须设计项目管理组织结构模式。工程项目管理组织结构模式应根据工程项目规模和特点、工程项目承包模式和合同要求，结合企业的自身情况，选择合适的项目组织结构模式。

按指令关系类别不同及指令源是否唯一性，基本的组织结构模式可以归纳为三种，即直线型组织结构、职能型组织结构和矩阵型组织结构。这三种基本组织结构模式可以视为构成现实社会各种复杂组织的基本元素，各种复杂组织结构都是基于这三种结构模式演化发展而来，往往形成结合两种或三种组织结构基本模式的优点而形成的混合式组织结构。

组织结构可以用组织结构图来描述，组织结构图是一种重要的组织工具，也是组织结构设计的成果，它反映了一个组织系统中各组成部门（组成元素）之间的组织关系（指令关系）。组织结构图由矩形框和单向箭线组成，矩形框表示工作部门，单向箭线表示上级工作部门对其直接下属工作部门的指令关系。

6.2.1 直线型组织结构

6.2.1.1 直线型组织结构的含义

直线型组织结构模式是建设项目管理组织系统的一种常用模式，在这种组织结构中，每一个工作部门只能对其直接的下属部门下达工作指令，不能跨越级别进行工作指令的下达，同时每一个工作部门也只有一个直接的上级部门。图 6.2 所示的直线型组织结构中：

（1）A 可以对其直接的下属部门 B1、B2、B3 下达指令。

（2）B2 可以对其直接的下属部门 C21、C22 下达指令。

（3）虽然 B1 和 B3 比 C21、C22 高一个组织层次，但是，B1 和 B3 并不是 C21、C22 的直接上级部门，它们不允许对 C21、C22 下达指令。

在该组织结构中，每一个工作部门的指令源是唯一的。

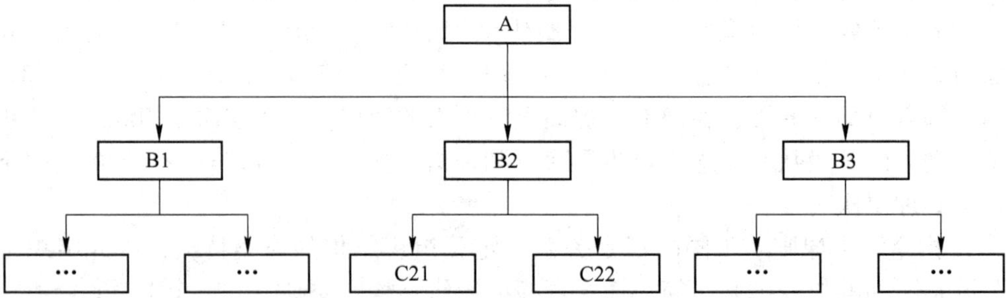

图 6.2 直线型组织结构

6.2.1.2 直线型组织结构的特点

（1）命令源唯一。在直线型组织结构中，命令源是唯一的，任何一个工作人员只能接受来自一个上级管理人员的工作指令；同时一个上级管理人员只可以对其直属的下属工作人员发布指令，避免了由于矛盾的指令而影响组织系统的运行。

（2）指挥链长。在直线型组织结构中，由于命令源的唯一性因此高层指挥者要指挥基层操作人员，必须经过层层传递才能达到基层操作人员。在较大的组织系统中，由于指令路径过长，有可能会造成组织系统在一定程度上运行的困难。

（3）信息传递过程容易失真。由于指挥链长，每个人对信息的理解角度不同，会导致信息在传递过程中偏离原来的出发点，使得命令的执行者最后在执行命令的过程中发生和高层管理者的真实意思完全背离的状况。

（4）横向协调难度大。由于直线型组织结构信息传递路径的单向性，一个职员只接受唯一一个上级领导的指挥，因此跨部门进行指挥将产生很大的困难。

6.1.2.3 直线型组织结构的适用范围

由于直线型组织结构的指挥及信息反馈的单向性，因此较多应用于规模较小、横向沟通需求较少的工程建设项目中。虽然其指挥的单向性可以让每一个指令都完美执行，但是反馈信息、沟通信息渠道过长，不适合在复杂的工程建设项目中应用。

6.2.2 职能型组织结构

6.2.2.1 职能型组织结构的含义

职能型组织结构是在各管理层次之间设置职能部门，各职能部门分别从职能角度对下级执行者进行业务管理。在职能型组织结构中，每一个职能部门可根据它的管理职能对其直接和非直接的下属工作部门下达工作指令，因此，每一个工作部门可能得到其直接和非直接的上级工作部门下达的工作指令，它就会有多个矛盾的指令源。

在如图 6.3 所示的职能型组织结构中，A、B1、B2、B3、C5 和 C6 都是工作部门，A 可以对 B1、B2、B3 下达指令；B1、B2、B3 都可以在其管理的职能范围内对 C5 和 C6 下达指令，因此 C5 和 C6 有多个指令源，其中有些指令可能是矛盾的。

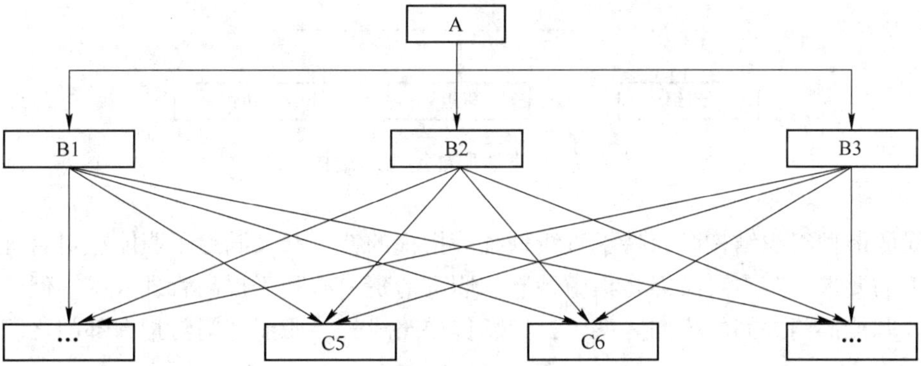

图 6.3 职能型组织结构

6.2.2.2 职能型组织结构特点

（1）多个命令源。职能型组织结构是在直线型组织结构的基础上进行改进，希望可以加强组织间的沟通和协作，但是职能型组织结构中，任何一个职能部门可以对其直接下属和非直接下属工作部门下达工作指令，因此，一个工作部门将接到多个工作指令，指令源可能彼此矛盾。一个工作部门的多个矛盾的指令源，容易造成职责不清，可能会影响企业管理机制的运行。

（2）专业化程度高。职能型组织结构中的任何一个职能部门都是按照一定的专业分工进行设置的，给职能部门成员提供更多职业和专业技能方面的交流和技能提升的工作环境。

（3）有效支持项目建设。职能部门的技术专家直接为工程建设项目服务，提供技术上的连续支持。

（4）以部门工作为中心。职能型组织结构中工作方式主要是面向本部门活动，往往忽略顾客的需求，缺乏对顾客需求的优先考虑。

（5）管理效率较低。职能型组织结构专业化分工程度高，当遇到技术等方面较复杂的项目，通常需要多个职能部门相互协调配合，某种程度上，调配给项目的职能部门工作人员的工作积极性不会太高。

6.2.2.3 职能型组织结构的演变

在职能型组织结构中，最常见的形式是直线职能型。它是吸收了直线型和职能型两种组织机构的优点而形成的一种组织结构模式。与职能型组织结构模式相同的是，在各管理层次之间设置职能部门，但职能部门只作为本层次领导的参谋，在其所辖业务范围内从事管理工作，不直接指挥下级，和下一层次的职能部门构成业务指导关系。职能部门的指令，必须经过同层次领导的批准才能下达。各管理层次之间按直线型的原理构成直接上下级关系。直线职能型组织结构如图 6.4 所示。

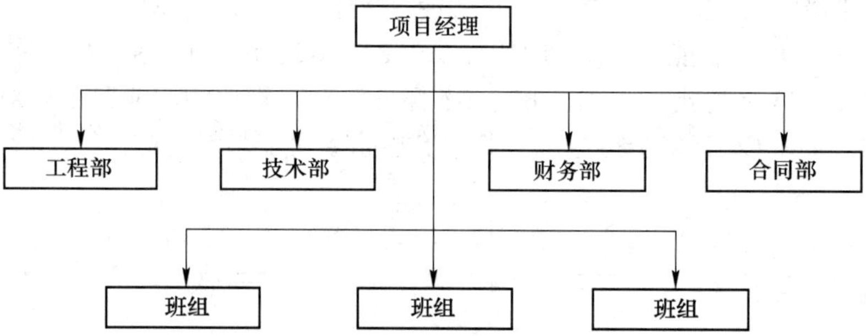

图 6.4 直线职能型组织结构

直线职能型组织结构既保持了直线型统一指挥的特点，又满足了职能型对管理工作专业化分工的要求。其主要特点是集中领导、职责清楚，有利于提高管理效率。但这种组织机构中各职能部门之间的横向联系差，信息传递路线长，职能部门与指挥部门之间容易产生矛盾。

6.2.2.4 职能型组织结构的适用范围

职能型组织结构较多地运用在企业中，用在工程建设项目中时，大多数情况下还是倾向于规模较小的工程建设项目中。因为项目过大，出现责任的推诿会让工作较难开展，临时调配的参与工程项目建设的工作人员会积极性不高，工程建设项目会得不到充分的重视。

6.2.3 矩阵型组织结构

6.2.3.1 矩阵型组织结构含义

矩阵型组织结构是把按职能划分的部门和按工程项目（或产品）设立的管理机构，依照矩阵方式有机地结合起来的一种组织结构模式。这种组织结构以工程项目为对象设置，各项目管理机构内的管理人员从各职能部门临时抽调，归项目经理统一管理，待工程完工交付后又回到原职能部门或到另外工程的组织机构中工作。矩阵型组织结构如图 6.5 所示。

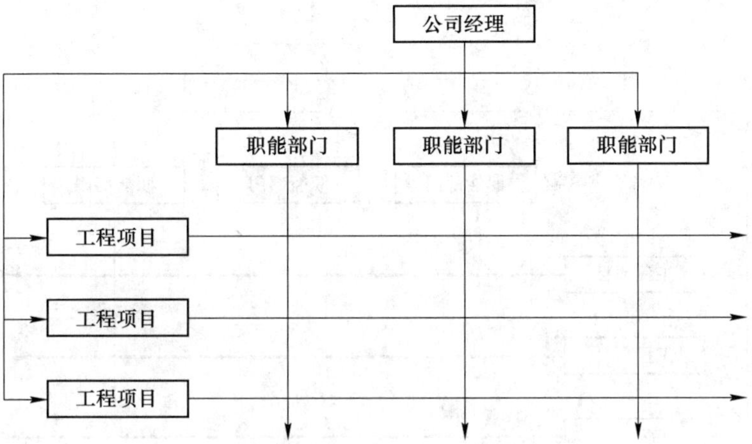

图 6.5 矩阵型组织结构

6.2.3.2 矩阵型组织结构特点

（1）职能部门永久性。矩阵型组织结构中职能部门属于原企业，是企业的职能部门。

（2）项目部临时性。矩阵型项目组织结构中的项目部均是为特定的工程建设项目而临时组建的，随着该工程建设项目而产生，当工程建设项目结束，项目部的生命周期也随之结束。

（3）项目组成员命令源有两条。一条指令来自原职能部门经理，另一条指令来自项目部的项目经理。矩阵中的每一个成员都受项目经理和职能部门经理的双重领导，如果处理不当，会造成矛盾，产生扯皮现象。

（4）发挥专业优势。项目组成员来自企业原来职能部门，不同背景、不同技能和不同专业知识的工作人员为特定的任务共同工作，可以获得专业上的分工和协作。

（5）人力资源紧张。当组织中的信息和权力等资源不能共享时项目经理和职能部门经理之间会因为人力资源不平衡而发生矛盾，同时组织之间还会发生任务分配不均、权责不统一的问题。

（6）组织机构灵活性较大。能根据工程任务的实际情况灵活地组建与之相适应的管理机构，具有较大的机动性和灵活性。它实现了集权与分权的最优组合，有利于调动各类人员的工作积极性，使工程项目管理工作顺利地进行。但是，矩阵式组织机构经常变动，稳定性差，尤其是业务人员的工作岗位调动频繁。

6.2.3.3 矩阵型组织结构的演变

通过以上矩阵型组织结构的特点分析，矩阵型项目组织结构最大的矛盾是项目组成员的指令源有两条，当项目经理的工作指令和职能部门经理的工作指令同时达到，会使工作人员产生不知道该服从谁的指令的困惑。因此在矩阵型组织结构的实践过程中，为了克服该矛盾，在传统的矩阵型组织结构的基础上延伸出以横向指令为主的矩阵型组织结构，如

图 6.6 所示。当原职能部门经理的工作指令和项目部项目经理的工作指令相冲突的时候，职员要优先保证项目部经理的指令完成。相反，如果职能人员优先保证的是原来职能部门经理的工作指令，那么该矩阵型组织结构是以纵向指令为主的矩阵型组织结构，如图 6.7 所示。

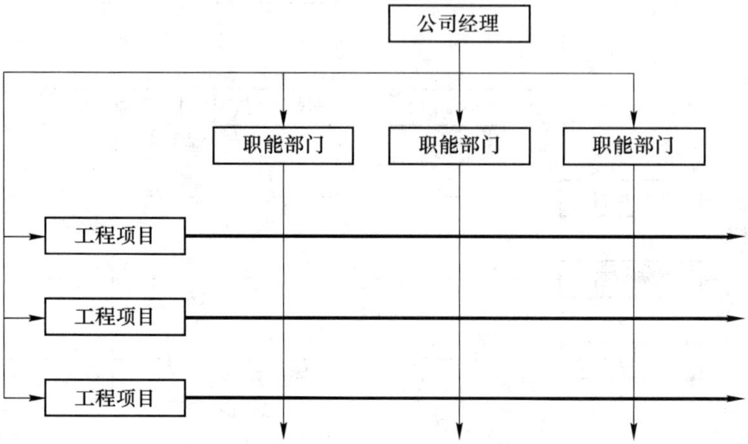

图 6.6　横向指令为主的矩阵型组织结构

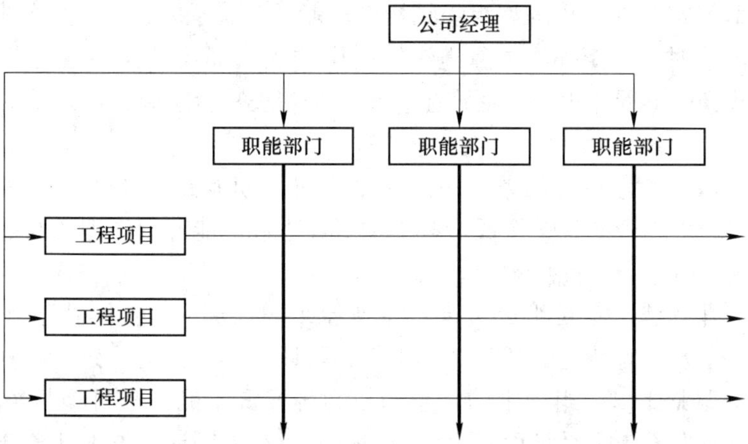

图 6.7　纵向指令为主的矩阵型组织结构

6.2.3.4　矩阵型组织结构的适应范围

矩阵型组织结构根据其特点和优势，适宜用于较大的工程建设项目。

复 习 题

1. 如何理解组织的含义？
2. 什么是项目组织？
3. 简述组织结构的含义及其作用。
4. 简述组织结构设计的原则。

5. 工程项目组织结构的基本形式有哪些？
6. 什么是直线型组织结构？
7. 什么是职能型组织结构？
8. 什么是矩阵型组织结构？
9. 简述各种基本组织结构模式的特征。
10. 简述各种基本组织结构的适用范围。

7 建筑工程项目进度管理

本章知识要点结构层次分析导图如图 7.1 所示。

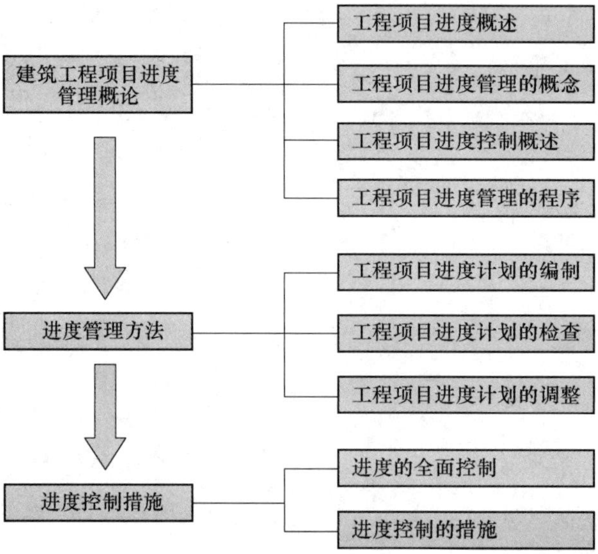

图 7.1　知识结构导图

7.1　建筑工程项目进度管理概论

7.1.1　工程项目进度概述

（1）工程项目进度。进度通常是指工程项目实施结果进展的情况，在工程项目实施过程中要消耗时间、劳动力、材料、成本等要素，才能完成项目的任务。当然，项目实施进度应该以项目任务的完成情况来表达，但由于工程项目技术系统的复杂性，常常很难选定一个恰当的、统一的指标来全面反映工程的进度。有时时间、费用与计划都吻合，但工程实物进度即工作量未达到目标，那么此时用时间或费用的完成情况来表达进度，显然并不合理。因此，在现代工程项目管理中，人们已赋予进度综合的含义，它将工程项目的工期、成本、资源等有机地结合起来，形成一个综合的指标，来全面反映项目各个活动的进展情况。

（2）工程项目进度指标。进度控制的基本对象是工程项目活动，它包括项目结构图上的各个层次单元，上至整个项目，下至各个工作包，有时直到最低层次网络上的工程活动。项目进度状况通常是通过各工程活动完成程度，逐层统计汇总计算得到的。进度指标的确定对进度的表达、计算、控制有很大影响。由于一个工程有不同的子项目、工作包，它们工作内容和性质不同，必须挑选一个共同的、对所有工程活动都适用的计量单位。因此，我们用工作持续时间、工程活动结果状态的数量、已完成工程的价值量、资源消耗指标等来表示进度指标。

（3）工程项目总进度目标。建设工程项目的总进度目标指的是整个项目的进度目标，是在项目决策阶段确定的，项目管理的主要任务是在项目的实施阶段对项目的目标进行控制。建设工程项目总进度目标的控制是业主方项目管理的任务。建设工程项目总进度目标的论证包括：调查研究和收集资料、项目结构分析、进度计划系统的结构分析、确定项目工作编码这几项工作内容。所以，在确定工程项目的总进度目标之后，应先分解总进度目标，然后分阶段组织施工，以各施工阶段对进度的控制点为目标，合理安排劳动力、材料、机械设备的使用计划，保障供给。以施工质量、安全为重点，严格管理，以总进度计划为依据，确保工程按期完成，圆满实现工程项目总进度目标。建设工程项目总进度目标控制前，需要分析和论证总进度目标实现的可能性。若项目总进度目标不可能实现，则项目管理者应提出调整项目总进度目标的建议，并提请项目决策者审议。

7.1.2 工程项目进度管理的概念

工程项目进度管理是指将工程项目建设各阶段的工作内容、工作程序、持续时间和衔接关系，根据进度总目标及优化资源的原则，编制经济合理的进度计划，并在该计划的执行过程中，检查实际进度与计划进度是否相一致，保证项目按时完成。进度管理的目的是通过进度控制，实现工程项目进度目标。

工程项目进度管理包括为确保项目按期完成所必须的工作定义、工作顺序、时间估计、进度计划制定和进度控制这些工作过程。总体来说，要对一个工程项目进行进度管理，首先要对这个项目做进度计划，对项目的内容、工程量进行分解；其次对每个工作包分配责任人，建立责任体系，明确项目参加人员的工作内容；最后在项目的实施开展过程中，通过各种方法保证项目按照计划的内容开展，保证项目各项工作能按时完成，并且达到质量要求。在这一过程中，不能只重视进度计划的编制，而不重视进度计划的必要调整，否则进度无法得到控制。

7.1.3 工程项目进度控制概述

7.1.3.1 进度控制的概念及目的

工程项目进度控制就是要时刻对每项工作的进度进行监督，对那些出现“偏差”的工作采取必要措施，以保证项目按照原定计划进度执行，使预定目标按时和在预算范围内实现。

建设工程项目进度控制的最终目的，是确保建设项目能够按照预定的时间动用或提前交付使用，建设工程进度控制的总目标是建设工期。而工期控制的目的是使工程实际活动与工期计划在时间上吻合，即保证各项工程活动按计划及时开工、按时完成，保证总工期不推迟。但这里需要注意的是，虽然进度控制的总目标与工期控制是一致的，但控制过程中它不仅追求时间上的吻合，而且还追求在一定的时间内工作量的完成程度或消耗的一致性。总的来说，进度控制的目的是通过控制以实现工程的进度目标。

7.1.3.2 进度控制的依据

（1）项目进度计划。

（2）进度基准。用于控制的项目进度表应是得到批准的项目进度表，叫作进度基准。进度基准是项目管理计划的一个组成部分，是测量与报告进度绩效的基准，也是绩效测量基准的一部分。

（3）进展报告。进展报告反映了项目执行的详细信息，包括项目进展、趋势预测、预算情况、困难和危机等。

（4）变更请求。变更请求可以是正式的，也可以是非正式的，类型包括口头的、书面的、直接的、间接的、计划内的、计划外的等。只有以前经过整体变更控制处理过的变更请求，才能用来更新项目进度基准或项目管理计划的其他组成部分。

（5）进度管理计划。

7.1.3.3 项目进度控制的任务

业主方和项目参与各方都有进度控制的任务，分别为：

（1）业主方进度控制的任务：控制整个项目实施阶段的进度，包括控制设计准备阶段的工作进度、设计工作进度、施工进度、物资采购工作进度，以及项目动用前准备阶段的工作进度。

（2）设计方进度控制的任务：依据设计任务委托合同，按设计工作进度的要求控制设计工作进度，这是设计方履行合同的义务。另外，设计方应尽可能使设计工作的进度与招标、施工和物资采购等工作进度相协调。在国际上，设计进度计划主要是各设计阶段的设计图纸（包括有关的说明）的出图计划，在出图计划中标明每张图纸的名称、图纸规格、负责人和出图日期。出图计划是设计方进度控制的依据，也是业主方控制设计进度的依据。

（3）施工方进度控制的任务：依据施工任务委托合同，按施工进度的要求控制施工进度，这是施工方履行合同的义务。

（4）供货方进度控制的任务：依据供货合同对供货的要求控制供货进度，这是供货方履行合同的义务。

7.1.3.4 进度控制的方法与工具

（1）进度变更和控制系统。进度变更和控制系统描述了项目进度变更的过程，它包括文书工作、处理过程和改进措施，进度变更控制应该与整个系统的变更控制相协调。

（2）进展度量。进度控制的一项主要工作是判断进度是否发生了变化，比如在非关键路径上的工作延迟可能不影响项目的进展情况，但关键工作的延迟势必会导致整个进度的变更。

（3）补充计划。很少有项目能够完全按照原有计划执行，补充计划就是为了反映由于各种情况的变更而导致的计划变更。

（4）偏差分析。在进度监视过程中进行偏差分析是进度控制的一个关键职能。将目标进度日期同实际或预测的开始与完成日期进行比较，可以获得发现偏差以及在出现延误时采取纠正措施所需的信息。在评价项目进度绩效时，总时差也是分析项目时间实施效果的一个必不可少的规划组成部分。

（5）项目管理软件。宜借助项目管理软件编制进度计划，并进行跟踪控制。这些软件都是在工程网络计划原理的基础上编制的，可以解决工程网络计划计算量大，而手工计算难以承担的困难，有利于编制资源需求计划，并保证工程网络计划计算的准确性。应用这些软件可以确定工程网络计划的时间参数，并能够实现计算机辅助建设工程项目进度计划的及时调整。

（6）可视化图表。可视化图表包括网络图、里程碑图、甘特图、实际进度前锋线、费用成本曲线、资源负荷图、项目成本记录表、工作绩效图等。

7.1.4 工程项目进度管理的程序

建筑工程项目进度管理是一项系统的管理工程，为了使工程项目按时保质地交付使用，避免延误工期给各方带来经济损失，业主方和项目参与各方一定要做好进度管理工作，制定科学合理的进度计划，做好进度计划交底工作，落实管理责任，按照进度计划严格执行，并认真检查和记录进度情况，及时发现偏差并采取有效措施进行纠偏，确保实际工程能够按计划完成。工程项目进度管理程序见图 7.2。

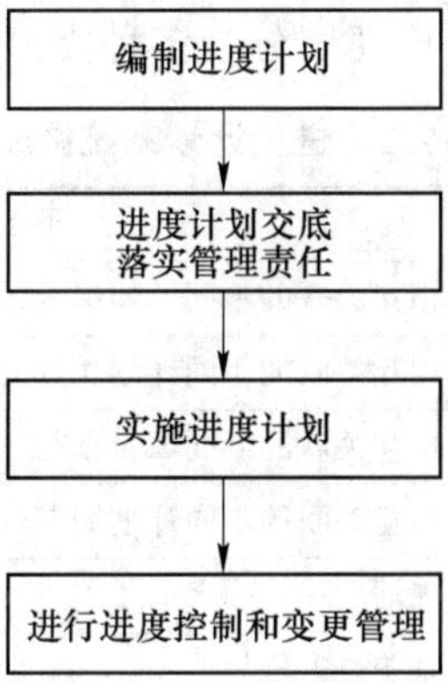

图 7.2　工程项目进度管理程序

7.2 进度管理方法

7.2.1 工程项目进度计划的编制

进度计划是进度控制的依据，是实现工程项目工期的保证。因此，首先要根据工程特点，科学合理的编制一个完备的进度计划。

工程项目进度计划是在既定施工方案的基础上，根据规定工期和各种资源供应条件，按照施工过程的合理施工顺序，以及组织施工的原则，用横道图或网络图，对一个工程从开始施工到全部竣工，确定其全部施工过程在时间、空间上的安排和相互配合关系。

因此，可借助工程项目进度计划，确定工程各个施工过程的施工顺序、施工持续时间以及相互衔接和合理配合关系，达到控制工程施工进度的目的，保证在规定工期内完成施工质量的要求。

7.2.1.1 进度计划编制前的调查研究

调查研究的目的是为了掌握足够充分、准确的资料，从而为确定合理的进度目标、编制科学的进度计划提供可靠依据。调查研究的内容包括：工程任务情况、实施条件、设计资料；有关标准、定额、规程、制度；资源需求与供应情况；资金需求与供应情况；有关统计资料、经验总结及历史资料等。施工进度计划制定前应统计工程的实物工程量、需用工日数、需用机械台班数等信息，它们是编制进度计划的内容，也是安排时间进度的部分依据。

7.2.1.2 目标工期的设定

进度控制目标主要分为项目的建设周期、设计周期和施工工期。其中建设周期可根据国家基本建设统计资料确定；设计周期可查阅国家已经制定颁布的设计周期定额；施工工期可参考国家颁布的施工工期定额，并综合考虑工程特点及合同要求等确定。

7.2.1.3 进度计划系统的构成

建设工程项目进度计划系统是由多个相互关联的子进度计划系统组成，它是项目进度控制的依据。编制进度计划所需要的必要资料是在项目进展过程中逐步形成的，因此一个建设项目进度计划系统的建立和完善，也是逐步形成的。

一般地，进度计划可以从不同角度划分为多种类型，见表 7.1。

表 7.1 进度计划系统构成表

划分类别	子系统进度计划
按项目进度控制不同的需要和用途划分	由多个相互关联的不同计划深度的进度计划组成的计划系统
	由多个相互关联的不同计划功能的进度计划组成的计划系统
	由多个相互关联的不同项目参与方的进度计划组成的计划系统
	由多个相互关联的不同计划周期的进度计划组成的计划系统
按不同深度划分	总进度规划
	项目子系统进度规划
	项目子系统中的单项工程进度计划
按不同功能划分	控制性进度规划
	指导性进度规划
	实施性进度计划
按不同项目参与方划分	业主方编制的整个项目实施的进度计划
	设计进度计划
	施工和设备安装进度计划
	采购和供货进度计划
按不同周期划分	五年建设进度计划
	年度、季度、月度和旬计划

在建设工程项目进度计划系统中，各进度计划或各子系统进度计划的编制和调整，必须注意其相互间的联系和协调。

7.2.1.4 工程项目进度计划的编制依据

(1) 经过审批的全套施工图及采用的各种标准图和技术资料；

（2）工期要求及开、竣工日期；
（3）工程难易程度；
（4）工程条件的落实情况，如资源条件、内部与外部约束条件；
（5）劳动定额及机械台班定额；
（6）其他有关要求和资料，如合同文件和相关要求、项目管理规划文件。

7.2.1.5　施工进度计划编制的步骤

（1）确定进度计划目标；
（2）进行工作结构分解与工作活动定义；
（3）确定工作之间的顺序关系；
（4）估算各项工作投入的资源；
（5）估算工作的持续时间；
（6）编制进度图（表）；
（7）编制资源需求计划；
（8）审批并发布。

7.2.1.6　工程项目进度计划的编制方法

组织应提出项目控制性进度计划，项目管理机构应根据组织的控制性进度计划，编制项目的作业性进度计划。编制进度计划可使用文字说明、横道计划、网络计划、里程碑表、工作量表等方法。作业性进度计划必须采用横道计划方法或网络计划方法。

（1）横道图进度计划的编制方法。横道图是用水平线条表示工作流程的一种图表。它是由美国管理学家甘特于1900年左右提出的，故横道图也称甘特图，见图7.3。它是一种最简单、运用最广泛的传统的进度计划表示方法，尽管还有许多新的计划技术，但横道图在建设领域中的应用仍非常普遍。

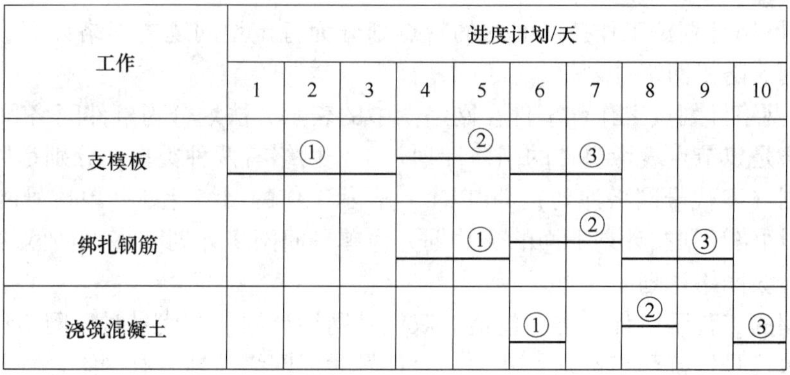

图7.3　用横道图表示的进度计划

通常横道图的表头为工作及其简要说明，项目进展表示在时间表格上。在图表中横向表示时间进度，纵向表示作业过程，水平线条的长度表示作业持续时间，即进度线（横道）与时间坐标相对应。按照所表示工作的详细程度，时间单位可为小时、天、周、月等。这些时间单位经常用日历表示，此时可表示非工作时间，如：停工时间、公众假日、假期等。根据横道图使用者的要求，工作可按照时间先后、责任、项目对象、同类资源等进行排序。

横道图使用方便，易于掌握，它能够清楚地表达各项工作的起止时间，排列有序，形象直观，并且可以根据横道图来计算各时段的资源需要量，绘制资源需要量计划。横道图进度计划法适用于手工编制进度计划，计划调整只能用手工方式进行，其工作量较大，因此难以适应大的进度计划系统，一般用于小型项目或大型项目的子项目上，或用于计算资源需要量和概要预示进度，也可用于其他计划技术的表示结果。横道图中的工序（工作）之间逻辑关系可以设法表达，但不易表达清楚，而且没有通过严谨的进度计划时间参数计算，不能确定计划的关键工作、关键路线与时差，故横道图进度计划法使用上具有一定局限性。

（2）工程网络计划的编制方法。网络图是由箭线和节点组成，用来表示工作流程的、有向和有序的网状图形，见图 7.4。

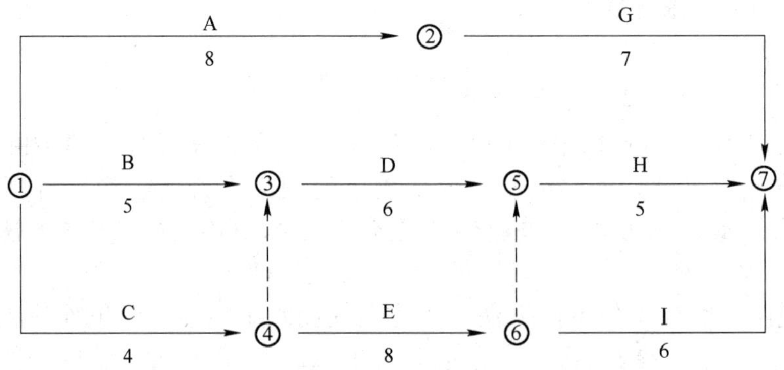

图 7.4 用网络图表示的进度计划

工程网络计划分类情况如下：

1）工程网络计划按工作持续时间的特点划分为肯定型问题的网络计划、非肯定型问题的网络计划、随机网络计划等。

2）工程网络计划按工作和事件在网络图中的表示方法划分为事件网络和工作网络。

事件网络是以节点表示事件的网络计划。工作网络有两种类型，分别是以箭线表示工作的网络计划（双代号网络计划），和以节点表示工作的网络计划（单代号网络计划）。

3）工程网络计划按计划平面的个数划分为单平面网络计划和多平面网络计划（多阶网络计划或分级网络计划）。

我国常用的工程网络计划类型包括：双代号网络计划、双代号时标网络计划、单代号网络计划、单代号搭接网络计划。其中，双代号时标网络计划兼有网络计划与横道计划的优点，它能够清楚地将网络计划的时间参数直观地表达出来，随着计算机应用技术的发展成熟，目前已成为应用最广泛的一种网络计划。

7.2.2 工程项目进度计划的检查

进度计划在实施时，由于工程中各种条件的不断变化，因此需要对进度计划进行不断的检查和调整，以确保最终能够实现工期目标。

（1）进度计划的检查方法。

1）计划执行中的跟踪检查。在网络计划的执行过程中，必须建立相应的检查制度，定时定期地对计划的实际执行情况进行跟踪检查，通过定期收集进度报表资料、现场实地检查工程进展情况、定期召开现场会议等工作，收集反映实际进度的有关数据。

2）收集数据的加工处理。反映实际进度的原始数据庞大，因此必须对这些数据进行整理、统计和分析，使其与计划进度的数据具有可比性，方便在网络图上进行记录。根据记录的结果可以分析判断进度的实际状况，及时发现进度偏差，为网络图的调整提供信息。

3）实际进度检查记录的方式。

①当采用时标网络计划时，可采用实际进度前锋线来记录计划的实际执行状况，进行实际进度与计划进度的比较。

实际进度前锋线是在原时标网络计划上，自上而下从计划检查时刻的时标点出发，用点划线依次将各项工作实际进度达到的前锋点连接而成的折线。通过实际进度前锋线与原进度计划中各工作箭线交点的位置可以判断实际进度与计划进度的偏差。见图 7.5，该图有一条前锋线，记录了第 6 天检查结果。

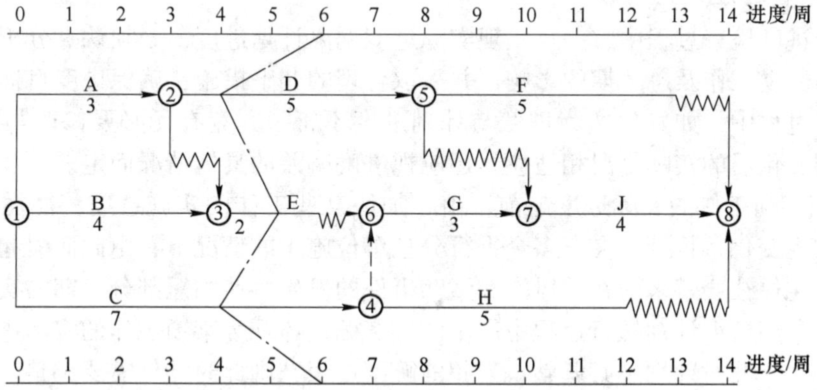

图 7.5　时标网络前锋线比较图

②当采用无时标网络计划时，可在图上直接用文字、数字、适当符号或列表方式，记录计划的实际执行状况，进行实际进度与计划进度的比较。

（2）网络计划检查的主要内容包括：

1）关键工作进度；

2）非关键工作的进度及时差利用情况；

3）实际进度对各项工作之间逻辑关系的影响；

4）资源状况；

5）成本状况；

6）存在的其他问题。

（3）对检查结果进行分析判断。通过对网络计划执行情况检查的结果进行分析判断，可为计划的调整提供依据。一般应进行如下分析判断：

1）对时标网络计划宜利用绘制的实际进度前锋线，分析计划的执行情况及其发展趋势，对未来的进度作出预测、判断，找出偏离计划目标的原因及可供挖掘的潜力所在。

2）对无时标网络计划宜按表7.2记录的情况对计划中未完成的工作进行分析判断。

表7.2 网络计划检查结果分析表

工作编号	工作名称	检查时尚需工作天数/d	按计划最迟完成尚有天数/d	总时差/d		自由时差/d		情况分析
				原有	目前尚有	原有	目前尚有	

7.2.3 工程项目进度计划的调整

工程项目进度计划只是根据预测而对未来做出的安排，由于在编制计划时难以事先预见的问题很多，因此在计划执行过程中往往会发生或大或小的偏差，这就要求项目经理及其他管理人员对计划做出调整。

7.2.3.1 进度偏差的分析

在项目进度检查过程中，一旦发现实际进度偏离计划进度，必须认真分析产生偏差的原因及其对后续工作及总工期的影响，并采取合理的调整措施，确保进度目标的实现。进度计划执行过程中，如发生实际进度与计划进度不符，究竟有无必要修改与调整原定计划，使之与变化后的实际情况相适应，还应视进度偏差的具体情况而定。

（1）当某项工作的实际进度超前。由于加快某些工作的实施进度，往往会导致资源使用情况发生变化，特别是在有多个平行分包单位施工的情况下，由此而引起后续工作时间安排的变化往往会带来潜在的风险和索赔事件的发生，使缩短部分工期的实际效果得不偿失。因此，当进度计划执行过程中产生的进度偏差体现为某项工作的实际进度超前，若超前幅度不大，此时计划不必调整；当超前幅度过大，则此时计划需要调整。

（2）当某项工作的实际进度滞后。进度计划执行过程中若出现实际工作进度滞后，此时是否调整原定计划通常应视进度偏差和相应工作总时差及自由时差的比较结果而定。

1）若出现进度偏差的工作为关键工作，则由于工作进度滞后，必然会引起后续工作最早开工时间的延误和整个计划工期的相应延长，因而，必须对原定进度计划采取相应调整措施。

2）当出现进度偏差的工作为非关键工作，且工作进度滞后天数已超出其总时差，则由于工作进度延误同样会引起后续工作最早开工时间的延误和整个计划工期的相应延长，因而，必须对原定进度计划采取相应调整措施。

3）若出现进度偏差的工作为非关键工作，且工作进度滞后天数已超出其自由时差而未超出其总时差，则由于工作进度延误只引起后续工作最早开工时间的拖延而对整个计划工期并无影响，此时只有在后续工作最早开工时间不宜推后的情况下才考虑对原定进度计划采取相应调整措施。

4）若出现进度偏差的工作为非关键工作，且工作进度滞后天数未超出其自由时差，则由于工作进度延误对后续工作的最早开工时间和整个计划工期均无影响，因而不必对原定进度计划采取调整措施。

7.2.3.2 进度计划的调整方法

若实际进度的实施情况影响到项目进度目标的实现，原进度计划需要做必要调整。此时，对原进度计划可调整关键线路的长度，调整非关键工作的时差，增、减工作项目，调整逻辑关系，重新估计某些工作的持续时间，以及对资源的投入作相应调整。

进度计划的调整可以定期进行，也可根据计划检查的结果在必要时进行，调整方法有：

(1) 调整关键线路的方法。

1）当关键线路的实际进度比计划进度拖后时，应在尚未完成的关键工作中，选择资源强度小或费用低的工作，缩短其持续时间，并重新计算未完成部分的时间参数，将其作为一个新计划实施。

2）当关键线路的实际进度比计划进度提前时，若不拟提前工期，应选用资源占用量大或者直接费用高的后续关键工作，适当延长其持续时间，以降低其资源强度或费用；当确定要提前完成计划时，应将计划尚未完成的部分作为一个新计划，重新确定关键工作的持续时间，按新计划实施。

(2) 非关键工作时差的调整方法。非关键工作时差的调整应在其时差的范围内进行，以便更充分地利用资源、降低成本或满足施工的需要。每一次调整后都必须重新计算时间参数，观察该调整对计划全局的影响。

该调整方法可将工作在其最早开始时间与最迟完成时间范围内移动，也可以延长工作的持续时间或者缩短工作的持续时间。

(3) 增、减工作项目时的调整方法。增、减工作项目时，应保证不打乱原网络计划总的逻辑关系，只对局部逻辑关系进行调整，并且在增减工作后重新计算时间参数，分析对原网络计划的影响。当对工期有影响时，应采取调整措施，以保证计划工期不变。

(4) 调整逻辑关系。只有当实际情况要求改变施工方法或组织方法时，才可对逻辑关系进行调整。调整时应避免影响原定计划工期和其他工作的顺利进行。

(5) 调整工作的持续时间。当发现某些工作的原持续时间估计有误或实现条件不充分时，应重新估算其持续时间，并重新计算时间参数，尽量使原计划工期不受影响。

(6) 调整资源的投入。当资源供应发生异常时，应采用资源优化方法对计划进行调整，或采取应急措施，使其对工期的影响最小。

总的来说，为了实现进度目标，进度调整环节也很重要，在项目进度计划实施过程中应该随着项目的进展不断调整。但需要注意的是，不应强迫计划实施者在不具备条件的情况下对进度计划进行变更。若发现关键线路进度超前，可视为有益，并可使非关键线路的进度协调加速；若发现关键线路的进度延误，可依次缩短有压缩潜力且追加利用资源最少的关键工作，关键工作被缩短的时间量需是与其平行的诸多非关键工作中自由时差的最小值；若被缩短的关键工作有平行的其他关键工作时，需同时缩短平行的其他各关键工作。缩短关键线路的持续时间直到满足工期目标要求为止，如果自由时差被全部利用后仍然不能达到原计划目标的要求，需变更计划目标或工作方案。

7.3 进度控制措施

7.3.1 进度的全面控制

建设工程进度控制的总目标贯穿于整个项目的实施阶段，因此，在进行进度控制时就要涉及建设项目的各个方面，需要实施全面的进度控制。

（1）工程建设全过程的控制。进度控制不仅仅包括施工阶段，还应包括设计阶段、施工准备阶段等，它涵盖了项目建设的全过程。

（2）整个项目结构的控制。进度控制必须实现全方位控制，也就是对项目所有构成部分的进度都要进行控制。无论是土建工程还是设备安装、给水排水、采暖通风、道路、绿化、电气等工程以及与这些工程相关的工作，如工程招标、施工准备等，都应进行控制。

（3）影响进度的因素控制。由于工程项目，特别是较大和复杂的施工项目，工期较长，影响进度因素较多。为有效进行进度控制，必须对影响进度的因素进行分析，以便事先采取措施，尽量缩小实际进度与计划进度的偏差，实现项目的主动控制与协调。

影响工程项目进度的不利因素有很多，常见的影响因素见表7.3。

表7.3 影响工程项目进度的不利因素表

因素类别	因素内容
业主因素	业主使用要求改变而进行设计变更，不能及时提供施工场地条件或所提供的场地不能满足工程正常需要，不能及时向施工承包单位或材料供应商付款等
勘察设计因素	勘察资料不准确，设计内容不完善，设计对施工的可能性未考虑或考虑不周，施工图纸供应不及时、不配套或出现重大差错等
施工技术因素	施工工艺错误，不合理的施工方案，施工安全措施不当等
自然环境因素	复杂的工程地质条件，洪水、地震、台风等不可抗力等
社会环境因素	外单位干扰，市容整顿的限制，临时停水、停电等
组织管理因素	向有关部门提出各种申请审批手续的延误，合同签订时遗漏条款，计划安排不周密，组织协调不力，指挥失当，各个单位配合上发生矛盾等
材料、设备因素	材料、构配件、设备供应环节的差错，品种、规格、质量、数量、时间不能满足工程的需要，施工设备安装失误，设备故障等
资金因素	相关方资金不到位，资金短缺，汇率浮动和通货膨胀等

项目管理机构在进行进度控制的过程中，应将关键线路上的各项活动过程和主要影响因素作为项目进度控制的重点，同时对项目进度有影响的相关方的活动进行跟踪协调。

7.3.2 进度控制的措施

（1）项目进度控制的组织措施。组织是目标能否实现的决定性因素，为实现项目的进度目标，应充分重视健全项目管理的组织体系。在项目组织结构中；应有专门的工作部门和符合进度控制岗位资格的专人，负责进度控制工作。进度控制的主要工作环节包括：进度目标的分析和论证、编制进度计划、定期跟踪进度计划的执行情况、采取纠偏措施以及调整进度计划。这些工作任务和相应的管理职能，应在项目管理组织设计的任务分工表和管理职能分工表中标示并落实。进度控制工作包含了大量的组织和协调工作，而会议是组织和协调的重要手段，因而应进行有关进度控制会议的组织设计。

（2）项目进度控制的管理措施。建设工程项目进度控制的管理措施涉及：管理的思想、管理的方法、管理的手段、承发包模式、合同管理和风险管理等。这些措施在实施时应注意以下几点内容：

1）用工程网络计划的方法编制进度计划，必须很严谨地分析和考虑工作之间的逻辑关系，以便通过工程网络的计算发现关键工作和关键路线，也能得到非关键工作可使用的时差，这一方法有利于实现进度控制的科学化。

2）承发包模式的选择直接关系到工程实施的组织和协调。为了实现进度目标，应选择合理的合同结构，避免过多的合同交界面影响工程的进展。工程物资的采购模式对进度也有直接的影响，对此应作比较分析。

3）为实现进度目标，不但要进行进度控制，还应注意分析影响工程进度的风险，并在分析的基础上采取风险管理措施，以减少进度失控的风险量。常见的影响工程进度的风险，包括组织风险、管理风险、合同风险、资源（人力、物力、财力）风险、技术风险等。

4）重视信息技术（包括相应的软件、局域网、互联网以及数据处理设备）在进度控制中的应用。虽然信息技术对进度控制而言只是一种管理手段，但它的应用有利于提高进度信息处理的效率，有利于提高进度信息的透明度，有利于促进进度信息的交流和项目各参与方的协同工作。

（3）项目进度控制的经济措施。建设工程项目进度控制的经济措施涉及资金需求计划、资金供应的条件和经济激励措施等。为确保进度目标的实现，应编制与进度计划相适应的资源需求计划（资源进度计划），包括资金需求计划和其他资源（人力和物力资源）需求计划，以便反映工程实施各时段所需要的资源。通过资源需求的分析，可判断所编制进度计划实现的可能性，若资源条件不具备，则应调整进度计划。

资金供应条件包括可能的资金总供应量、资金来源以及资金供应的时间。在工程预算中应考虑为加快工程进度所需要的资金，包括为实现进度目标而采取的经济激励措施所需要的费用。

（4）项目进度控制的技术措施。建设工程项目进度控制的技术措施包括对实现进度目标有利的设计和施工技术的选用。

不同的设计理念、设计技术路线、设计方案会对工程进度产生不同的影响，在设计工作的前期，特别是在设计方案评审的选用时，应对设计技术与工程进度的关系作分析比较。在工程进度受阻时，应分析是否存在影响设计技术的因素，为实现进度目标，有无设计变更的可能性。

施工方案对工程进度有直接的影响。在决策其选用时，不仅应分析技术的先进性和经济的合理性，还应考虑对进度的影响。在工程进度受阻时，应分析是否存在影响施工技术的因素，为实现进度目标，有无改变施工技术、施工方法和施工机械的可能性。

复 习 题

1. 简述工程项目进度的含义及进度指标。

2. 简述工程项目进度管理的概念。
3. 工程项目进度管理的内容有哪些？
4. 简述进度控制的含义及目的。
5. 简述工程项目进度管理的程序。
6. 简述进度计划的含义。
7. 工程项目进度计划的编制方法有哪些？
8. 简述工程项目进度计划的检查方法。
9. 进度计划的调整方法有哪些？
10. 进度的全面控制包括哪些方面？

8 建筑工程项目成本管理

本章知识要点结构层次分析导图如图 8.1 所示。

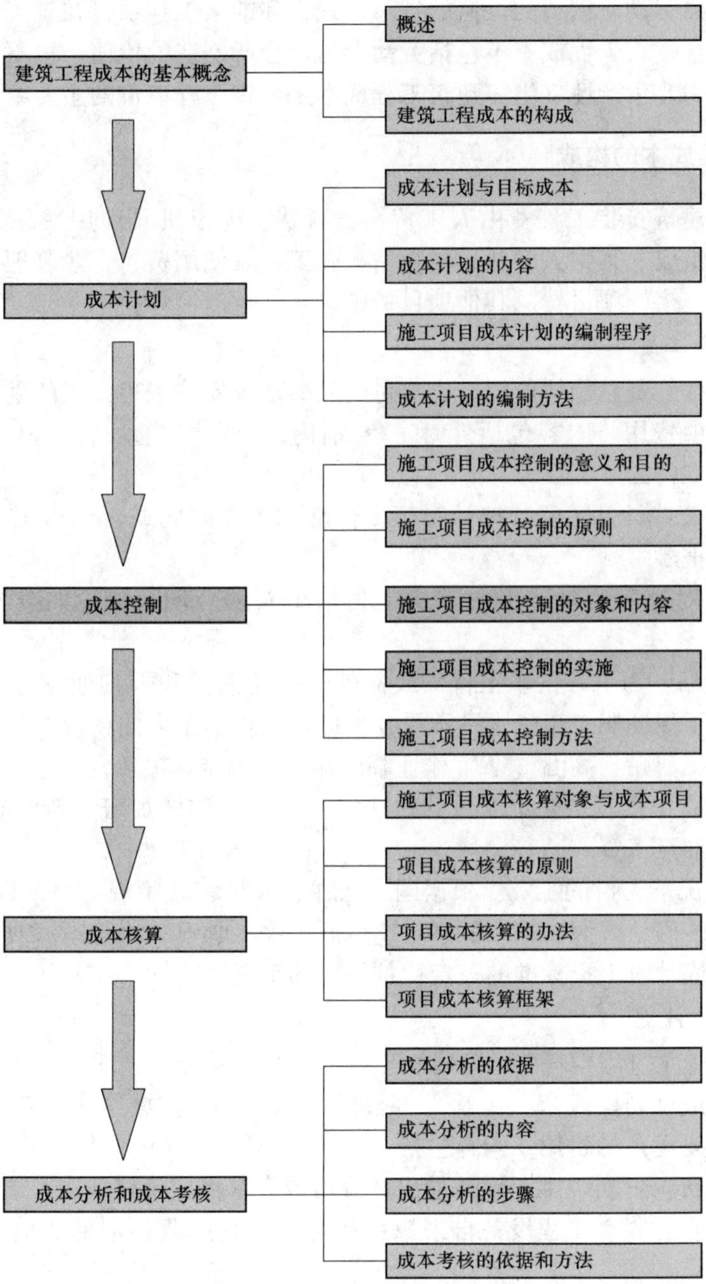

图 8.1　知识结构导图

8.1 建筑工程项目成本的基本概念

8.1.1 概述

建筑工程成本又称建筑安装工程成本，包括建筑与安装两部分的工程成本，简称工程成本。它是指建筑施工企业在建成一个工程项目的施工过程中，所耗费的生产资料转移价值和劳动者的必要劳动所创造的价值的货币形式，亦即某工程项目在施工中所发生的全部生产费用的总和。建筑工程成本不包括劳动者为社会所创造的价值，也不应包括不构成工程项目价值的一切非生产性支出。建筑工程成本是建筑工程造价的主要组成部分。

8.1.2 建筑工程成本的构成

目前我国的建筑安装工程费由人工费、材料费、施工机具使用费、企业管理费、利润、规费和税金组成。其中人工费、材料费、施工机具使用费、企业管理费和利润包含在分部分项工程费、措施项目费、其他项目费中。

8.1.2.1 人工费

人工费是指按工资总额构成规定，支付给从事建筑安装工程施工的生产工人和附属生产单位工人的各项费用。内容包括计时工资或计件工资、奖金、津贴补贴、加班加点工资、特殊情况下支付的工资。

（1）计时工资或计件工资：按计时工资标准和工作时间或对已做工作按计件单价支付给个人的劳动报酬。

（2）奖金：对超额劳动和增收节支支付给个人的劳动报酬。如节约奖、劳动竞赛奖等。

（3）津贴补贴：为了补偿职工特殊或额外的劳动消耗和因其他特殊原因支付给个人的津贴，以及为了保证职工工资水平不受物价影响支付给个人的物价补贴。如流动施工津贴、特殊地区施工津贴、高温（寒）作业临时津贴、高空津贴等。

（4）加班加点工资：按规定支付的在法定节假日工作的加班工资和在法定日工作时间外延时工作的加点工资。

（5）特殊情况下支付的工资：根据国家法律、法规和政策规定，因病、工伤、产假、计划生育假、婚丧假、事假、探亲假、定期休假、停工学习、执行国家或社会义务等原因按计时工资标准或计时工资标准的一定比例支付的工资。

8.1.2.2 材料费

材料费是指施工过程中耗费的原材料、辅助材料、构配件、零件、半成品或成品、工程设备（指构成或计划构成永久工程一部分的机电设备、金属结构设备、仪器装置及其他类似的设备和装置）的费用。内容包括：

（1）材料原价：材料、工程设备的出厂价格或商家供应价格。

（2）运杂费：材料、工程设备自来源地运至工地仓库或指定堆放地点所发生的全部费用。

（3）运输损耗费：材料在运输装卸过程中不可避免的损耗。

（4）采购及保管费：为组织采购、供应和保管材料、工程设备的过程中所需要的各项费用。包括采购费、仓储费、工地保管费、仓储损耗。

8.1.2.3 施工机具使用费

施工机具使用费是指施工作业所发生的施工机械、仪器仪表使用费或其租赁费。

（1）施工机械使用费：以施工机械台班耗用量乘以施工机械台班单价表示。

（2）仪器仪表使用费：工程施工所需使用的仪器仪表的摊销及维修费用。

8.1.2.4 企业管理费

企业管理费是指建筑安装企业组织施工生产和经营管理所需费用。内容包括：

（1）管理人员工资：按规定支付给管理人员的计时工资、奖金、津贴补贴、加班加点工资及特殊情况下支付的工资等。

（2）办公费：企业管理办公用的文具、纸张、账表、印刷、邮电、书报、办公软件、现场监控、会议、水电、烧水和集体取暖降温（包括现场临时宿舍取暖降温）等费用。

（3）差旅交通费：职工因公出差、调动工作的差旅费、住勤补助费，市内交通费和误餐补助费，职工探亲路费，劳动力招募费，职工退休、退职一次性路费，工伤人员就医路费，工地转移费以及管理部门使用的交通工具的油料、燃料等费用。

（4）固定资产使用费：管理和试验部门及附属生产单位使用的属于固定资产的房屋、设备、仪器等的折旧、大修、维修或租赁费。

（5）工具用具使用费：企业施工生产和管理使用的不属于固定资产的工具、器具、家具、交通工具和检验、试验、测绘、消防用具等的购置、维修和摊销费。

（6）劳动保险和职工福利费：由企业支付的职工退职金、按规定支付给离休干部的经费，集体福利费、夏季防暑降温补贴、冬季取暖补贴、上下班交通补贴等。

（7）劳动保护费：企业按规定发放的劳动保护用品的支出，如工作服、手套、防暑降温饮料的费用以及在有碍身体健康的环境中施工的保健费用等。

（8）检验试验费：施工企业按照有关标准规定，对建筑以及材料、构件和建筑安装物进行一般鉴定、检查所发生的费用，包括自设试验室进行试验所耗用的材料等费用。不包括新结构、新材料的试验费，对构件做破坏性试验及其他特殊要求检验试验的费用和建设单位委托检测机构进行检测的费用，对此类检测发生的费用，由建设单位在工程建设其他费用中列支。但对施工企业提供的具有合格证明的材料进行检测不合格的，该检测费用由施工企业支付。

（9）工会经费：企业按《工会法》规定的全部职工工资总额比例计提的工会经费。

（10）职工教育经费：按职工工资总额的规定比例计提，企业为职工进行专业技术和职业技能培训，专业技术人员继续教育、职工职业技能鉴定、职业资格认定以及根据需要对职工进行各类文化教育所发生的费用。

（11）财产保险费：施工管理用财产、车辆等的保险费用。

（12）财务费：企业为施工生产筹集资金或提供预付款担保、履约担保、职工工资支付担保等所发生的各种费用。

（13）税金：企业按规定缴纳的房产税、车船使用税、土地使用税、印花税等。

（14）其他：包括技术转让费、技术开发费、投标费、业务招待费、绿化费、广告费、公证费、法律顾问费、审计费、咨询费、保险费等。

8.1.2.5 利润

利润是指施工企业完成所承包工程获得的盈利。

8.1.2.6 规费

规费是指按国家法律、法规规定，由省级政府和省级有关权力部门规定必须缴纳或计取的费用。包括社会保险费、住房公积金、工程排污费。

8.1.2.7 税金

税收是政府依照法律规定，按照预先规定的标准，对个人或组织无偿征收实物或货币的总称，是国家财政收入的一种形式，是国家参与国民收入分配和再分配的工具。

（1）增值税。增值税是对在我国境内销售货物或者提供加工、修理修配劳务以及进口货物的单位和个人，就其实现的增值额征收的一种流转税。建筑安装工程造价中的增值税指销项税额，建筑企业应纳增值税是销项税与进项税的差额。

（2）城市维护建设税。

（3）教育费附加。

（4）地方教育费附加。

8.2 成 本 计 划

施工项目成本计划是在项目经理负责下，在成本预测的基础上进行的。它以货币形式预先规定施工项目进行中的施工生产耗费的计划总水平。通过施工项目的成本计划，可以确定对比项目总投资（或中标额）应实现的计划成本降低额与降低率，并且按成本管理层次、有关成本项目以及项目进展的逐阶段对成本计划加以分解，并制定各级成本实施方案。

施工项目成本计划是施工项目成本管理的一个重要环节，是实现降低施工项目成本任务的指导性文件。从宏观上看，成本计划还是整个国民经济计划的有机组成部分，对综合平衡有着重要作用。利用成本计划，国家可以确定国民收入，正确安排积累和消费的关系，促进国家经济有计划、按比例的发展。

8.2.1 成本计划与目标成本

所谓目标成本，即项目（或企业）对未来期产品成本所规定的奋斗目标。它比已经达到的实际成本要低，但又是经过努力可以达到的。目标成本管理是现代化企业经营管理的重要组成部分，它是市场竞争的需要，是企业挖掘内部潜力、不断降低产品成本、提高企业整体工作质量的需要，是衡量企业实际成本节约或开支，考核企业在一定时期内成本管理水平高低的依据。

施工项目的成本管理实质就是一种目标管理。项目管理的最终目标是低成本、高质量、短工期，而低成本是这三大目标的核心和基础。目标成本有很多形式，在制定目标成本作为编制施工项目成本计划和预算的依据时，可能把计划成本、定额成本或标准成本作为目标成本，还将随成本计划编制方法的变化而变化。

一般而言，目标成本的计算公式如下：

$$\text{项目目标成本}=\text{预计结算收入}-\text{税金}-\text{项目目标利润}$$

$$\text{目标成本降低额}=\text{项目的预算成本}-\text{项目的目标成本}$$

$$\text{目标成本降低率}=\frac{\text{目标成本降低额}}{\text{项目的预算成本}}$$

8.2.2 成本计划的内容

8.2.2.1 施工项目成本计划的组成

施工项目的成本计划，一般由施工项目降低直接成本计划和间接成本计划组成。如果项目设有附属生产单位，成本计划还包括产品成本计划和作业成本计划。

（1）施工项目降低直接成本计划。施工项目降低直接成本计划主要反映工程成本的预算价值、计划降低额和计划降低率。一般包括以下几方面的内容：

1）总则。包括对施工项目的概述、项目管理机构及层次介绍、有关工程的进度计划与外部环境特点、合同中有关经济问题的责任，成本计划编制中依据的其他文件及规格也应作适当的介绍。

2）目标及核算原则。包括施工项目降低成本计划及计划利润总额、投资和外汇总节约额（如有的话）、主要材料和能源节约额、货款和流动资金节约额等。核算原则系指参与项目的各单位在成本、利润结算中采用何种核算方式。

3）降低成本计划总表或总控制方案。项目主要部分的分部成本计划，如施工部分，编写项目施工成本计划，按直接工程费、间接费、计划利润的合同中标数、计划支出数、计划降低额分别填入。如有多家单位参与施工，要分单位编制后再汇总。

4）对施工成本计划中计划支出数估算过程的说明要对材料、人工、机械费、运费等主要支出项目加以分解。

5）计划降低成本的来源分析。应反映项目管理过程中计划采取的增产节约、增收节支和各项措施及预期效果。

（2）间接成本计划。间接成本计划主要反映施工现场管理费用的计划数、预算收入数及降低额。

间接成本计划应根据工程项目的核算期，以项目总收入费的管理费为基础，制定各部门费用的收支计划，汇总后作为工程项目的管理费用的计划。在间接成本计划中，收入应与取费口径一致，支出应与会计核算中管理费用的二级科目一致。间接成本计划的收支总额，应与项目成本计划中管理费一栏的数额相符。各部门应按照节约开支、压缩费用的原则，制定“管理费用归口包干指标落实办法”，以保证该计划的实施。

8.2.2.2 成本计划表

成本计划表通常由成本计划任务表、技术组织措施表、降低成本计划表和施工现场管理费计划表构成。

（1）项目成本计划任务表。项目成本计划任务表主要是反映工程项目预算成本、计划成本、成本降低额、成本降低率的文件。它是落实成本降低任务的依据，其格式见表8.1。

表 8.1 项目成本计划任务表

工程名称： 项目经理： 日期： 单位：

项目	预算成本	计划成本	计划成本降低额	计划成本降低率
1. 直接费用				
人工费				
材料费				
机械使用费				
其他直接费				
2. 间接费用				
施工管理费				
合 计				

（2）技术组织措施表。技术组织措施表是预测项目计划期内施工工程成本各项直接费用计划降低额的依据，是提出各项节约措施和确定各项措施的经济效益的文件。由项目经理部有关人员分别就应采取的技术组织措施预测它的经济效益，最后汇总编制而成。编制技术组织措施表是为了在不断采用新工艺、新技术的基础上提高施工技术水平，改善施工工艺过程，推广工业化和机械化施工方法以及通过采纳合理化建议达到降低成本的目的。格式见表 8.2。

表 8.2 技术组织措施表

工程名称： 日期：

项目经理： 单位：

措施项目	措施内容	涉及对象			降低成本来源		成本降低额				
		实物名称	单价	数量	预算收入	计划开支	合计	人工费	材料费	机械费	其他直接费

（3）降低成本计划表。降低成本计划表是根据企业下达给项目的降低成本任务和项目经理部自己确定的降低成本指标而制定出项目成本降低计划。它是编制成本计划任务表的重要依据。格式见表 8.3。

表 8.3 降低成本计划表

工程名称： 日期：

项目经理： 单位：

分项工程名称	成本降低额					
	总计	直接成本				间接成本
		人工费	材料费	机械费	其他直接费	

（4）施工现场管理费计划表。施工现场管理费计划表反映发生在项目经理部的各项施工管理费的预算收入、计划数和降低额。格式见表 8.4。

表 8.4 施工现场管理费计划表

成本项目	预算收入	计划成本	降低额
1. 工作人员工资			
2. 生产工人辅助工资			
3. 工资附加费			
4. 办公费			
5. 差旅交通费			
6. 固定资产使用费			
7. 工具用具使用费			
8. 劳动保护费			
9. 检验试验费			
10. 工程保养费			
11. 财产保险费			
12. 取暖、水电费			
13. 排污费			
14. 其他			
合计			

8.2.2.3 施工项目成本计划的风险分析

（1）施工项目成本计划的风险因素。在成本计划编制中，可能存在着以下几方面导致成本支出加大，甚至形成亏损的因素。

1）由于技术上、工艺上的变更，造成施工方案的变化；

2）交通、能源、环保方面的要求带来的变化；

3）原材料价格变化、通货膨胀带来的连锁反应；

4）工资及福利方面的变化；

5）自然灾害；

6）可能发生的工程索赔、反索赔事件；

7）国际国内可能发生的战争、骚乱事件；

8）国际结算中的汇率风险，等等。

对上述各可能风险因素，在成本计划中都应予以不同程度的考虑，一旦发生变化，能及时修正计划。

（2）成本计划中降低施工项目成本的可能途径。降低施工项目成本可从以下几方面考虑：

1）加强施工管理，提高施工组织水平。主要是正确选择施工方案，合理布置施工现场；采用先进的施工方法和施工工艺，不断提高工业化、现代化水平；组织均衡生产，做好现场调度和协作配合；注意竣工收尾，加快工程进度，缩短工期。

2）加强技术管理，提高工程质量。主要是研究推广新产品、新技术、新结构、新材料、新机器及其他新措施；制定并贯彻降低成本的技术组织措施，提高经济效果；加强施工过程的技术质量检验制度，提高工程质量，避免返工损失。

3）加强劳动工资管理，提高劳动生产率。主要是改善劳动组织，合理使用劳动力，减少窝工浪费；执行劳动定额，实行合理的工资和奖励制度；加强技术教育和培训工作，提高工人的文化技术水平和操作熟练程度；加强劳动纪律，提高工作效率，压缩非生产用工和辅助用工，严格控制非生产人员比例。

4）加强机械设备管理，提高机械使用率。主要是正确选配和合理使用机械设备，搞好机械设备的保养修理，提高机械的完好率、利用率和使用效率，从而加快施工进度，增加产量，降低机械使用费。

5）加强材料管理，节约材料费用。主要是改进材料的采购、运输、收发、保管等方面的工作，减少各个环节的损耗，节约采购费用；合理堆置现场材料，组织分批进场，避免和减少二次搬运；严格材料进场验收和限额领料制度；制订并贯彻节约材料的技术措施，合理使用材料，尤其是三大材，大搞节约代用、修旧利废和废料回收，综合利用一切资源。

6）加强费用管理，节约施工管理费。主要是精简管理机构，减少管理层次，压缩非生产人员，实行定额管理，制定费用分项分部门的定额指标，有计划地控制各项费用开支。

7）积极采用降低成本的新管理技术。如系统工程、工业工程、全面质量管理、价值工程等，其中价值工程是寻求降低成本途径的行之有效的方法。

8.2.3 施工项目成本计划的编制程序

编制成本计划的程序，因项目的规模大小、管理要求不同而不同，大中型项目一般采用分级编制的方式，即先由各部门提出部门成本计划，再由项目经理部汇总编制全项目工程的成本计划；小型项目一般采用集中编制方式，即由项目经理部先编制各部门成本计划，再汇总编制全项目的成本计划。无论采用哪种方式，其编制的基本程序如下。

（1）搜集和整理资料。广泛搜集资料并进行归纳整理，是编制成本计划的必要步骤。所需搜集的资料也是编制成本计划的依据。这些资料主要包括：

1）国家和上级部门有关编制计划的规定；

2）项目经理部与企业签订的承包合同及企业下达的成本降低额、降低率和其他有关技术经济指标；

3）有关成本预测、决策的资料；

4）施工项目的施工图预算、施工预算文件；

5）施工组织设计；

6）以往同类项目成本计划的实际执行情况及有关技术经济指标完成情况的分析资料；

7）同行业同类项目的成本、定额、技术经济指标资料及增产节约的经验和有效措施；

8）本企业的历史先进水平和当时的先进经验及采取的措施；

9）国外同类项目的先进成本水平情况等资料。

（2）估算计划成本（即确定目标成本）。确定目标成本以及把总的目标分解落实到各相关部门，班组大多采用了工作分解法，在国外简称为 WBS（work breakdown structure）。它的特点是以施工图设计为基础，以本企业做出的项目施工组织设计及技术方案为依据，以实际价格和计划的物资、材料、人工、机械等消耗量为基准，估算工程项目的实际成本费用，据以确定成本目标。具体步骤是：首先把整个工程项目逐级分解为内容单一、便于进行单位工料成本估算的小项或工序，然后按小项自下而上估算、汇总，从而得到整个工程项目的估算。估算汇总后，考虑风险系数与物价指数，对估算结果加以修正。

目标成本分解步骤如图 8.2 所示。

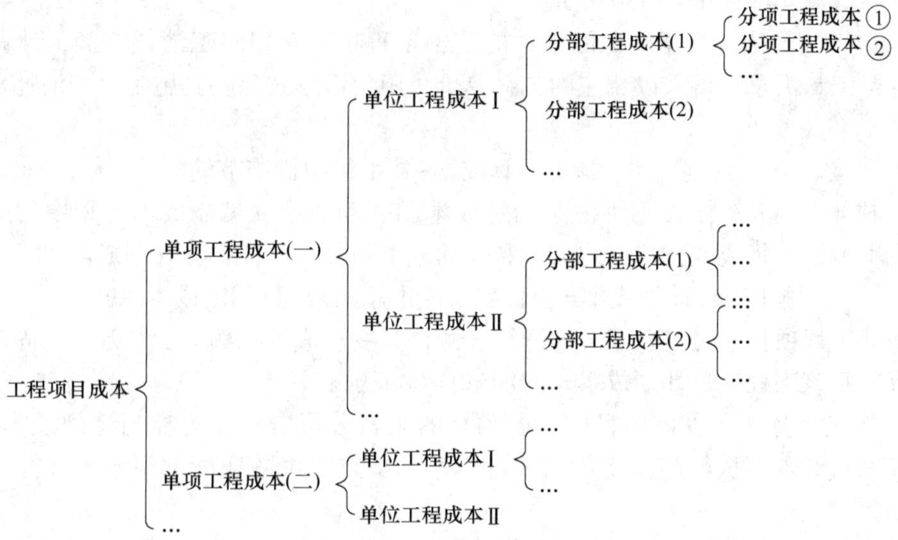

图 8.2　目标成本分解图

（3）编制成本计划草案。对大中型项目，经项目经理部批准下达成本计划指标后，在总结上期成本计划完成情况的基础上，结合本期计划指标，找出完成本期计划的有利和不利因素，提出挖掘潜力、克服不利因素的具体措施，以保证计划任务的完成。为了使指标真正落实，各部门应尽可能将指标分解落实下达到各班组及个人，使得目标成本的降低额和降低率得到充分讨论、反馈、再修订，使成本计划能够切合实际。

各职能部门亦应认真讨论项目经理部下达的费用控制指标，拟定具体实施的技术经济措施方案，编制各部门的费用预算。

（4）编制成本计划。将已落实的计划成本指标和实现降低成本额的各项技术组织措施，按成本计划的格式，编制成本计划。

8.2.4　成本计划的编制方法

工程项目成本计划的编制方法主要有以下几种方法：

（1）定额估算法。通常以“两算”对比差额与技术组织措施带来的节约来估算计划成本的降低额，公式为：

计划成本降低额=“两算”对比定额差+技术组织措施计划节约额

"两算"是指施工图预算和施工预算。施工图预算以施工图为依据，按照预算定额和规定的取费标准以及图纸工程量计算出项目成本，反映为完成施工项目建筑安装任务所需的直接成本和间接成本。它是招标投标中计算标底的依据，评标的尺度，是控制项目成本支出、衡量成本节约或超支的标准，也是施工项目考核经营成果的基础。施工预算是施工单位（各项目经理部）根据施工定额编制的，作为施工单位内部经济核算的依据。两算对比的差额实质是反映两种定额（施工定额和预算定额）产生的差额，因此，又称定额差。技术组织措施带来的节约额，是指包括直接费在内的全部节约额。例如，某项目预算成本8000万元，两算对比差额为450万元，采用技术组织措施计划节约额为100万，则计划成本降低额=450+100=550万元。

（2）施工预算法。根据施工图纸中的实物工程量，套用施工消耗定额，计算工料消耗量，进行工料汇总，再乘以相应的工料单价，用货币形式反映其施工生产消耗水平。公式为：

计划成本=施工预算成本-技术组织措施节约额

（3）成本习性法。成本习性法是固定成本和变动成本在编制成本计划中的应用，主要按照成本习性，将成本分成固定成本和变动成本两类，以此作为计划成本。

施工项目计划成本=项目变动成本总额+项目固定成本总额

例如某工程项目，经过费用分解测算，测得其变动成本总额为260万元，固定成本总额540万，则该工程项目计划成本=260+540=800万元。

（4）按实计算法。以该项目施工图预算的工料分析资料作为控制计划成本的依据。根据施工项目经理部执行施工定额的实际水平和要求，由各职能部门归口计算各项计划成本。

1）人工费的计划成本=计划用工量×实际水平的工资价格。

2）材料费的计划成本=Σ（主要材料的计划用量×实际价格）+Σ（周转材料的使用量×日期×租赁单价）。

3）机械使用费的计划成本=Σ（施工机械的计划台班数×规定的台班单价）。

4）现场二次搬运费等措施费的计划成本，根据施工方案和统计资料按实测算。

5）间接费用的计划成本，一般根据历史成本的间接费用进行测算。

8.3　成本控制

8.3.1　施工项目成本控制的意义和目的

施工项目的成本控制，通常是指在项目成本的形成过程中，对生产经营所消耗的人力资源、物质资源和各项费用开支，进行指导、监督、调节和限制，及时纠正将要发生和已经发生的偏差，把各项生产费用控制在计划成本的范围内，保证成本目标的实现。

由于项目管理的一次性，管理对象仅仅是一个工程项目，且将随项目建设完成而结束其管理。项目完成后有无经济效益，成败在此一举。为确保项目经营的经济效益，成本控制不仅必要，而且必须做好。

施工项目成本控制的目的在于降低项目成本，提高经济效益。然而项目成本的降低，除了控制成本支出以外，还必须增加工程预算收入。因为，只有在增加收入的同时节约支出，才能提高施工项目成本的降低水平。由此可见，增加工程预算收入也是施工项目降低成本的主要来源。

施工项目成本控制是推行项目经理承包责任制的动力，成本目标是项目经理项目承包责任制中经济承包目标的综合体现。项目经理要实现这一目标，就必须利用生产要素市场机制，管好项目，控制消耗，将质量、工期、成本三大目标结合起来综合控制。这样，不仅实现了成本控制，又带动了施工项目的全面管理。

8.3.2 施工项目成本控制的原则

(1) 可控性原则。成本的可控性原则是指成本活动都是以企业特定的单位或个人为责任单元进行的，这些责任单元对其职责范围内生产消耗的大小负有直接责任。也就是说，一切成本都可以分解为特定责任单位的责任；这些成本对特定责任单元而言完全是可以控制的。成本的可控性原则是成本控制的一个重要原则，是落实成本责任制的基础。

一般而言，可控性成本应具备以下三个条件：1) 未来发生的成本耗费是可以通过一定途径和方法预测的；2) 对发生的成本耗费能够进行计量；3) 有权对发生的成本耗费进行限制和调整。只有同时具备上述三个条件的成本，才属于可控制成本。成本的可控性是由成本控制主体所处的管理层次、管理权限、控制范围等确定的。在成本控制过程中，要认真分析成本的可控性，并且依其可控性追溯成本责任，以便有效地实施成本控制。

(2) 全面性原则。影响成本的因素是多方面的，这就要求成本控制要贯穿于成本形成的各个阶段和影响成本的各个环节，需要企业职工自上而下的共同参与。这就是成本控制的全面性原则。

施工项目成本的全面性，首先体现在对建筑产品成本形成的全过程进行控制上，即从施工准备开始，经过工程施工，到竣工交付使用后的保修期结束，其中每一项经济业务都要纳入成本控制的轨道。对于具有一次性特点的施工项目成本来说，应该特别强调项目成本的中间控制。因为施工准备阶段的成本控制，只是根据上级要求和施工组织设计的具体内容确定成本目标，编制成本计划，制订成本控制的方案，为今后的成本控制做好准备。而竣工阶段的成本控制，由于成本盈亏已经基本定局，即使发生了偏差，也来不及纠正。因此，把成本控制的重心放在基础、结构、装饰等主要施工阶段上，是十分必要的。

成本控制的全面性还表现在成本控制的全方位上。成本控制的对象应该包括生产耗用的全部费用，不仅要控制构成产品实体的直接材料成本，以及直接人工成本、制造费用，而且要控制销售费用、管理费用等期间费用。同时，成本控制还必须综合考虑成本、质量和效益三者之间的关系，在保证质量、满足人们需要的前提下降低成本。

成本控制还是一项要求企业全体职工都积极参与的管理活动。在建立健全一个完善的成本管理机构、充实成本控制的专职人员的同时，必须充分调动全体员工参与成本控制活动。在加强专业成本管理的基础上，要求人人、事事、时时都要按照标准、定额、计划进行成本控制，堵塞漏洞，杜绝浪费，确保成本目标的实现。

(3) 分级归口管理原则。成本问题牵涉到企业生产经营的每一个单位和个人。建立成本管理责任制，实行成本指标的分级归口管理，使企业所有部门、单位和个人都有明确具体可计量考核的成本责任。

实行成本的分级归口管理，就是将企业的成本目标层层分解，落实到各车间、部门、班 组、机台、岗位和个人。成本目标指标下达采用纵向对口、横向结合、逐级下达、层层分解的办法。分级归口管理的内容包括：目标的设定和分解，目标的责任到位和执行，检查目标的执行结果，评价目标和修正目标，形成目标管理的 P(计划) D(实施) C(检查) A(处理) 循环。

（4）例外管理原则。日常成本控制主要是通过对各种成本差异进行分析研究，及时发现问题，挖掘降低成本的潜力，提出改进工作和纠正缺点的措施。但实际上，每个企业日常出现的成本差异往往是成千上万、千头万绪，管理人员不可能将全部时间和精力都用于每一个发生成本差异的因素的分析和研究上。为了提高成本控制的效率，管理人员应把工作重点放在那些属于不正常的、不符合常规的关键性差异上，对它们追根求源，查明发生的原因，及时反馈给有关责任中心，使之迅速采取有效措施，消除这些不正常差异。这就是成本控制中的例外管理原则。所有的不符合常规的、不正常的关键性差异，统称为“例外”。例如，在成本管理中常见的成本盈亏异常现象，即盈余或亏损超过了正常的比例；本来是可以控制的成本，突然发生了失控现象；某些暂时的节约，但有可能对今后的成本带来隐患等，都应该视为“例外”问题，进行重点检查，深入分析，并采取相应的积极的措施加以纠正。

（5）目标管理原则。目标管理是贯彻执行计划的一种方式，它把计划的方针、任务、目的和措施等逐一加以分解，提出进一步的具体要求，并分别落实到执行计划的有关部门、单位甚至个人。目标管理的内容包括：目标的设定和分解，目标的责任到位和执行。检查目标的执行结果，修正目标和评价目标。成本控制作为目标管理的一项重要内容，其工作的开展要遵循目标管理的原理。必须以目标成本为依据，作为对项目各种经济活动进行控制和指导的准绳，力求做到以最少的成本支出，获得最佳的经济效益。

（6）经济原则。项目施工成本控制的根本目的在于降低施工成本和提高经济效益。项目成本控制必须突出经济效益和社会效益，正确处理产值、竣工面积、工程质量和成本的关系。任何承建单位决不能只顾追求产值而不顾竣工面积、工程质量和成本，同时也不能为片面追求降低成本而不顾工程质量、产值和竣工面积。必须统筹兼顾，不能顾此失彼。

8.3.3 施工项目成本控制的对象和内容

（1）以施工项目成本形成的过程作为控制对象。根据对项目成本实行全面、全过程控制的要求，具体的控制内容包括：

1）工程投标阶段。投标的报价，确定了承包合同的合同价，由此确定了工程项目的收入额。

2）施工准备阶段。应结合设计图纸的自审、会审和其他资料，编制实施性施工组织设计。通过多方案的技术经济比较，从中选择经济合理、先进可行的施工方案，编制明细而具体的成本计划，对项目成本进行事前控制。

3）施工阶段。施工阶段要完成工程实体的建造，是各项成本实际支出的关键环节，也是控制成本支出的关键。

4）竣工阶段。对竣工验收过程发生的费用和保修费用进行控制。

(2) 以施工项目的职能部门、施工队和生产班组作为成本控制对象。控制成本的支出，必须从形成各项费用支出的主体入手，进行有效控制。因此，各职能部门、施工队和生产班组作为成本控制对象，接受项目经理部主管部门的指导、监督、检查和考评。

与此同时，项目的职能部门、施工队和班组还应对自己承担的责任成本进行自我控制。应该说，这是最直接、最有效的项目成本控制。

(3) 以分部分项工程作为项目成本的控制对象。这是最直接、最具体的控制对象。施工项目的最终完成，必须依靠分项工程、分部工程的逐渐完成而实现。因此，对分部分项工程进行控制，实际就是对直接成本的控制。可通过编制施工预算提出控制措施和控制目标，然后实施。

(4) 以对外经济合同作为成本控制对象。施工项目的对外经济业务，都要以经济合同为纽带建立制约关系，明确双方的权利和义务。在签订经济合同时，必须强调要将合同的数量、单价、金额控制在预算收入以内。因为合同金额超过预算收入，就意味着成本亏损；反之，就能降低成本。

8.3.4 施工项目成本控制方法

8.3.4.1 施工成本的过程控制方法

施工阶段是控制建设工程项目成本发生的主要阶段，它通过确定成本目标并按计划成本进行施工、资源调配，对施工现场发生的各项成本费用进行有效控制，具体的处理方法如下。

(1) 人工费的控制。

1) 人工消耗量的控制。依据施工定额中分项工程的人工消耗量，采用下达任务单的方式，将施工中的用工量限定在定额消耗量内。

2) 人工单价的控制。施工图预算中的人工单价=预算定额规定的人工单价+调价系数的调价。项目经理部与劳务市场或施工队签订劳务合同时，应将人工工日单价控制在施工图预算单价以下，将人工费的余额用于定额外人工费和奖励费用。使人工费限定在预算收入范围内，不产生人工费超支的现象。

(2) 材料费的控制。

1) 材料消费量的控制。依据施工定额中的材料消耗定额规定的完成分项工程的材料消耗量，采用限额领料单的方式，将施工中各项材料消耗量都限定在定额消耗量内。

2) 材料单价的控制。目前施工图预算将材料价分为了两类（六材和特材，以及除此之外的其他材料），材料单价的控制也应分别处理。

六材和特材（特材的种类按现行预算定额的规定）采用市场价。其价格控制应采用在合同中列入“按实结算”材料价差的条文，来补偿实际支出的差额。

其他材料，根据施工图预算中的材料单价=预算定额规定的材料预算单价+调价系数的调价，项目经理部与材料市场签订材料供应合同时，应将材料单价控制在施工图预算材料单价之内，以此来限定地方材料的采购成本，达到控制材料费的目的。

(3) 施工机械使用费的控制。施工图预算中的机械使用费=预算定额规定的机械使用费+调价系数的调价。

由于项目施工的特殊性，实际的机械利用率不可能达到预算定额的取定水平，再加上预算定额中机械台班预算单价中的施工机械原价和折旧率的滞后性，因而施工图预算的机械使用费往往小于实际发生的机械使用费，形成机械使用费超支现象。

基于上述原因，对施工机械使用费的控制应采用增加合同收入的办法来实现。即在合同中列入机械费补贴的条款，来控制机械费的支出。

（4）施工分包费用的控制。分包工程价格的高低，必然对项目经理部的施工成本产生一定的影响。因此，施工成本控制的重要工作之一是对分包价格的控制。项目经理部应在确定施工方案的初期就要确定需要分包的工作范围。决定分包范围的因素主要是施工项目的专业性和项目规模。对分包费用的控制，主要是做好分包工程的询价、订立平等互利的分包合同、建立稳定的分包关系网络、加强施工验收和分包结算等工作。

8.3.4.2　赢得值法

赢得值法作为一项先进的项目管理技术，最初是美国国防部于 1967 年首次确立的。80 年代以后，国际上工程公司普遍采用赢得值原理对项目执行效果进行评价，对项目进行费用和进度综合控制，从而使得工程项目建设的经济效益显著提高，能否采用赢得值原理进行项目管理和控制，已经成为衡量工程公司项目管理水平和项目控制能力的标志之一。

用赢得值原理对项目执行效果进行定量评估和控制，其基本参数有三项，即计划工作的预算费用（简称 BCWS）；已完工作的预算费用（简称 BCWP），已完工作的实际消耗费用（简称 ACWP），其中 BCWP 即所谓赢得值。在项目的费用进度控制中引入赢得值概念，可以科学地、定量地评估项目实施的执行效果，在项目实施过程中，根据这三项参数，可以形成三条可供定量分析的曲线。

第一条曲线叫作 BCWS 曲线，即计划工作的预算值曲线，简称计划值曲线。BCWS 曲线是综合进度计划和预算费用后得出的，含义是按照项目的进度计划，把每项工作或费用的预算值如人工时、设备材料费和其他费用等，在该项工作或费用的计划进度周期内分配展开。然后按月统计当月计划完成的预算费用即得出当月计划工作预算费用值 BCWS 曲线。这条曲线是项目控制的基准曲线，这条曲线是在项目开始后，用批准的控制估算值建立的。

第二条曲线叫作 BCWP 曲线，即已完工作的预算值曲线，亦叫赢得值曲线。BCWP 曲线含义是：按月统计已完工作量，并将此已完工作量的值乘以预算单价，逐月累加即生成赢得值曲线。赢得值与实际消耗的人工时或实际消耗的费用无关，它是用预算值或单价来计算已完工作量所取得的实物进展的值，是测量项目实际进展所取得的效绩的尺度。

第三条曲线叫作 ACWP 曲线，即已完工作的实际费用消耗曲线，简称实耗值曲线。ACWP 的含义是：对应已完工作量实际上消耗的费用，逐项记录实际消耗的费用并逐月累加，即可生成实耗值曲线。

费用和进度综合控制的 BCWP 和 ACWP 值，每月检测和报告一次。通过图中 BCWS、BCWP、ACWP 三条曲线的对比，可以直观地综合反映项目费用和进度的进展情况。

BCWP 与 BCWS 对比，由于两者均以预算值作为计算基准，因此两者的偏差，即反映出项目进展的进度偏差（$SV = BCWP - BCWS$）。$SV = 0$，表示项目进展进度与计划进度相符；$SV>0$，表示进度提前；$SV<0$，表示进度拖后。

ACWP 与 BCWP 对比，由于两者均以已完工作量为计算基准，因此两者的偏差，即反映出项目进展的费用偏差（CV=BCWP-ACWP）。CV=0，表示实际消耗费用与预算费用相符；CV>0，表示实际消耗费用低于预算；CV<0，表示实际消耗费用超预算。

运用赢得值原理进行执行效果的评估，则可以直接判断检测当月进度是提前还是拖后，同时费用是节省还是超支。如图 8.3 所示。

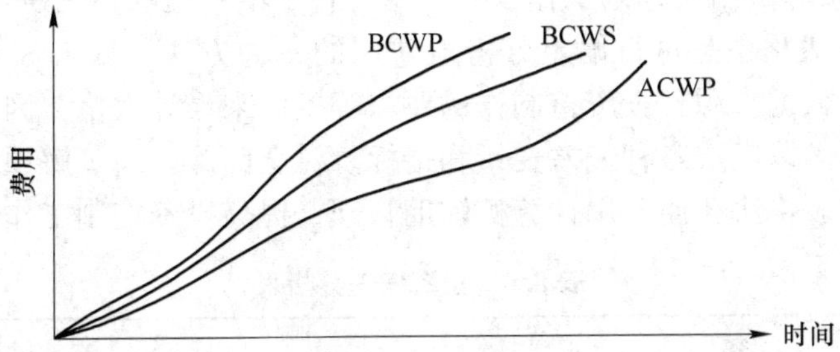

BCWP−BCWS= { + 进度提前；0 符合进度；− 进度拖后 }　　BCWP−ACWP= { + 低于预算；0 符合预算；− 超预算 }

图 8.3　赢得值图

8.3.4.3　偏差控制法

项目施工成本控制中的偏差控制法是在制定出计划成本基础上，通过采用成本分析方法找出计划成本与实际成本间偏差和分析产生偏差的原因与变化发展趋势，进而采取措施以减少或消除偏差，实现目标成本的一种科学管理方法。施工过程中进行成本控制的偏差有三种：

实际偏差=预算成本−实际成本

计划偏差=计划成本−预算成本

目标偏差=计划成本−实际成本

施工成本控制的目的是尽量减少目标偏差。由于目标偏差=实际偏差+计划偏差，所以要减少项目的目标偏差，只有采取措施减少施工中发生的实际成本偏差。

A　偏差控制法的程序

（1）找出偏差。在项目施工过程中定期地（每日或每周）、不断地寻找和计算三种偏差，并以目标偏差为对象进行控制。通常寻找偏差可用成本对比方法进行。通过在施工过程中不断记录实际发生的成本费用，然后将记录的实际成本与计划成本进行对比，从而发现目标偏差。还可将实际成本、计划成本二者的发展变化用图表示出来。

（2）根据成本偏差，用因果分析图分析产生的原因，然后设计纠偏措施，制定对策，协调成本计划。对策要列成对策表，落实执行责任。最后，应对责任的执行情况应进行考核。

B　常用的偏差分析方法

常用的偏差分析方法有横道图法、表格法和曲线法。

（1）横道图法。用横道图进行投资偏差分析，是用不同的横道标识已完工作预算费用、计划工作预算费用和已完工作实际费用，横道的长度与其金额成正比例。

在实际工作中往往要根据计划工作预算费用和已完工作实际费用确定已完工作预算费用后，再确定投资偏差与进度偏差。根据计划工作预算费用与已完工作实际费用确定已完工作预算费用的方法是：

1）已完工作预算费用与已完工作实际费用的横道位置相同。

2）已完工作预算费用与计划工作预算费用的各子项工程的费用总额相同。

（2）表格法。表格法是进行偏差分析最常用的一种方法，如表 8.5 所示，可以根据项目的具体情况、数据来源，投资控制作的要求等条件来设计表格，因而适用性较强。表格法的信息量大，可以反映各种偏差变量和指标。对全面深入地了解项目投资的实际情况非常有益；另外，表格法还便于用计算机辅助管理，提高投资控制工作的效率。

表 8.5 投资偏差分析表

项目编号	(1)	011	012	013
项目名称	(2)	土方工程	打桩工程	基础工程
单位	(3)	m^2	m	m^2
计划单价	(4)	5	6	8
拟完工程量	(5)	10	11	10
拟完工程计划投资	(6) = (4) × (5)	50	66	80
已完工程量	(7)	12	16.67	7.5
已完工程计划投资	(8) = (4) × (7)	60	100	60
实际单价	(9)	5.83	4.8	10.67
其他款项	(10)			
已完工程实际投资	(11) = (7) × (9) + (10)	70	80	80
投资局部绝对偏差	(12) = (11) − (6)	10	−20	20
投资局部相对偏差	(13) = (11) ÷ (8)	1.17	0.8	1.33
投资累计绝对偏差	(14) = $\sum$(12)			
投资累计相对偏差	(15) = $\sum$(11) ÷ $\sum$(8)			
进度局部绝对偏差	(16) = (6) − (8)	−10	−34	20
进度局部相对偏差	(17) = (6) ÷ (8)	0.83	0.66	1.33
进度累计绝对偏差	(18) = $\sum$(16)			
进度累计相对偏差	(19) = $\sum$(6) ÷ $\sum$(8)			

（3）曲线法。曲线法是用投资时间曲线进行偏差分析的一种方法。

在用曲线法进行偏差分析时，通常有三条投资曲线：即已完工程实际投资曲线 a，已完工程计划投资曲线 b，拟完工程计划投资曲线 p。如图 8.4 所示，图中曲线 a 和 b 的竖向距离表示投资偏差，曲线 p 和 b 的水平距离表示进度偏差。图中所反映的累计偏差，而且主要是绝对偏差。用曲线法进行偏差分析，具有形象直观的优点，但不能直接用于定量分析，如果能与表格法结合起来，则会取得较好的效果。

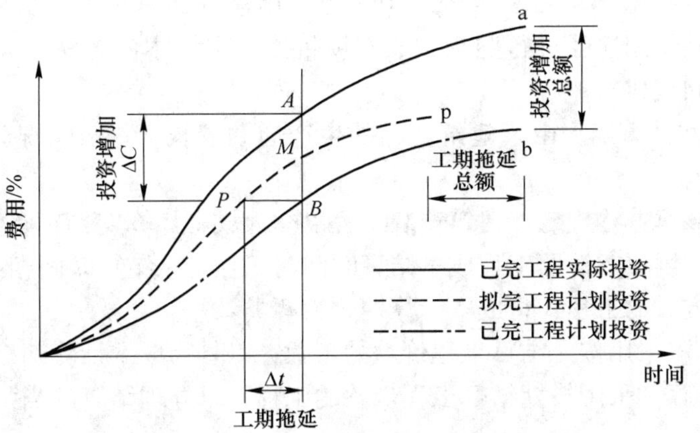

图 8.4　三种投资参数曲线

8.4　成 本 核 算

施工项目成本核算是施工项目管理系统中一个极其重要的子系统，也是项目管理最根本的标志和主要内容。

施工项目成本核算在施工项目成本管理中的重要性体现在两个方面：一方面，它是施工项目进行成本预测、制订成本计划和实行成本控制所需信息的重要来源；另一方面，它又是施工项目进行成本分析和成本考核的基本依据。成本预测是成本计划的基础。成本计划是成本预测的结果，也是所确定的成本目标的具体化。成本控制是对成本计划的实施进行监督，以保证成本目标的实现。而成本核算则是对成本目标是否实现的最后检验。成本考核是实现决策目标的重要手段。由此可见，施工项目成本核算是施工项目成本管理中最基本的职能，离开了成本核算，就谈不上成本管理，也就谈不上其他职能的发挥。这就是施工项目成本核算与施工项目成本管理的内在联系。

8.4.1　施工项目成本核算对象与成本项目

(1) 施工项目成本核算对象。成本核算的对象是指在计算工程成本中确定的归集和分配生产费用的具体对象，即生产费用承担的客体。确定成本核算对象，是设立工程成本明细分类账户、归集和分配生产费用以及正确计算工程成本的前提。

成本核算对象主要根据企业生产的特点与成本管理上的要求确定。由于建筑产品的多样性和设计、施工的单件性，在编制施工图预算、制定成本计划以及与建设单位结算工程价款时，都是以单位工程为对象。因此，按照财会制度规定，在成本核算中，施工项目成本一般应以独立编制施工图预算的单位工程为成本核算对象，但也可以按照承包工程项目的规模、工期、结构类型、施工组织和现场情况等，结合成本管理要求，灵活划分成本核算对象。例如，规模大、工期长的单位工程，可以分部工作作为核算对象；又如，同一建设项目由同一施工单位施工并在同一施工地点，开竣工时间相近的若干个单位工程，也可以合并作为一个成本核算对象。

（2）施工项目的成本项目。生产费用按经济用途分类，称为成本项目。它可以明确地把各项费用按其使用途径进行归集。成本项目按计入成本的方法（即归集方法）又可分为直接成本或间接成本。

（3）项目成本计算期。由于建筑产品的生产周期较长，一般情况下，需要分期结算工程成本。

按现行成本核算办法规定：建筑安装工程以季为成本计算期，有条件的企业以月为成本计算期；会计制度要求按照工程成本结算时间与工程价款结算时间相一致。因此，分不同工程价款结算方式的工程，将成本计算期分为两类：

1）定期计算。采用按月结算工程价款的工程，以月为成本计算期。

2）不定期计算。采用按期结算工程价款的工程，以办理结算的当月为计算期。

8.4.2 项目成本核算的原则

成本核算必须遵循下述几项原则，才能提高成本核算的质量，做到规范化核算。

（1）确认原则。确认原则是指各项经济业务中发生的成本，都必须按一定的标准和范围加以认定和记录。只要是为了经营目的所发生的或预期要发生的，并要求得以补偿的一切支出，都应作为成本来加以确认。在成本核算中，往往要进行再确认，甚至是多次确认，确认是否属于成本，是否属于特定核算对象的成本，是否属于核算的当期成本等。

（2）分期核算原则。分期核算原则是指施工项目工期较长，企业为了取得一定时期的施工项目成本，就必须将施工生产活动划分若干时期，分期计算各期项目成本。成本核算的分期应与会计核算的分期一致，这样便于财务成果的确定。《企业会计准则》规定："成本计算一般应当按月进行"，这就确定了分期核算的基本原则。但应注意，成本的分期核算与项目成本计算期不能混为一谈。不论成本计算期为定期还是不定期，成本核算都必须按月进行。

（3）相关性原则。相关性原则也称"决策有用原则"。它是指会计信息应当符合国家宏观经济管理的要求，满足有关方面了解企业财务状况和经营成果的需要，满足企业加强内部经营管理的需要。即在成本核算方法、程序和标准的选择上，在成本核算的对象和范围的确定上，应与施工生产经营特点和成本管理要求特性相结合，并与企业一定时期的成本管理水平相适应。

（4）一贯性原则。一贯性原则是指项目成本核算所采用的方法应前后一致。只有这样，才能使企业各期成本核算资料口径统一，前后连贯，相互可比。一贯性原则利于同一核算单位不同时期的纵向比较。

（5）实际成本核算原则。实际成本核算原则是指项目核算要采用实际成本计价。即必须根据计算期内实际产量（已完成工程量）以及实际消耗和实际价格计算实际成本。

（6）及时性原则。及时性原则是指项目成本核算、结转和成本信息的提供应当在要求时期内完成。

（7）配比原则。配比原则是指营业收入与其相对应的成本、费用应当相互配合。为取得收入而发生的成本和费用，应与本期实现的收入在同一时期内确认入账，不得脱节，也不得提前或延后，以便正确计算和考核项目经营成果。

（8）权责发生制原则。权责发生制原则是指凡是当期已经实现的收入和已经发生或应当负担的费用，不论款项是否收付，都应作为当期收入和费用处理；凡是不属于当期的收入和费用，即使款项已经在当期收付，都不应作为当期的收入和费用。也就是说，应根据权责关系的实际发生和影响期间来确认项目的支出和收益，这样才能准确地反映特定会计期间真实的成本。

（9）谨慎原则。谨慎原则是指在市场经济条件下，在成本、会计核算中，应当对项目可能发生的损失和费用做出合理预计，以增强抵御风险的能力。

（10）划分收益性支出与资本性支出原则。这是指成本、会计核算应当严格区分收益性支出与资本性支出的界限，以正确地计算当期的损益。收益性支出是指该项支出的发生是为了取得本期收益，即仅仅与本期收益的取得有关，如支付工资、水电费支出等。资本性支出是指不仅为取得本期收益而发生的支出，且该项支出的发生有助于以后会计期间的支出，如购置固定资产支出。

（11）重要性原则。重要性原则是指对于成本有重大影响的业务内容，应作为核算的重点，力求精确；而对于那些不太重要的经济业务，可以相对从简处理。

（12）明晰性原则。明晰性原则是指成本记录必须直观、清晰、简明、可控，便于理解和利用。

8.4.3 项目成本核算的办法

（1）施工项目成本核算的信息关系。施工项目成本核算需要各方面提供信息，见图 8.5。

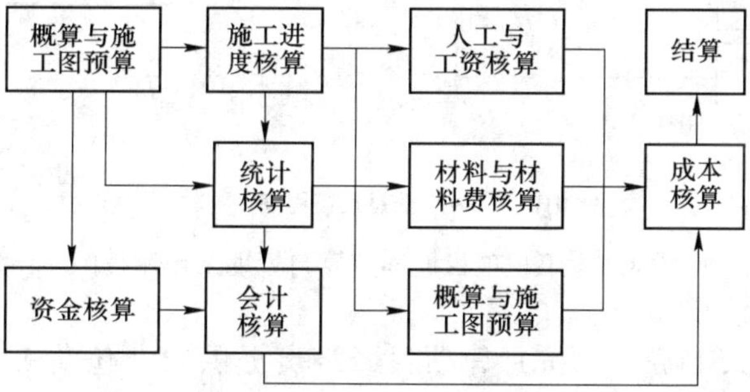

图 8.5 施工项目成本核算信息关系图

（2）施工项目成本核算的工作流程。施工项目成本核算的工作流程是：预算→降低成本计划→成本计划→施工中的核算→竣工结算（见图 8.6）。

8.4.4 项目成本核算框架

8.4.4.1 人工费核算

（1）内包人工费。内包人工费是指两层分开后，企业所属的劳务分公司（内部劳务市场自有劳务）与项目经理部签订的劳务合同结算的全部工程价款。适用于类似外包工式的合同定额结算支付办法，按月结算计入项目单位工程成本。

（2）外包人工费。按项目经理部与劳务基地（内部劳务市场外来劳务）或直接与外单位施工队伍签订的包清工合同，以当月验收完成的工程实物量，计算出定额工日数，乘

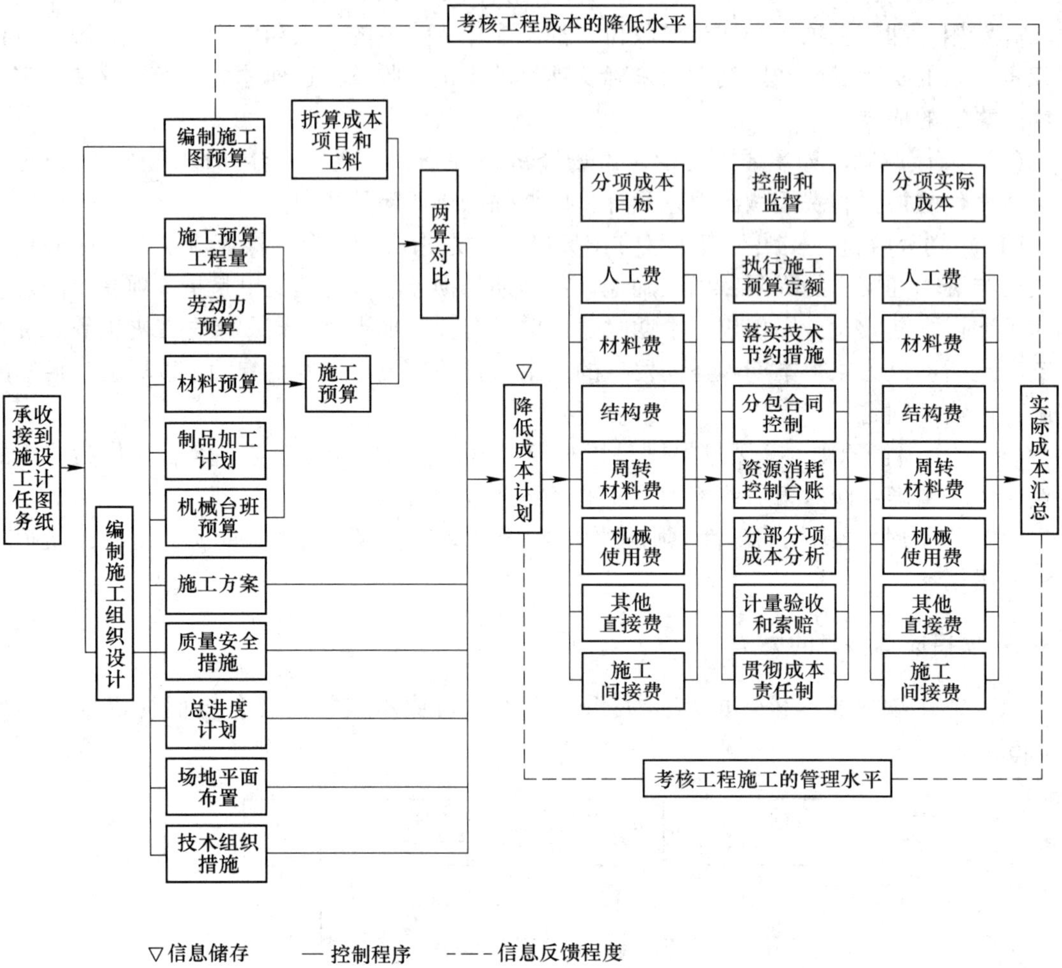

图 8.6 工程项目成本核算与管理工作流程图

以合同人工单价确定人工费，并按月凭项目经济员提供的“包清工工程款月度成本汇总表”（分外包单位和单位工程）预提计入项目单位工程成本。

上述内包、外包合同履行完毕，根据分部分项的工期、质量、安全、场容等验收考核情况进行合同结算，以结算单按实据以调整项目实际成本。对估点工任务单必须当月签发，当月结算，严格管理，按实计入成本，隔月不予结算，一律作废。

8.4.4.2 材料费结算

（1）编制材料耗用汇总表。工程耗用的材料，根据限额领料单、退料单、报损报耗单和大堆材料耗用计算单等，由项目料具员按单位工程编制“材料耗用汇总表”，据以计入项目成本。

（2）钢材、水泥、木材高进高出价差核算。

1）标内代办。标内代办是指“三材”差价列入工程预算账单内作为造价组成部分。通常由项目经理部委托材料分公司（内部材料市场）代办；由材料分公司向项目经理部收取高价差。由项目成本员按价差发生额一次或分次提供给项目负责统计的经济员报出产值，以便及时回收资金。月度结算成本时，为谨慎起见可不做降低，而做持平处理，使预算与实际同步。单位工程竣工结算，按实际消耗量调整实际成本。

委托代办的单价（差价）可先以合同预算报价内差价为准，原则上由项目负责量差，由材料市场负责价差。也可由项目经理部和材料分公司联手，负担代办差价风险，即标内差价与实际代办差价盈亏双方分享。木材差价核算操作应分工程木料和设备木料分别进行，工程木料以按木制成品账单实际发生额差价按实结算为宜。

2）标外代办。标外代办是指由建设单位直接委托材料分公司代办“三材”，其发生的“三材”差价，由材料分公司与建设单位按代办合同口径结算。项目经理部不发生差价，亦不列入工程预算账单内，不作为造价组成部分，可作类似于交料平价处理。项目经理部只核算实际耗用超过设计预算用量的那部分量差及应负担市场高进高出的差价，并计入相应的项目单位工程成本。随着总承包的发展，建设单位多愿与总承包项目经理部一个口子结算，因此标外代办形式将日趋减少。

（3）一般价差核算。

1）提高项目材料核算的透明度，简化核算，做到明码标价。一般可按一定时间上内部材料市场挂牌价作为材料记账、材料、财务账相符的“计划价”，两者对比产生的差异计入项目单位工程成本，即所谓的实际消耗量调整后的实际价格。如市场桥格发生较大变化，可适时调整材料记账的“计划价”，以便缩小材料成本差异。

2）钢材、水泥、木材、玻璃、沥青按实际价格核算，高于预算取费的差价，高进高出，谁用谁负担。

3）装饰材料按实际采购价作为划价核算，计入该项目成本。

4）项目对外自行采购或按定额承包供应材料，如砖、瓦、石、小五金等，应按实际采购价或按议定供应价格结算，对由此产生的材料、成本差异节超，相应增减项目成本。同时重视转嫁压价让利风险，获取材料采购经营利益，使供应商让利并受益于项目。

8.4.4.3 周转材料费核算

（1）周转材料实行内部租赁制，以租费的形式反映其消耗情况，按“谁租用谁负担”的原则核算其项目成本。

（2）按周转材料租赁办法和租赁合同，由出租方与项目经理部按月结算租赁费。租赁费按租用的数量、时间和内部租赁单价计入项目成本。

（3）周转材料在调入移出时，项目经理部都必须加强计量验收制度，如有短缺、损坏，一律按原价赔偿，计入项目成本（缺损数=进场数-退场数）。

（4）租用周转材料的进退场运费，按其实际发生数，由调入项目负担。

（5）对U型卡、脚手扣件等零件，除执行项目租赁制外，考虑到其比较容易散失的因素，故按规定实行定额预提摊耗，摊耗数计入项目成本，并相应减少月租赁基数及租赁费。单位工程竣工，必须进行盘点，盘点后的实物数与前期逐月按控制定额摊耗后的数量差，按实调整清算计入成本。

（6）实行租赁制的周转材料，一般不再分配负担周转材料差价。退场后发生的修复整理费用，应由出租单位做出租成本核算，不再向项目另行收费。

8.4.4.4 结构件费核算

（1）项目结构件的使用必须要有领发手续，并根据这些手续，按照单位工程使用对象编制“结构件耗用月报表”。

（2）项目结构件的单价，以项目经理部与外加工单位签订的合同为准，计算耗用金额计入成本。

（3）根据实际施工形象进度、已完施工产值的统计、各类实际成本报耗三者在月度时点上的三同步原则（配比原则的引申与应用），结构件耗用的品种和数量应与施工产值相对应。结构件数量金额账的结存数，应与项目成本员的账面余额相符。

（4）结构件的高进高出价差核算，同材料的高进高出价差核算一致。结构件内三材数量、单价、金额均按报价书核定，或按竣工结算单的数量按实结算。报价内的节约或超支由项目自负盈亏。

（5）如发生结构件的一般价差，可计入当月项目成本。

（6）部位分项分包，如铝合金门窗、卷帘门、轻钢龙骨石膏板、平顶屋面防水等，按照企业通常采用的类似结构件管理和核算方法，项目经济员必须做好月度已完工程部分验收记录，正确计报部位分项分包产值，并书面通知项目成本员及时、正确、足额计入成本。预算成本的拆算、归类可与实际成本的出账保持同口径。分包合同价可包括制作费和安装费等有关费用，工程竣工按部位分包合同结算书，据以按实调整成本。

（7）在结构件外加工和部位分包施工过程中，项目经理部通过自身努力获取的经营利益或转嫁压价让利风险所产生的利益，均应受益于施工项目。

8.4.4.5 机械使用费核算

（1）机械设备实行内部租赁制，以租赁费形式反映其消耗情况，按“谁租用谁负担”的原则，核算其项目成本。

（2）按机械设备租赁办法和租赁合同，由企业机械设备租赁市场与项目经理部按月结算租赁费。租赁费根据机械使用台班、停置台班和内部租赁单价计算，计入项目成本。

（3）机械进出场费，按规定由承租项目负担。

（4）项目经理部租赁的各类大中小型机械，其租赁费全额计入项目机械费成本。

（5）根据内部机械设备租赁市场运行规则要求，结算原始凭证由项目指定专人签证开班和停班数，据以结算费用。现场机、电、修等操作工奖金由项目考核支付，计入项目机械费成本并分配到有关单位工程。

（6）向外单位租赁机械，按当月租赁费用全额计入项目机械费成本。

上述机械租赁费结算，尤其是大型机械租费及进出场费应与产值对应，防止只有收入无成本的不正常现象，或者相反，形成收入与支出不配比状况。

8.4.4.6 其他直接费核算

项目施工生产过程中实际发生的其他直接费，有时并不“直接”，凡能分清受益对象的，应直接计入受益成本核算对象的工程施工——“其他直接费”；如与若干个成本核算对象有关的，可先归集到项目经理部的“其他直接费”总账科目（自行增设），再按规定的方法分配计入有关成本核算对象的工程施工——“其他直接费”成本项目内。分配方法可参照费用计算基数，以实际成本中的直接成本（不含其他直接费）扣除“三材”差价为分配依据，即人工费、材料费、周转材料费、结构件费、机械使用费之和扣除“三材”高进高出价差。

（1）施工过程中的材料二次搬运费。按项目经理部向劳务分公司汽车队托运汽车包天或包月租费结算，或以运输公司的汽车运费计算。

（2）临时设施摊销费。按项目经理部搭建的临时设施总价（包括活动房）除以项目合同工期，求出每月应摊销额。临时设施使用一个月摊销一个月，摊完为止。项目竣工搭拆差额（盈亏），按实调整实际成本。

（3）生产工具用具使用费。大型机动工具、用具等可以套用类似内部机械租赁办法以租费形式计入成本，也可按购置费用一次摊销法计入项目成本，并做好在用工具实物借用记录，以便反复利用。工具的修理费按实际发生数计入成本。

（4）除上述以外的其他直接费内容，均应按实际发生的有效结算凭证计入项目成本。

8.4.4.7 施工间接费核算

为了明确项目经理部的经济责任，分清成本费用的可控区域，正确合理地反映项目管理的经济效益，对施工间接费实行项目与项目之间分灶吃饭，“谁受益，谁负担；多受益，多负担；少受益，少负担；不受益，不负担”。项目经理部自已不但应该掌握、控制直接成本，而且应该掌握控制间接成本，即对全部项目成本负责。企业的管理费用、财务费用作为期间费用，不再构成项目成本，企业与项目在费用上分开核算。项目发生的施工间接费必须是自己可控的，即有办法知道将发生什么耗费，有办法计量它的耗费，有办法控制并调节它的耗费。也就是说，使施工项目成本（包括施工间接费）处于受控状态。凡属项目发生的可控费用，均下沉到项目去核算，企业不再硬性将公司本部发生费用向下分摊。如确属项目管理承包考核协议书内明确由项目经理部负担的有关费用，可作技术处理：企业本部可以增设“施工间接费”总账科目（项目必须设置）与项目经理部作同时点、同金额、同口径、反方向的会计处理。这样一收一付，一正一反，全企业会计报表可借贷相互轧抵，施工项目成本（制造成本）与期间费用的界限又未打乱。施工间接费的具体费用核算内容已经论述，下面着重讨论几个应注意的问题：

（1）要求以项目经理部为单位编制工资单和奖金单列支工作人员薪金。项目经理部工资总额每月必须正确核算，以此计提职工福利费、工会经费、教育经费、劳保统筹费等。

（2）劳务分公司所提供的炊事人员代办食堂承包服务、警卫人员提供区域岗点承包服务以及其他代办服务的费用，计入施工间接费。

（3）内部银行的存贷款利息，计入“内部利息”（新增明细子目）。

（4）施工间接费，先在项目“施工间接费”总账归集，再按一定的分配标准计入受益成本核算对象（单位工程）“工程施工——间接成本”。

分配的方法可参照费用计算基数，以实际成本中直接成本（扣除“三材”高进高出价差）为分配依据。

8.4.4.8 分包工程成本核算

项目经理部将所管辖的个别单位工程双包或以其他分包形式发给外单位承包，其核算要求包括：

（1）包清工工程。如前所述纳入人工费——外包人工费内核算。

（2）部位分项分包工程。如前所述纳入结构件费内核算。

（3）双包工程。双包工程是指将整幢建筑物以包工包料的形式分包给外单位施工的工程。可根据承包合同取费情况和发包（双包）合同支付情况，即上下合同差，测定目标盈利率。月度结算时，以双包工程已完工程价款作收入，应付双包单位工程款作支出，适当负担施工间接费预结降低额。为稳妥起见，拟控制在目标盈利率的50%以内，也可月结成本时作收支持平，竣工结算时，再按实调整实际成本，反映利润。

（4）机械作业分包工程。机械作业分包工程是指利用分包单位专业化施工优势，将打桩、吊装、大型土方、深基础等施工项目分包给专业单位施工的形式。对机械作业分包产值统计的范围是，只统计分包费用，而不包括物耗价值。即打桩只计打桩费而不计桩材费，吊装只计吊装费而不包括构件费，机械作业分包实际成本与此对应，包括分包结账单内除工期奖之外的全部工程费用，总体反映其全貌成本。

同双包工程一样，总分包企业合同费，包括总包单位管理费，分包单位让利收益等，在月结成本时，可先预结一部分，或月结时作收支持平处理，到竣工结算时，再作为项目效益反映。

（5）上述双包工程和机械作业分包工程由于收入和支出比较容易辨认（计算），所以项目经理部也可以对这两项分包工程，采用竣工点交办法，即月度不结盈亏。

（6）项目经理部应增设“分建成本”成本项目，核算反映双包工程、机械作业分包工程的成本状况。

（7）各类分包形式（特别是双包），对分包单位领用、租用、借用本企业物资、工具、设备、人工等费用，必须根据项目经管人员开具的且经分包单位指定专人签字认可的专用结算单据，如“分包单位领用物资结算单”及“分包单位租用工具设备结算单”等结算依据入账，抵做已付分包工程款。同时要注意对分包资金的控制、分包付款、供料控制，主要应依据合同及要料计划实施制约，单据应及时流转结算，账上支付额（包括抵价额）不得突破合同。要注意阶段控制，防止资金失控，引起成本亏损。

8.5　成本分析和成本考核

8.5.1　成本分析的依据

项目成本分析的依据包括：项目成本计划；项目成本核算资料；项目的会计核算、统计核算和业务核算的资料。成本分析的主要依据是会计核算、业务核算和统计核算所提供的资料。

（1）会计核算。会计核算主要是价值核算。

会计是对一定单位的经济业务进行计量、记录、分析和检查，作出预测，参与决策，实行监督，旨在实现最优经济效益的一种管理活动。它通过设置账户、复式记账、填制和审核凭证、登记账簿、成本计算、财产清查和编制会计报表等系列有组织有系统的方法，来记录企业的一切生产经营活动，然后据此提出一些用货币来反映的有关各种综合性经济指标的数据，如资产、负债、所有者权益、收入、费用、利润等。由于会计记录具有连续性、系统性、综合性等特点，所以它是成本分析的重要依据。

（2）业务核算。业务核算是各业务部门根据业务工作的需要建立的核算制度，它包括原始记录和计算登记表，如单位工程及分部分项工程进度登汇、质量登记，工效、定额计算登记、物资消耗定额记录，测试记录等。

业务核算的范围比会计、统计核算要广。会计和统计核算一般是对已经发生的经济活动进行核算，而业务核算不但可以核算已经完成的项目是否达到原定的目的，取得预期的效果，而且可以对尚未发生或正在发生的经济活动进行核算，以确定该项经济活动是否有经济效果，是否有执行的必要。它的特点是对个别的经济业务进行单项核算，例如各种技术措施、新工艺等项目。业务核算的目的在于迅速取得资料，以便在经济活动中及时采取措施进行调整。

（3）统计核算。统计核算是利用会计核算资料和业务核算资料，把企业生产经营活动客观现状的大量数据，按统计方法加以系统整理，以发现其规律性。

它的计量尺度比会计宽，可以用货币计算，也可以用实物或劳动量计量，它通过全面调查和抽样调查等特有的方法，不仅能提供绝对数指标，还能提供相对数和平均数指标，可以计算当前的实际水平，还可以确定变动速度以预测发展的趋势。

8.5.2 成本分析的内容

成本分析的内容包括：

（1）时间节点成本分析；

（2）工作任务分解单元成本分析；

（3）组织单元成本分析；

（4）单项指标成本分析；

（5）综合项目成本分析。

8.5.3 成本分析的步骤

成本分析方法应遵循下列步骤：

（1）选择成本分析方法；

（2）收集成本信息；

（3）进行成本数据处理；

（4）分析成本形成原因；

（5）确定成本结果。

8.5.4 成本考核的依据和方法

成本考核是衡量成本降低的实际成果，也是对成本指标完成情况的总结和评价。组织应根据项目成本管理制度，确定项目成本考核目的、时间、范围、对象、方式、依据、指标、组织领导、评价与奖惩原则。

8.5.4.1 成本考核的依据

成本考核的依据包括成本计划、成本控制、成本核算和成本分析的资料。成本考核的主要依据是成本计划确定的各类指标。

成本计划一般包括以下三类指标：

（1）成本计划的数量指标，如：

1）按子项汇总的工程项目计划总成本指标；

2）按分部汇总的各单位工程（或子项目）计划成本指标；

3）按人工、材料、机具等各主要生产要素划分的计划成本指标。

(2) 成本计划的质量指标，如项目总成本降低率：

1) 设计预算成本计划降低率=设计预算总成本计划降低额÷设计预算总成本；

2) 责任目标成本计划降低率=责任目标总成本计划降低额÷责任目标总成本。

(3) 成本计划的效益指标，如项目成本降低额：

1) 设计预算总成本计划降低额=设计预算总成本-计划总成本；

2) 责任目标总成本计划降低额=责任目标总成本-计划总成本。

8.5.4.2 成本考核的方法

公司应以项目成本降低额、项目成本降低率作为对项目管理机构成本考核主要指标。加强公司层对项目管理机构的指导，并充分依靠管理人员、技术人员和作业人员的经验和智慧，防止项目管理在企业内部异化为少数人承担风险的以包代管模式。成本考核也分别考核公司层和项目管理机构。公司层对项目管理机构的成本和效益进行全面评价、考核与奖惩。公司层对项目管理机构进行考核与奖惩时，既要防让虚益实亏，也要避免实际成本归集差错等的影响，使成本考核真正做到公平、公正、公开，在此基础上落实成本管理责任制的奖惩措施，项目管理机构应根据成本考核结果对相关人员进行奖惩。

复习题

1. 简述建筑工程成本的含义。
2. 简述建筑工程成本费用的构成。
3. 简述施工项目成本的主要形式。
4. 施工项目成本管理的具体工作内容是什么？
5. 什么是目标成本，如何计算？
6. 简述成本计划的编制程序。
7. 简述施工项目成本计划的编制方法。
8. 简述施工项目成本控制的意义和目的。
9. 简述施工项目成本控制的对象。
10. 简述施工项目成本控制的方法。
11. 施工项目经济核算的“三同步”是指哪些内容？
12. 什么是成本核算，项目成本计算期指什么？
13. 简述项目成本核算的原则。
14. 施工项目成本核算中的“三账”“四表”指的是什么？

9 建筑工程项目质量管理

本章知识要点结构层次分析导图如图 9.1 所示。

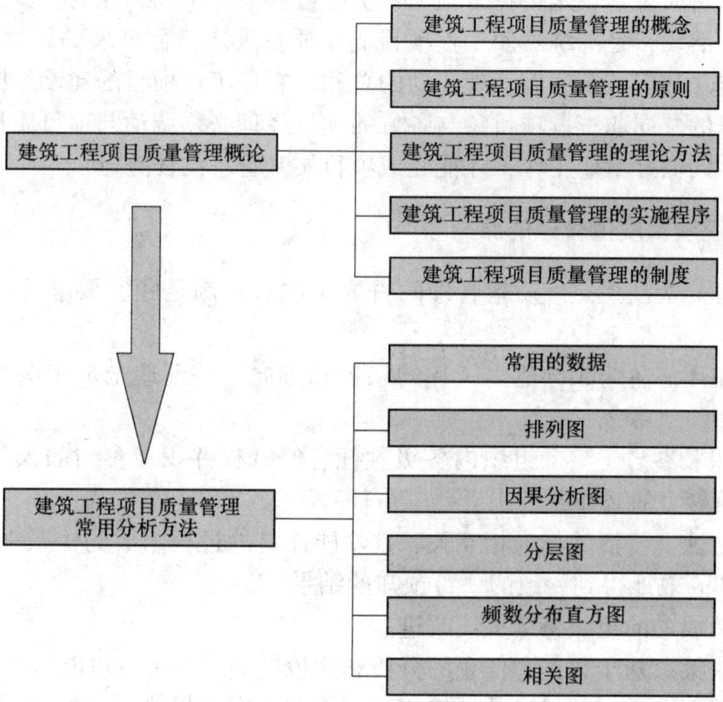

图 9.1　知识结构导图

9.1　建筑工程项目质量管理概论

9.1.1　建筑工程项目质量管理的概念

9.1.1.1　质量与建筑工程项目质量

根据我国国家标准《质量管理体系　基础和术语》（GB/T 19000—2016），质量的定义是：一个关注质量的组织倡导一种通过满足顾客和其他有关相关方的需求和期望来实现其价值的文化，这种文化将反映在其行为、态度、活动和过程中。组织的产品和服务质量取决于满足顾客的能力，以及对有关相关方的有意和无意的影响。产品和服务的质量不仅包括其预期的功能和性能，而且涉及顾客对其价值和受益的感知。

建筑工程项目质量是指通过项目实施形成的工程实体的质量，是反映建筑工程满足法律、法规的强制性要求和合同约定的要求，包括在安全、使用功能以及在耐久性能、环境保护等方面满足要求的明显和隐含能力的特性总和。其质量特性主要体现在适用性、安全性、耐久性、可靠性、经济性及与环境的协调性六个方面。

9.1.1.2 质量管理与建筑工程项目质量管理

质量管理就是关于质量的管理，是在质量方面指挥和控制组织的协调活动，包括建立和确定质量方针和质量目标，并在质量管理体系中通过质量策划、质量保证、质量控制和质量改进等手段来实施全部质量管理职能，从而实现质量目标的所有活动。

建筑工程项目质量管理是指在工程项目实施过程中，指挥和控制项目参与各方关于质量的相互协调的活动，是围绕着使工程项目满足质量要求，而开展的策划、组织、计划、实施、检查、监督和审核等所有管理活动的总和。它是工程项目的建设、勘察、设计、施工、监理等单位的共同职责。项目参与各方的项目经理必须调动与项目质量有关的所有人员的积极性，共同做好本职工作，才能完成项目质量管理的任务。

9.1.2 建筑工程项目质量管理的原则

（1）以顾客为关注焦点。质量管理的首要关注点是满足顾客要求并且努力超越顾客期望。

（2）领导作用。各级领导建立统一的宗旨和方向，并创造全员积极参与实现组织的质量目标的条件。

（3）全员积极参与。整个组织内各级胜任、经授权并积极参与的人员，是提高组织创造和提供价值能力的必要条件。

（4）过程方法。将活动作为相互关联、功能连贯的过程组成的体系来理解和管理时，可以更加有效和高效地得到一致的、可预知的结果。

（5）改进。成功的组织持续关注改进。

（6）循证决策。基于数据和信息的分析和评价的决策，更有可能产生期望的结果。

（7）关系管理。为了持续成功，组织需要管理与有关相关方（如供方）的关系。

9.1.3 建筑工程项目质量管理的理论方法

（1）全面质量管理理论。全面质量管理是指一个组织以质量为中心，以全员参与为基础，目的在于通过让顾客满意和本组织所有成员及社会受益而达到长期成功的管理途径。

全面质量管理的主要特点是：

1）全面质量管理的对象是全面的。既对产品质量进行管理，又对工作质量进行管理。

2）全面质量管理的范围是全面的。即对一项工程从可行性研究、勘察设计、现场施工、竣工验收到交工后维修服务的全过程都进行质量管理。

3）全面质量管理的参与者是全面的。即企业各个部门、各个岗位的全体成员都参与质量管理，通过全体成员的工作质量来保证最终的产品质量。

4）全面质量管理的手段方法是全面的。由于影响产品质量的因素多种多样，相互关系错综复杂，所以，要针对具体情况采用技术的、经济的、管理的、组织的、制度的手段方法进行质量管理。

（2）PDCA 循环管理方法。PDCA 循环是按照计划（plan）、实施（do）、检查（check）、处理（action）四个阶段，把企业管理工作开展起来，如图 9.2 所示。

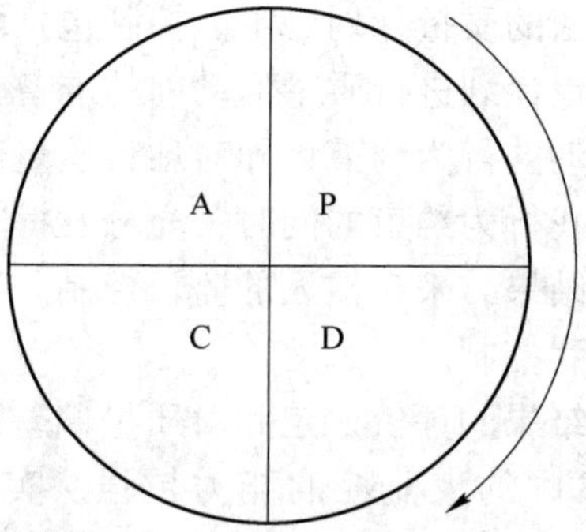

图 9.2 质量管理工作运行方式

PDCA 循环的内容分述如下：

1）计划阶段：明确提出质量管理方针目标，制定出改进措施计划。

2）实施阶段：按制定的改进措施计划组织贯彻执行。

3）检查阶段：通过计划要求和实施结果的对比，检查计划是否得以实现。

4）处理阶段：主要是根据检查结果，采取相应的应对措施。

PDCA 的每一循环都围绕着实现预期的目标，进行计划、实施、检查和处置活动，随着对存在问题的解决和改进，在一次一次的滚动循环中逐步上升，不断增强质量管理能力，不断提高质量水平，如图 9.3 所示。每一个循环的四大职能活动相互联系，共同构成了质量管理的系统过程。

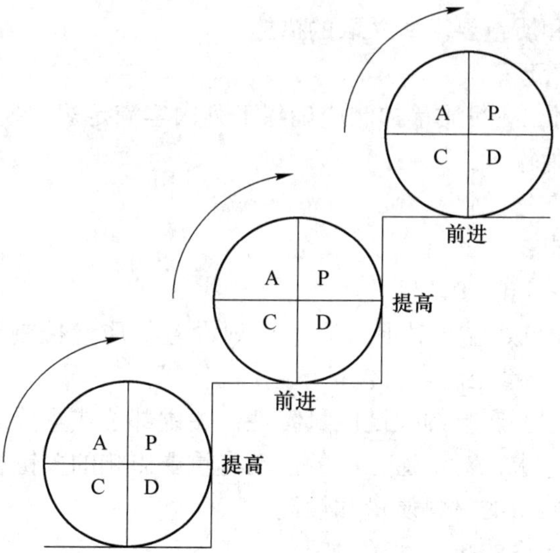

图 9.3 PDCA 循环示意图

（3）三阶段控制管理方法。三阶段控制管理法是对工程项目质量按进度的实施开展对项目进行事前控制、事中控制和事后控制。事前进行项目计划预控，事中进行自控和监控，事后进行偏差纠正，这三阶段控制管理构成了质量控制管理的系统过程。同时在质量控制管理，事前、事中、事后的各项控制环节又在过程中构成了内部 PDCA 循环模式。

事前控制要求预先进行周密的质量计划。事前控制包括两个方面，一方面强调质量目标的计划预控，另一方面按质量计划进行质量活动前的准备工作状态的控制。

事中控制首先是对质量活动的行为约束，即对项目质量产生过程各项技术作业活动操作者在相关制度的管理下的自我行为约束的同时，充分发挥其技术能力，完成既定质量目标；其次是对质量活动过程和结果，来自他人的监督控制。事中控制虽然包含自控和监控两大环节，但关键还是增强自我控制。

事后控制包括对质量活动结果的评价认定和对质量偏差的纠正。计划预控过程所制定的行为方案考虑得越周密，事中约束监控的能力越强，实现质量预期目标的可能性就越大。

9.1.4　建筑工程项目质量管理的实施程序

（1）确定质量计划。项目质量计划作为对外质量保证和对内质量控制的依据，体现项目全过程质量管理要求。项目质量计划应报组织批准，若需修改时，应按原批准程序报批。

项目质量计划应包括下列内容：

1）质量目标和质量要求；

2）质量管理体系和管理职责；

3）质量管理与协调的程序；

4）法律法规和标准规范；

5）质量控制点的设置与管理；

6）项目生产要素的质量控制；

7）实施质量目标和质量要求所采取的措施；

8）项目质量文件管理。

（2）实施质量控制。项目质量控制应确保下列内容满足规定要求：

1）实施过程的各种输入；

2）实施过程控制点的设置；

3）实施过程的输出；

4）各个实施过程之间的接口。

（3）开展质量检查与处置。对项目质量计划设置的质量控制点，项目管理机构应按规定进行检验和监测。质量控制点可包括下列内容：

1）对施工质量有重要影响的关键质量特性、关键部位或重要影响因素；

2）工艺上有严格要求，对下道工序的活动有重要影响的关键质量特性、部位；

3）严重影响项目质量的材料质量和性能；

4）影响下道工序质量的技术间歇时间；

5）与施工质量密切相关的技术参数；

6）容易出现质量通病的部位；

7）紧缺工程材料、构配件和工程设备或可能对生产安排有严重影响的关键项目；

8）隐蔽工程验收。

（4）落实质量改进。应根据不合格的信息，评价采取改进措施的需求，实施必要的改进措施。

9.1.5 建筑工程项目质量管理的制度

（1）工程质量监督管理制度。国务院建设行政主管部门对全国的建设工程实施统一的监督管理。县级以上地方人民政府建设行政主管部门对本行政区域内的建设工程质量实施监督管理。建设工程质量监督管理，可以由建设行政主管部门或其他有关部门委托的工程质量监督机构具体实施。

（2）施工图设计文件审查制度。施工图设计文件（以下简称施工图）审查是政府主管部门对工程勘察设计质量监督管理的重要环节。施工图审查，是指国务院建设行政主管部门和省、自治区、直辖市人民政府建设行政主管部门委托依法认定的施工图审查机构，根据国家法律、法规，对施工图涉及公共利益、公共安全和工程建设强制性标准的内容进行的审查。施工图未经审查合格的，不得使用。

（3）建设工程施工许可制度。建筑工程开工前，建设单位应当按照国家有关规定向工程所在地县级以上人民政府建设行政主管部门申请施工许可证。但是，国务院建设行政主管部门确定的限额以下的小型工程除外。

（4）工程质量检测制度。工程质量检测工作是对工程质量进行监督管理的重要手段之一。建筑工程质量检测，是指工程质量检测机构接受委托，依据国家有关法律、法规和工程建设强制性标准，对涉及结构安全项目的抽样检测和对进入施工现场的建筑材料、构配件的见证取样检测。

（5）工程竣工验收与备案制度。项目建成后必须按照国家有关规定进行竣工验收。建设单位收到建设工程竣工报告后，应当组织设计、施工、工程监理等有关单位进行竣工验收。建设工程经验收合格后，方可交付使用。建设单位应当自工程竣工验收合格之日起15日内，向工程所在地的县级以上地方人民政府建设行政主管部门备案。

（6）工程质量保修制度。建设工程质量保修制度是指建设工程在办理交工验收手续后，在规定的保修期限内，因勘察、设计、施工、材料等原因造成的质量问题，要由施工单位负责维修、更换，由责任单位负责赔偿损失。质量问题是指工程不符合国家工程建设强制性标准、设计文件以及合同中对质量的要求。

9.2 建筑工程项目质量管理中常用的分析方法

9.2.1 常用的数据

数据是进行质量管理的基础，“一切用数据说话”，才能做出科学的判断。通过收集、整理质量数据，可以帮助我们发现、分析质量问题，以便及时采取对策措施，预防和纠正质量事故。常用的数据有以下几种：

（1）子样平均值。子样平均值用来表示数据的集中位置，也称为子样的算术平均值，即：

$$\overline{X}=\frac{1}{n}(X_1+X_2+\cdots+X_n)=\frac{1}{n}\sum_{i=1}^{n}X_i \tag{9.1}$$

式中：$\overline{X}$——子样的算术平均值；

X_i——所测得的第 i 个数据；

n——子样的个数。

（2）中位数。中位数是指将收集到的质量数据按大小次序排列后处在中间位置的数据值，故又称为中值。它也表示数据的集中位置。当子样数 n 为奇数时，取中间一个数为中位数；n 为偶数时，则取中间 2 个数的平均值作为中位数。

（3）极差。极差是指一组数据中最大值与最小值之差，常用 R 表示。它表示数据分散的程度。

（4）子样标准偏差。子样标准偏差反映数据分散的程度，常用 S 表示，即

$$S=\sqrt{\frac{1}{n-1}\sum_{i=1}^{n}(X_i-\overline{X})^2},\ (n<30) \tag{9.2}$$

$$S=\sqrt{\frac{1}{n}\sum_{i=1}^{n}(X_i-\overline{X})^2},\ (n\geqslant 30) \tag{9.3}$$

式中：S——子样标准偏差；

$(X_i-\overline{X})$——第 i 个数据与子样平均值 $\overline{X}$ 之间的离差。

（5）变异系数。变异系数是用平均数的百分率表示标准偏差的一个系数，用以表示相对波动的大小，即

$$C_V=\frac{S}{\overline{X}}\times 100\% \tag{9.4}$$

式中：C_V——变异系数；

S——子样标准偏差；

$\overline{X}$——子样平均值。

9.2.2 排列图

（1）排列图法的适用范围。在质量管理过程中，通过抽样检查或检验试验所得到的关于质量问题、偏差、缺陷、不合格等方面的统计数据，以及造成质量问题的原因分析统计数据，均可采用排列图方法进行状况描述。

（2）排列图法的基本原理。排列图法又叫巴氏图法或巴雷特图法，也叫主次因素分析图法。排列图有两个纵坐标，左侧纵坐标表示产品频数，即不合格产品件数；右侧纵坐标表示累计频率，即不合格产品累计百分数。图中横坐标表示影响产品质量的各个因素或项目，按影响质量程度的大小，从左到右依次排列。每个直方形的高度表示该因素影响的大小，图中曲线称为巴雷特曲线。

在排列图上，通常把曲线的累计百分数分为三级，与此相对应的因素分三类。A 类因素对应于累计频率 0~80%，是影响产品质量的主要因素，应重点管理；B 类因素对应于

累计频率 80%~90%，为次要因素，需次重点管理；与累计频率 90%~100%相对应的为 C 类因素，属一般影响因素，可按照常规适当加强管理。运用排列图，便于找出主次矛盾，使错综复杂的问题一目了然，有利于采取对策，加以改善。

例 9.1 现以砌砖工程为例，按有关规定对检查项目进行测试，检查结果按不合格的大小次序排列，并计算出各自的频数以及累计频率，见表 9.1。试找出影响砌砖工程质量的主要因素。

表 9.1 砌砖工程不合格项目及频率汇总表

序号	实测项目	实测点数	超差点数（频数）	频率/%	累计频率/%
1	门窗洞口	392	36	55.38	55.38
2	墙面垂直	1589	20	30.77	86.15
3	墙面平整	1589	7	10.77	96.92
4	砌砖厚度	36	2	3.08	100
合 计		3606	65	100	

解：依表中数据绘制排列图，如图 9.4 所示。

由图可知，影响砌砖质量的主要因素是门窗孔洞偏差和墙面的垂直度，二者累计频率达到了 86.15%。故应采取措施以确保工程质量。

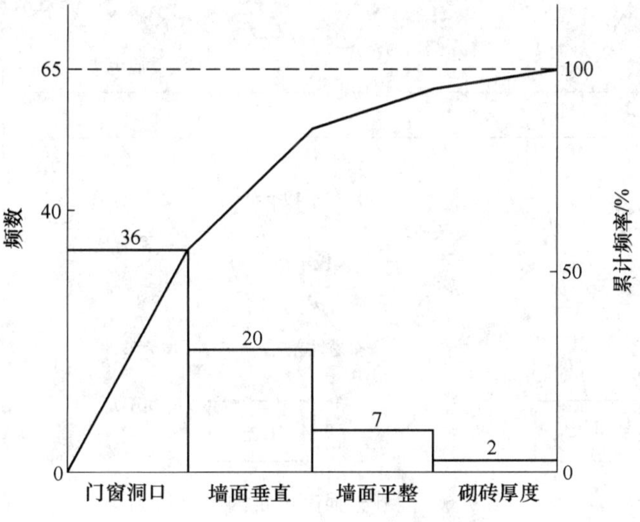

图 9.4 不合格大小次序排列图

9.2.3 因果分析图

因果分析图又叫特性要因图、鱼刺图、树枝图。这是一种逐步深入研究和讨论质量问题的图示方法。在工程实践中，任何一种质量问题的产生，往往是多种原因造成的。这些原因有大有小，把这些原因依照大小次序分别用主干、大枝、中枝和小枝图形表示出来，逐层深入地排查可能引起质量问题的原因，最后便可一目了然地系统观察出产生问题的所有可能原因。

运用因果分析图可以帮助我们制定对策，解决工程质量上存在的问题，从而进行有的放矢的处置和管理，以达到控制质量的目的。

例 9.2 现以混凝土强度不足的质量问题为对象来阐明因果分析图的画法。

解：因果分析图的绘制步骤为：

(1) 确定特性。特性就是需要解决的质量问题，如混凝土强度不足放在主干箭头的前面。

(2) 确定影响质量特性的大枝。如影响混凝土强度不足的因素主要是人、材料、工艺、设备和环境等五个方面。

(3) 进一步画出中、小细枝，即找出中、小原因，如图 9.5 所示。

最后针对影响质量的因素，有的放矢地制定对策，落实解决问题的人和时间，并以计划表的形式表示，且注明限期改正的时间。

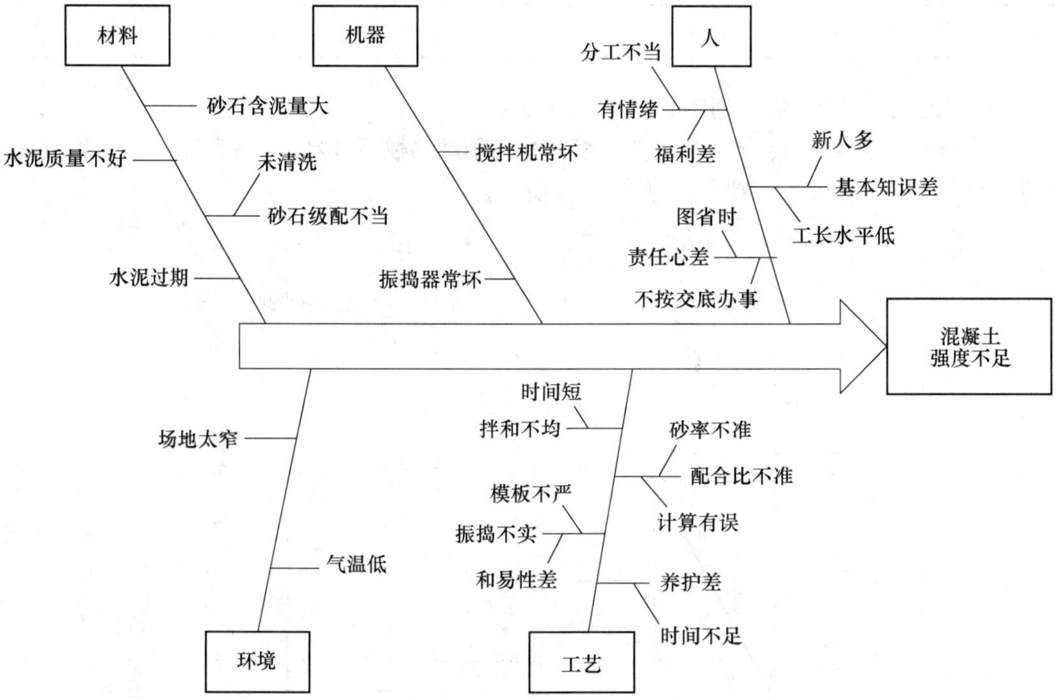

图 9.5 混凝土强度不足因果分析图

9.2.4 分层法

分层法又称分类法或分组法，就是将收集到的质量数据，按统计分析的需要进行分门别类地整理，使之系统化，以便找到产生质量问题的原因，及时采取措施加以预防。

分层方法多种多样，可按班次、日期分类；按操作者（男、女、新、老工人）或其工龄、技术等级分类；按施工方法分类；按设备型号、生产组织分类；按材料成分、规格、供料单位及时间分类等。

例 9.3 现以钢筋焊接质量的调查数据为例，采用分层法进行统计分析。共调查钢筋焊接点 50 个，其中不合格的有 19 个，不合格率为 $(19 \div 50) \times 100\% = 38\%$ 。为了查清焊接不合格的原因，需要分层收集数据。据查该批钢筋由三个焊工操作，并采用两种不同型号的焊条。

解：分别按操作者分层和按供应焊条的工厂分层进行分析，结果如表 9.2 及表 9.3 所示。

表 9.2 按操作者分层

操作者	不合格	合格	不合格率/%
甲	6	13	32
乙	3	9	25
丙	10	9	53
合计	19	31	38

表 9.3 按供应焊条工厂分层

工厂	不合格	合格	不合格率/%
甲	9	14	39
乙	10	17	37
合计	19	31	38

从表中可以看出，操作工人乙的质量较好，用工厂乙的焊条质量较好。

若进一步分析，可提出综合分层表（表 9.4)。综合分层结论是：用甲厂的焊条，采取工人乙的操作方法较好；用乙厂的焊条，应采用工人甲的操作方法。这样，可提高钢筋焊接质量。

表 9.4 综合分层焊接质量

操作者	焊接质量	甲厂	乙厂	合计
甲	不合格	6	0	6
	合格	2	11	13
乙	不合格	0	3	3
	合格	5	4	9
丙	不合格	3	7	10
	合格	7	2	9
合计	不合格	9	10	19
	合格	14	17	31

9.2.5 频数分布直方图

频数分布直方图又称质量分布图或简称直方图，它是将所收集的质量数据按一定的规定进行整理、分析，然后画成长方形（长柱形）的统计图。由于这种图中的每一个长方形代表一定范围内实测数据出现的频数，所以该图称为频数分布直方图。

9.2.5.1　直方图的绘制

下面以实例说明直方图的绘制方法。今从某工程公司混凝土构件预制厂连续抽取试块，测取某混凝土强度数据共计 200 个（一般情况数据应取 100 个左右）。其作图步骤归纳如下：

（1）将收集的实测数据汇总列表，并从中找出最大值（X_{max}）与最小值（X_{min}）。例中数据见表 9.5，其中 $X_{max}=299$，$X_{min}=271$。

表 9.5　混凝土试块抗压强度数据表

296	287	284	287	286	278	287	283	290	278	294	273	282	282	273	285	289	283	299	280
281	286	281	289	286	290	286	292	286	287	289	279	281	283	289	288	278	275	284	279
279	287	279	283	290	291	278	284	289	279	288	271	271	279	280	284	286	283	289	288
286	287	284	287	287	294	290	286	297	285	285	291	284	290	286	289	271	273	286	284
293	289	296	281	285	281	287	282	284	286	287	292	290	277	280	285	289	277	279	277
283	294	287	293	283	288	283	279	280	299	291	290	287	276	283	283	286	285	283	285
280	287	288	285	286	280	288	289	281	299	285	287	283	283	289	283	291	280	277	293
284	290	285	284	290	298	290	280	283	284	288	283	278	281	284	289	281	273	275	284
286	285	284	283	291	292	294	271	290	281	284	290	289	283	286	277	287	277	290	294
285	284	284	288	281	278	288	280	290	284	293	281	297	283	289	296	288	281	294	279

（2）计算极差值 R 。

$$R = X_{max} - X_{min} = 299 - 271 = 28$$

（3）确定组数 K 。K 值可参考表 9.6 选用。

经验证明，组数太少，会掩盖各组内数据变动的情况；组数太多，会使组的高度参差不齐，不易看出明显的规律。通常要使每组平均至少包含 4~5 个数据。本例取 $K=9$。

表 9.6　分组数参考表

数据总数 n	适当分组数 K	一般使用组数
50 个以下	7 组以下	10
50~100	6~10	
100~200	7~12	
200 个以上	10~20	

（4）确定组距 h。组距 h 等于极差 R 除以 K，并取近似整数值。

$$h = \frac{X_{max} - X_{min}}{K} = \frac{R}{K} \tag{9.5}$$

本例中：

$$h = \frac{299 - 271}{9} = 3.11(\text{取 } 3)$$

（5）计算组界值。为了避免数据刚好落在分组的界线上，分组的组界值应按下式计取：

第一组数据的组界值为：

$$下界值：X_{min} - \frac{h}{2}$$

$$上界值：X_{min} + \frac{h}{2}$$

以第一组的上界值为第二组的下界值，第二组的下界值加上组距 h 即为第二组的上界值，依此类推。

本例中：

第一组：上界值为 $X_{min} + \frac{h}{2} = 271 + \frac{3}{2} = 272.5$

下界值为 $X_{min} - \frac{h}{2} = 271 - \frac{3}{2} = 269.5$

第二组：上、下界值分别为 275.5 和 272.5

第三组：上、下界值分别为 278.5 和 275.5

其余各组组界值见表 9.7。

(6) 编制频数分布表。根据确定的组界值，统计频数和计算频数值，编制频数分布表。例中频数分布见表 9.7。

表 9.7 混凝土抗压强度频数分布统计表

序 号	组 界 值	频 数	频 率
1	269.5~272.5	4	0.020
2	272.5~275.5	6	0.030
3	275.5~278.5	13	0.065
4	278.5~281.5	30	0.150
5	281.5~284.5	40	0.200
6	284.5~287.5	42	0.210
7	287.5~290.5	38	0.190
8	290.5~293.5	12	0.060
9	293.5~296.5	9	0.045
10	296.5~299.5	6	0.030
Σ		200	1.000

(7) 绘制频数分布直方图。以横坐标表示分组的组界值，纵坐标表示各组数据的频数。将频数分布表中数据绘制在图上，形成以组距为底边、频数为高度的若干直方形，构成频数分布直方图。

例中，混凝土强度分布如图 9.6 所示。

(8) 最后，在直方图上要注明数据个数 n 、平均值 $\overline{X}$ 、标准偏差 S 、极差 R 、测取数据的日期等。

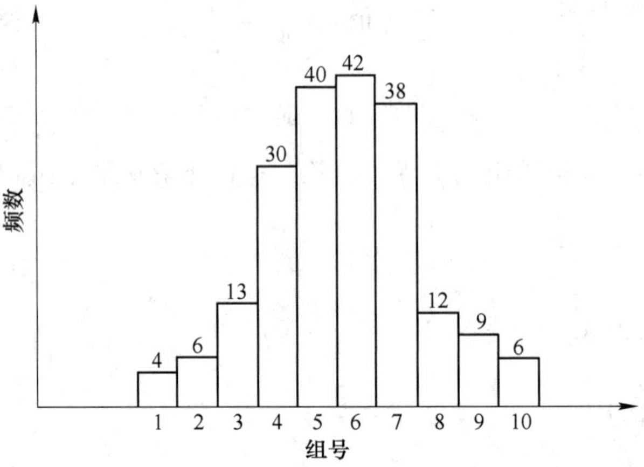

图 9.6　混凝土强度分布直方图

9.2.5.2　直方图的定量表示

直方图的定量表示需要有一个定量的表达方式，以对直方图加以概括。一般情况下，质量分布应符合正态分布曲线，该曲线的分散和集中情况可用 $\overline{X}$（算术平均值）来表示集中位置，用 R（极差）和 S（标准偏差）来表示分散程度，用 C_V（变异系数）来表示两组数据间的相对波动程度。

下面仍结合混凝土强度数据分析如下：

（1）平均值 $\overline{X}$。平均值 $\overline{X}$ 又称算术平均数，表示质量分布的集中位置与波动水平。当质量形成正态分布时，平均值 $\overline{X}$ 代表大部分质量数据所取得的数值的大小，也就是说，大部分质量数据密集在平均值的附近。例中：

$$\overline{X} = \frac{296 + 287 + \cdots + 279}{200} = 285$$

（2）极差 R。极差 R 是反映数据分散程度的参数，R 越小，说明工序越稳定。

本例中：
$$R = R_{max} - R_{min} = 299 - 271 = 28$$

（3）标准偏差 S。标准偏差 S 反映各个数据对平均值 $\overline{X}$ 的偏离程度。

本例中：
$$S = \sqrt{\frac{1}{200}\sum_{i=1}^{200}(X_i - \overline{X})^2} = 5.7$$

（4）变异系数 C_V，表示两组数据间的相对波动程度。

本例中：
$$C_V = \frac{S}{\overline{X}} = \frac{5.7}{285} = 0.02$$

9.2.5.3　直方图的分析

（1）直方图图形分析。直方图形象直观地反映了数据分布情况，即数据分布的集中或离散状况，通过对直方图的观察和分析可以看出生产是否稳定及其质量的状况。常见直方图的典型形状如图 9.7 所示，有以下几种：

1）正常型——又称为“对称型”。它的特点是中间高、两边低、左右基本对称，说明相应工序处于稳定状态，如图 9.7(a) 所示。

2）孤岛型——在远离主分布中心的地方出现小的直方形，形如孤岛。孤岛的存在表明生产过程中出现了异常因素。例如原材料改变发生的质量变化，或由于短期内操作不当发生的质量变动，如图 9.7(b) 所示。

3）双峰型——直方图出现两个中心，形成双峰状。这往往是由于把来自两个总体的数据混在一起作图所造成的，如把两个班组的数据混为一批等，如图 9.7(c) 所示。

4）偏向型——直方图的顶峰偏向一侧，故又称偏坡型。它往往是因为计数值或计量值只控制一侧界限或剔除了不合格数据造成的，如图 9.7(d) 所示。

5）陡壁型——直方图的一侧出现陡峭绝壁状态。这里由于人为地剔除一些数据，进行不真实的统计造成的，如图 9.7(e) 所示。

6）平顶型——在直方图顶部呈平顶状态。一般是由多个数据混在一起造成的，或者是在生产过程中有缓慢变化的因素在起作用所造成的，如图 9.7(f) 所示。

7）锯齿型——直方图出现参差不齐的形状，即频数不是相邻区间减少，而是隔区间减少，形成了锯齿状。造成这种现象的原因不是生产上的问题，而主要是绘制直方图时分组过多或测量仪器精度不够而造成的，如图 9.7(g) 所示。

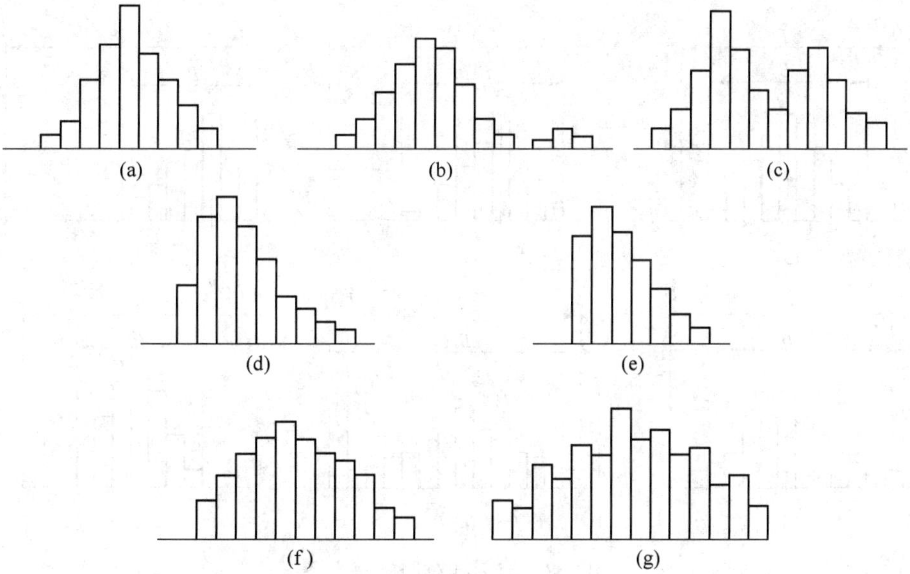

图 9.7 直方图的类型

(a) 正常型；(b) 孤岛型；(c) 双峰型；(d) 偏向型；(e) 陡壁型；(f) 平顶型；(g) 锯齿型

(2) 对照标准分析比较。当工序处于稳定状态（直方图为正常型）时，还需进一步将直方图与规格标准进行对照，确定工序满足标准要求的程度。

主要分析内容为：直方图的平均值 $\overline{X}$ 与质量标准中心 μ 的重合程度，直方图的分布范围 B 与公差范围 T 的关系。在图 9.8 中标出了标准范围 T 、标准上偏差 T_U 、标准偏差 T_L 和实际尺寸范围 B 。将实际产品质量分布的直方图与标准图形对比，找出存在的差异。常见的差异类型分析如下：

1）理想型——实际平均值 $\overline{X}$ 与规格标准中心 μ 重合，实际尺寸分布与标准范围两边有一定余量，约为 $T/8$，如图 9.8(a) 所示。

2）偏向型——虽在标准范围之内，但分布中心偏向一边，说明存在系统偏差，必须采取措施，如图 9.8(b) 所示。

3）陡壁型——此种图形反映数据分布过分地偏离规格中心，造成超差，出现不合格产品。这是由于工序控制不好造成的，应采取措施使数据中心与规格中心重合，如图 9.8(c) 所示。

4）无富余型——又称双侧压线型。分布虽然落在规格范围之内，但两侧均无余地，稍有波动就会出现超差，出现废品，如图 9.8(d) 所示。

5）能力不足型——又称双侧超越线型。此种图形实际尺寸分布已超出标准线，已产生不合格产品，如图 9.8(e) 所示。

6）能力富余型——又称过于集中型。实际尺寸分布与标准范围两边余量过大，属控制过严而不经济，如图 9.8(f) 所示。

以上分析表明了满足标准公差范围的程度，也就是说，如果在施工过程中能正确控制偏离标准的差异，就能稳定地生产出合格的产品。

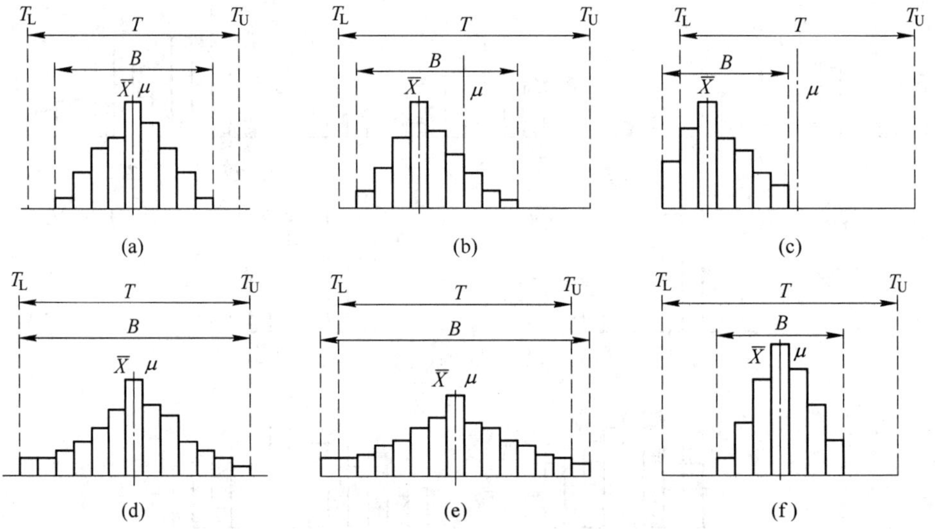

图 9.8 与标准对照的直方图

（a）理想型；（b）偏向型；（c）陡壁型；（d）无富全型；（e）能力不足型；（f）能力富余型

9.2.6 相关图

产品质量与影响质量的因素之间，常常有一定的依存关系，但它们之间不是一种严格的函数关系，即不能由一个变量的值精确地求出另一个变量的值。这种依存关系称为相关关系。相关图又叫散布图，就是把两个变量之间的相关关系用直角坐标系表示出来，借以观察判断两个质量特性之间的关系，通过控制容易测定的因素达到控制不易测定的因素的目的，以便对产品或工序进行有效的控制。相关图的形式有：

正相关：当 X 增大时，Y 也增大；

负相关：当 X 增大时，Y 却减少；

非线性相关：两种因素之间不成直线关系；

无相关：Y 不随 X 的增减而变化。

分析中，除了绘制相关图之外，还必须计算相关系数，以确定两种因素之间关系的密切程度。

相关系数计算公式为：

$$r = \frac{S(XY)}{\sqrt{S(XX)S(XY)}} \tag{9.6}$$

式中：

$$S(XX) = \sum_{i=1}^{n}(X_i - \bar{X})^2 = \sum_{i=1}^{n}X_i^2 - \frac{\left(\sum_{i=1}^{n}X_i\right)^2}{n}$$

$$S(YY) = \sum_{i=1}^{n}(Y_i - \bar{Y})^2 = \sum_{i=1}^{n}Y_i^2 - \frac{\left(\sum_{i=1}^{n}Y_i\right)^2}{n}$$

$$S(XY) = \sum_{i=1}^{n}(X_i - \bar{X})(Y_i - \bar{Y}) = \sum_{i=1}^{n}X_iY_i - \frac{\sum_{i=1}^{n}X_i\sum_{i=1}^{n}Y_i}{n}$$

$$\bar{X} = \frac{1}{n}\sum_{i=1}^{n}X_i$$

$$\bar{Y} = \frac{1}{n}\sum_{i=1}^{n}Y_i$$

相关系数值可以为正，也可以为负。正值表示正相关，负值表示负相关。相关系数的绝对值总是在 0~1 之间，绝对值越大，表示相关关系越密切。

例 9.4 根据表 9.8 所列数据，计算相关系数，确定其相关关系。

表 9.8 数据汇总表

序号	1	2	3	4	5	6	7	8	9	10	11	合计
X_i	5	5	10	20	30	40	50	60	65	90	120	495
Y_i	4	6	8	13	16	17	19	25	25	29	46	208
X_i^2	25	25	100	400	900	1600	2500	3600	4225	8100	14400	35875
Y_i^2	16	36	64	169	256	289	361	625	625	841	2116	5398
X_iY_i	20	30	80	260	480	680	950	1500	1625	2610	5520	13755

解：

$$S(XX)=\sum_{i=1}^{n}X_i^2-\frac{(\sum_{i=1}^{n}X_i)^2}{n}=35876-\frac{495^2}{11}=13600$$

$$S(YY)=\sum_{i=1}^{n}Y_i^2-\frac{(\sum_{i=1}^{n}Y_i)^2}{n}=5398-\frac{208^2}{11}=1465$$

$$S(XY)=\sum_{i=1}^{n}X_iY_i-\frac{\sum_{i=1}^{n}X_i\sum_{i=1}^{n}Y_i}{n}=13755-\frac{495\times 208}{11}=4395$$

$$r=\frac{S(XY)}{\sqrt{S(XX)S(XY)}}=\frac{4395}{\sqrt{13600\times 1465}}=0.98$$

由 $r=0.98$，则相关关系为正相关，且两因数 X 、Y 关系密切。

复 习 题

1. 什么是建筑工程项目质量管理？
2. 建筑工程项目质量管理的原则有哪些？
3. 什么是全面质量管理？
4. 全面质量管理的主要特点是什么？
5. 三阶段控制管理法是指哪三阶段？
6. 什么是建设工程质量保修制度？
7. 什么是质量管理的“PDCA”循环？
8. 常用的建筑工程项目质量分析方法有哪些？
9. 对某工程楼地面质量进行调查，发现有 80 间房间地面起砂，统计结果如表 9.9 所示，试绘制地面起砂原因排列图，并加以分析。

表 9.9 地面起砂原因统计结果

起砂原因	出现房间数/个	起砂原因	出现房间数/个
砂含泥量过大	17	砂浆配合比不当	7
砂粒径过大	47	水泥标号太低	3
养护不良	5	压光不足	1

10. 某大型基础工程的混凝土设计强度为 C30。在混凝土开始浇筑后，施工单位按规定预留了 40 组混凝土试块，根据其抗压强度试验结果绘制出频数分布情况如表 9.10 所示。如已知 C30 混凝土强度质量控制范围取值为：上限 $T_U=38.2$MPa，下限 $T_L=24.8$MPa，请绘制频数直方图，并对混凝土质量给予全面评价。

表 9.10 混凝土试块抗压强度试验结果

组号	分组区间	出现频数	频率
1	25. 15 ~ 26. 95	2	0. 05
2	26. 95 ~ 28. 75	4	0. 10
3	28. 75 ~ 30. 55	8	0. 20
4	30. 55 ~ 32. 35	11	0. 275
5	32. 35 ~ 34. 15	7	0. 175
6	34. 15 ~ 35. 95	5	0. 125
7	35. 95 ~ 37. 75	3	0. 075

10 建筑工程项目安全与环境管理

本章知识要点层次分析导图如图 10.1 所示。

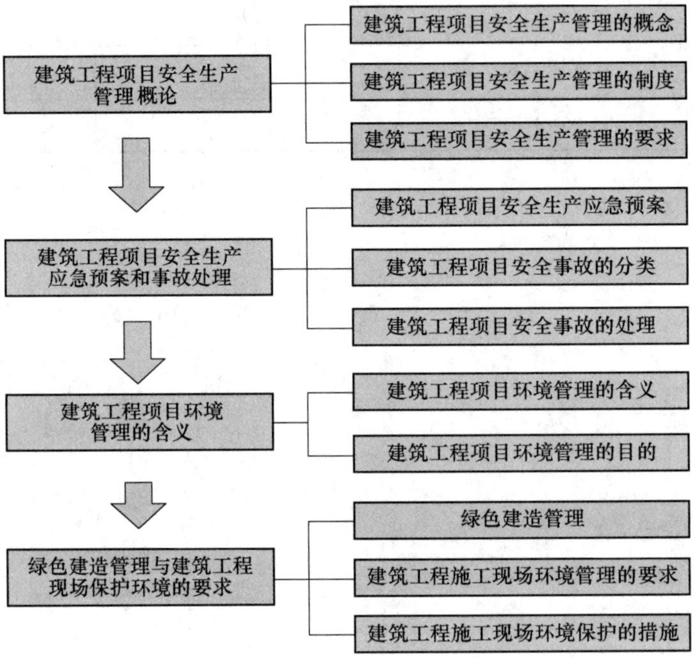

图 10.1　知识结构导图

10.1　建筑工程项目安全生产管理概论

10.1.1　建筑工程项目安全生产管理的概念

建筑工程项目安全生产管理是指为使项目实施人员和相关人员规避伤害及影响健康的风险而进行的计划、组织、指挥、协调和控制等活动。

建筑工程项目安全生产管理的方针是"安全第一、预防为主、综合治理"。

建筑工程项目安全生产管理的目的是防止和尽可能减少生产安全事故、保护产品生产者的健康与安全、保障人民群众的生命和财产免受损失；控制影响或可能影响工作场所内的员工或其他工作人员（包括临时工和承包方员工）、访问者或任何其他人员的健康安全的条件和因素；避免因管理不当对在组织控制下工作的人员健康和安全造成危害。

10.1.2 建筑工程项目安全生产管理的制度

（1）安全生产责任制度。安全生产责任制是最基本的安全管理制度，是所有安全生产管理制度的核心。安全生产责任制是按照安全生产管理方针和“管生产的同时必须管安全”的原则，将各级负责人员、各职能部门及其工作人员和各岗位生产工人在安全生产方面应做的事情及应负的责任加以明确规定的一种制度。具体来说，就是将安全生产责任分解到相关单位的主要负责人、项目负责人，班组长以及每个岗位的作业人员身上。

（2）安全生产许可证制度。《安全生产许可证条例》规定国家对建筑施工企业实施安全生产许可证制度。其目的是严格规范安全生产条件，进一步加强安全生产监督管理，防止和减少生产安全事故。

国务院建设主管部门负责中央管理的建筑施工企业安全生产许可证的颁发和管理，其他企业由省、自治区、直辖市人民政府建设主管部门进行颁发和管理，并接受国务院建设主管部门的指导和监督。

安全生产许可证的有效期为 3 年。安全生产许可证有效期满需要延期的，企业应当于期满前 3 个月向原安全生产许可证颁发管理机关办理延期手续。

企业在安全生产许可证有效期内，严格遵守有关安全生产的法律法规。未发生死亡事故的，安全生产许可证有效期届满时，经原安全生产许可证颁发管理机关同意，不再审查，安全生产许可证有效期延期 3 年。

企业不得转让、冒用安全生产许可证或者使用伪造的安全生产许可证。

（3）政府安全生产监督检查制度。政府安全监督检查制度是指国家法律、法规授权的行政部门，代表政府对企业的安全生产过程实施监督管理。

（4）安全生产教育培训制度。企业安全生产教育培训一般包括对管理人员、特种作业人员和企业员工的安全教育。

对管理人员的安全教育包括对企业领导的安全教育，项目经理、技术负责人和技术干部的安全教育，行政管理干部的安全教育，企业安全管理人员的安全教育以及班组长和安全员的安全教育。

特种作业人员必须经专门的安全技术培训并考核合格，取得《中华人民共和国特种作业操作证》后，方可上岗作业。

企业员工的安全教育主要有新员工上岗前的三级安全教育，改变工艺和变换岗位安全教育，经常性安全教育三种形式。

（5）安全措施计划制度。安全措施计划制度是指企业进行生产活动时，必须编制安全措施计划，它是企业有计划地改善劳动条件和安全卫生设施，防止工伤事故和职业病的重要措施之一，对企业加强劳动保护，改善劳动条件，保障职工的安全和健康，促进企业生产经营的发展都起着积极作用。

安全措施计划的范围应包括改善劳动条件、防止事故发生、预防职业病和职业中毒等内容，具体包括安全技术措施、职业卫生措施、辅助用房间及设施和安全宣传教育措施。

（6）特种作业人员持证上岗制度。《建设工程安全生产管理条例》第二十五条规定：“垂直运输机械作业人员、安装拆卸工、爆破作业人员、起重信号工、登高架设作业人员等特种作业人员，必须按照国家有关规定经过专门的安全作业培训，并取得特种作业操作资格证书后，方可上岗作业。”

（7）专项施工方案专家论证制度。依据《建设工程安全生产管理条例》第二十六条的规定：施工单位应当在施工组织设计中编制安全技术措施和施工现场临时用电方案，对下列达到一定规模的危险性较大的分部分项工程编制专项施工方案，并附具安全验算结果，经施工单位技术负责人、总监理工程师签字后实施，由专职安全生产管理人员进行现场监督，包括基坑支护与降水工程；土方开挖工程；模板工程；起重吊装工程；脚手架工程；拆除、爆破工程；国务院建设行政主管部门或者其他有关部门规定的其他危险性较大的工程。

对上述所列工程中涉及深基坑、地下暗挖工程、高大模板工程的专项施工方案，施工单位还应当组织专家进行论证、审查。

（8）危及施工安全工艺、设备、材料淘汰制度。严重危及施工安全的工艺、设备、材料是指不符合生产安全要求，极有可能导致生产安全事故发生，致使人民生命和财产遭受重大损失的工艺、设备和材料。

《建设工程安全生产管理条例》第四十五条规定："国家对严重危及施工安全的工艺、设备、材料实行淘汰制度。具体目录由国务院建设行政主管部门会同国务院其他有关部门制定并公布。"

（9）施工起重机械使用登记制度。《建设工程安全生产管理条例》第三十五条规定："施工单位应当自施工起重机械和整体提升脚手架、模板等自升式架设设施验收合格之日起 30 日内，向建设行政主管部门或者其他有关部门登记。登记标志应当置于或者附着于该设备的显著位置。"

（10）安全检查制度。

1）安全检查的目的。安全检查制度是清除隐患、防止事故、改善劳动条件的重要手段，是企业安全生产管理工作的一项重要内容。通过安全检查可以发现企业及生产过程中的危险因素，以便有计划地采取措施，保证安全生产。

2）安全检查的方式。检查方式有企业组织的定期安全检查，各级管理人员的日常巡回检查，专业性检查，季节性检查，节假日前后的安全检查，班组自检、交接检查，不定期检查等。

3）安全检查的内容。安全检查的主要内容包括：查思想、查管理、查隐患、查整改、查伤亡事故处理等。安全检查的重点是检查"三违"和安全责任制的落实。检查后应编写安全检查报告，报告应包括以下内容：已达标项目、未达标项目、存在问题、原因分析、纠正和预防措施。

4）安全隐患的处理程序。对查出的安全隐患，不能立即整改的要制定整改计划。定人、定措施、定经费、定完成日期，在未消除安全隐患前，必须采取可靠的防范措施，如有危及人身安全的紧急险情，应立即停工。应按照"登记—整改—复查—销案"的程序处理安全隐患。

（11）生产安全事故报告和调查处理制度。《中华人民共和国安全生产法》第八十三条规定："生产经营单位发生生产安全事故后，事故现场有关人员应当立即报告本单位负责人。单位负责人接到事故报告后，应当迅速采取有效措施，组织抢救，防止事故扩大，减少人员伤亡和财产损失，并按照国家有关规定立即如实报告当地负有安全生产监督管理职责的部门，不得隐瞒不报、谎报或者迟报，不得故意破坏事故现场、毁灭有关证据。”

关于生产安全事故报告和调查处理制度，《中华人民共和国建筑法》《建设工程安全生产管理条例》《生产安全事故报告和调查处理条例》《特种设备安全监察条例》等法律法规都对此作了相应的规定。

（12）“三同时”制度。“三同时”制度是指凡是我国境内新建、改建、扩建的基本建设项目（工程），技术改建项目（工程）和引进的建设项目，其安全生产设施必须符合国家规定的标准、必须与主体工程同时设计、同时施工、同时投入生产和使用。安全生产设施主要是指安全技术方面的设施、职业卫生方面的设施、生产辅助性设施等。

（13）安全预评价制度。安全预评价是根据建设项目可行性研究报告内容，分析和预测该建设项目可能存在的危险、有害因素的种类和程度，提出合理可行的安全对策措施及建议。

开展安全预评价工作，是贯彻落实“安全第一、预防为主”方针的重要手段，是企业实施科学化、规范化安全管理的工作基础。科学、系统地开展安全评价工作，不仅直接起到了消除危险有害因素、减少事故发生的作用，有利于全面提高企业的安全管理水平，而且有利于系统地、有针对性地加强对不安全状况的治理、改造，最大限度地降低安全生产风险。

（14）工伤和意外伤害保险制度。修正后的《中华人民共和国建筑法》与修订后的《社会保险法》和《工伤保险条例》等法律法规的规定保持一致，明确了建筑施工企业作为用人单位，为职工参加工伤保险并交纳工伤保险费是其应尽的法定义务，但为从事危险作业的职工投保意外伤害险并非强制性规定，是否投保意外伤害险由建筑施工企业自主决定。

10.1.3 建筑工程项目施工现场安全生产管理的要求

（1）应落实各项安全管理制度和操作规程，确定各级安全生产责任人；

（2）各级管理人员和施工人员应进行相应的安全教育，依法取得必要的岗位资格证书；

（3）各施工过程应配置齐全劳动防护设施和设备，确保施工场所安全；

（4）作业活动严禁使用国家及地方政府明令淘汰的技术、工艺、设备、设施和材料；

（5）作业场所应设置消防通道、消防水源，配备消防设施和灭火器材，并在现场入口处设置明显标志；

（6）作业现场场容、场貌、环境和生活设施应满足安全文明达标要求；

（7）食堂应取得卫生许可证，并应定期检查食品卫生，预防食物中毒；

（8）项目管理团队应确保各类人员的职业健康需求，防治可能产生的职业和心理疾病；

（9）应落实减轻劳动强度、改善作业条件的施工措施。

10.2 建筑工程项目安全生产应急预案和事故处理

10.2.1 建筑工程项目安全生产应急预案

项目管理机构应识别可能的紧急情况和突发过程的风险因素，编制项目应急准备与响应预案。应急准备与响应预案应包括下列内容：

（1）应急目标和部门职责；

（2）突发过程的风险因素及评估；

（3）应急响应程序和措施；

（4）应急准备与响应能力测试；

（5）需要准备的相关资源。

项目管理机构应对应急预案进行专项演练，对其有效性和可操作性实施评价并修改完善。发生安全生产事故时，项目管理机构应启动应急准备与响应预案，采取措施进行抢险救援，防止发生二次伤害。

10.2.2 建筑工程项目安全事故的分类

职业健康安全事故分为两大类型，即职业伤害事故与职业病。

10.2.2.1 职业伤害事故

职业伤害事故是指因生产过程及工作原因或与其相关的其他原因造成的伤亡事故。

（1）按照事故发生的原因分类。按照我国《企业职工伤亡事故分类》（GB 6441—1986）规定，职业伤害事故分为20类，其中与建筑业有关的有以下12类：物体打击、车辆伤害、机械伤害、起重伤害、触电、灼烫、火灾、高处坠落、坍塌、火药爆炸、中毒和窒息、其他伤害等。

（2）按事故严重程度分类。我国《企业职工伤亡事故分类》（GB 6441—1986）规定，按事故严重程度分类，事故分为：

1）轻伤事故，是指造成职工肢体或某些器官功能性或器质性轻度损伤，能引起劳动能力轻度或暂时丧失的伤害的事故，一般每个受伤人员休息1个工作日以上（含1个工作日），105个工作日以下。

2）重伤事故，是指一般指受伤人员肢体残缺或视觉、听觉等器官受到严重损伤，能引起人体长期存在功能障碍或劳动能力有重大损失的伤害，或者造成每个受伤人损失105工作日以上（含105个工作日）的失能伤害的事故。

3）死亡事故。死亡事故分为重大伤亡事故和特大伤亡事故。其中，重大伤亡事故指一次事故中死亡1~2人的事故；特大伤亡事故指一次事故死亡3人以上（含3人）的事故。

（3）按事故造成的人员伤亡或者直接经济损失分类。依据2007年6月1日起实施的《生产安全事故报告和调查处理条例》规定，按生产安全事故（以下简称事故）造成的人员伤亡或者直接经济损失，事故分为：

1）特别重大事故，是指造成30人以上死亡，或者100人以上重伤（包括急性工业中毒，下同），或者1亿元以上直接经济损失的事故。

2）重大事故，是指造成10人以上30人以下死亡，或者50人以上100人以下重伤，或者5000万元以上1亿元以下直接经济损失的事故。

3）较大事故，是指造成3人以上10人以下死亡，或者10人以上50人以下重伤，或者1000万元以上5000万元以下直接经济损失的事故。

4）一般事故，是指造成3人以下死亡，或者10人以下重伤，或者1000万元以下直接经济损失的事故。

目前，在建设工程领域中，判别事故等级较多采用的是《生产安全事故报告和调查处理条例》。

10.2.2.2 职业病

职业病是指企业、事业单位和个体经济组织等用人单位的劳动者在职业活动中，因接触粉尘、放射性物质和其他有毒、有害因素而引起的疾病。

职业病包括10大类，分别是：职业性肺病及其他呼吸系统疾病、职业性皮肤病、职业性眼病、职业性耳鼻喉口腔疾病、职业性化学中毒、物理因素所致职业病、职业性放射性疾病、职业性传染病、职业性肿瘤、其他职业病。

10.2.3 建筑工程项目安全事故的处理

10.2.3.1 安全事故的预防

在建筑施工中，常见的安全事故主要有高处坠落、物体打击、机械伤害、触电、坍塌、中毒、火灾等。安全管理应将防止这些常见的事故作为工作的重点，采取相应的技术管理措施，防患于未然。

10.2.3.2 安全事故处理的原则（“四不放过”原则）

（1）事故原因未查清不放过；

（2）事故责任人未受到处理不放过；

（3）事故责任人和周围群众没有受到教育不放过；

（4）事故没有制定切实可行的整改措施不放过。

10.2.3.3 安全事故处理程序

安全事故应该按下列程序进行处理：

（1）按规定向有关部门报告事故情况。事故发生后，事故现场有关人员应当立即向本单位负责人报告；单位负责人接到报告后，应当于1小时内向事故发生地县级以上人民政府安全生产监督管理部门和负有安全生产监督管理职责的有关部门报告，并有组织、有指挥地抢救伤员、排除险情；应当防止人为或自然因素的破坏，便于事故原因的调查。情况紧急时，事故现场有关人员可以直接向事故发生地县级以上人民政府安全生产监督管理部门和负有安全生产监督管理职责的有关部门报告。

安全生产监督管理部门和负有安全生产监督管理职责的有关部门接到事故报告后，应当依照下列规定上报事故情况，并通知公安机关、劳动保障行政部门、工会和人民检察院。

1）特别重大事故、重大事故逐级上报至国务院安全生产监督管理部门和负有安全生产监督管理职责的有关部门；

2）较大事故逐级上报至省、自治区、直辖市人民政府安全生产监督管理部门和负有安全生产监督管理职责的有关部门；

3）一般事故上报至设区的市级人民政府安全生产监督管理部门和负有安全生产监督管理职责的有关部门。

安全生产监督管理部门和负有安全生产监督管理职责的有关部门依照前款规定上报事故情况，应当同时报告本级人民政府。国务院安全生产监督管理部门和负有安全生产监督管理职责的有关部门以及省级人民政府接到发生特别重大事故、重大事故的报告后，应当立即报告国务院。必要时，安全生产监督管理部门和负有安全生产监督管理职责的有关部门可以越级上报事故情况。

安全生产监督管理部门和负有安全生产监督管理职责的有关部门逐级上报事故情况，每级上报的时间不得超过2小时。事故报告后出现新情况的，应当及时补报。

（2）组织调查组，开展事故调查。

1）特别重大事故由国务院或者国务院授权有关部门组织事故调查组进行调查。重大事故、较大事故、一般事故分别由事故发生地省级人民政府、设区的市级人民政府、县级人民政府负责调查。省级人民政府、设区的市级人民政府、县级人民政府可以直接组织事故调查组进行调查，也可以授权或者委托有关部门组织事故调查组进行调查。未造成人员伤亡的一般事故，县级人民政府也可以委托事故发生单位组织事故调查组进行调查。

2）事故调查组有权向有关单位和个人了解与事故有关的情况，并要求其提供相关文件、资料，有关单位和个人不得拒绝。事故发生单位的负责人和有关人员在事故调查期间不得擅离职守，并应当随时接受事故调查组的询问，如实提供有关情况。事故调查中发现涉嫌犯罪的，事故调查组应当及时将有关材料或者其复印件移交司法机关处理。

（3）现场勘查。事故发生后，调查组应迅速到现场进行及时、全面、准确和客观的勘查，包括现场笔录、现场拍照和现场绘图。

（4）分析事故原因。通过调查分析，查明事故经过，按受伤部位、受伤性质、起因物、致害物、伤害方法、不安全状态、不安全行为等，查清事故原因，包括人、物、生产管理和技术管理等方面的原因。通过直接和间接地分析，确定事故的直接责任者、间接责任者和主要责任者。

（5）制定预防措施。根据事故原因分析，制定防止类似事故再次发生的预防措施。根据事故后果和事故责任者应负的责任提出处理意见。

（6）提交事故调查报告。事故调查组应当自事故发生之日起60日内提交事故调查报告；特殊情况下，经负责事故调查的人民政府批准，提交事故调查报告的期限可以适当延长，但延长的期限最长不超过60日。

事故调查报告应当包括下列内容：

1）事故发生单位概况；

2）事故发生经过和事故救援情况；

3）事故造成的人员伤亡和直接经济损失；

4）事故发生的原因和事故性质；

5）事故责任的认定以及对事故责任者的处理建议；

6）事故防范和整改措施。

（7）事故的审理和结案。重大事故、较大事故、一般事故，负责事故调查的人民政府应当自收到事故调查报告之日起15日内作出批复；特别重大事故，30日内作出批复，特殊情况下，批复时间可以适当延长，但延长的时间最长不超过30日。

有关机关应当按照人民政府的批复，依照法律、行政法规规定的权限和程序，对事故发生单位和有关人员进行行政处罚，对负有事故责任的国家工作人员进行处分。事故发生单位应当按照负责事故调查的人民政府的批复，对本单位负有事故责任的人员进行处理。

负有事故责任的人员涉嫌犯罪的，依法追究刑事责任。

10.3 建筑工程项目环境管理的含义及目的

10.3.1 建筑工程项目环境管理的含义

建筑工程项目环境管理，是指依据国家和地方生态环境相关法律法规、国家（行业）标准、政策，运用现代化管理理念和方法，通过控制作业现场的各种粉尘、废水、废气、固体废弃物以及噪声、振动对环境的污染和危害，并考虑能源节约和避免资源的浪费，从而使社会经济发展与人类的生存环境相协调。

可从以下 3 个方面对建筑工程项目管理的含义进行理解。

（1）在工程项目全生命周期中建立相应环境保护、保障体系，协调工程建设与环境的关系，并保持与之相适应的可持续利用的资源和环境基础。

（2）在工程项目建设全生命周期中，所有参与者需树立环保意识。通过宣传、培训教育等手段将环境保护理念融入前期可研、设计、施工、运维阶段，从源头、根本上降低对生态环境的不利影响，同时防止、限制人为损害环境质量的行为。

（3）建筑工程项目全生命周期各发展阶段是动态变化的，因此建筑工程项目环境管理是一个动态过程。建筑工程项目环境管理需依据各阶段实际情况及时调整，以使建设活动不超过环境的承载能力和自净能力。

10.3.2 建筑工程项目环境管理的目的

环境保护是我国的一项基本国策。环境管理的目的是保护生态环境，使社会的经济发展与人类的生存环境相协调。对于建筑工程项目，环境保护主要是指保护和改善施工现场的环境。企业应当遵照国家和地方的相关法律法规以及行业和企业自身的要求，采取措施控制施工现场的各种粉尘、废水、废气、固体废弃物以及噪声、振动对环境的污染和危害，并且要注意节约资源和避免资源的浪费。

10.4 绿色建造管理与建筑工程现场环境保护的要求

10.4.1 绿色建造管理

（1）绿色建造。绿色建造是指在项目策划、设计、施工全过程中，保证质量安全的同时，通过科学的管理方法和技术创新，最大效度地减少污染，节约资源和能源，最终达到可持续发展的工程建设生产活动。与传统建造相比，绿色建造强调：

1）以保护环境和节约资源为前提，进行绿色设计、绿色建材采购、绿色施工等；

2）注重信息的有效传递，资源的高效利用，各节点企业的深度协同管理；

3）绿色建造需通过技术创新来实现，技术创新已成为企业提高自身竞争力的必然趋势；

4）建筑工程项目所实现的经济效益与社会效益、环境效益并重。

(2) 绿色建造管理。绿色建造管理是指为实施绿色设计、绿色施工、节能减排、保护环境而进行的计划、组织、智慧、协调和控制等活动。绿色建造管理包含：绿色管理思想、绿色产品开发、绿色建造过程、绿色技术保证体系等内容。绿色建造管理要求建筑工程项目管理主体根据经济社会可持续发展的要求，把生态环境保护观念和有益于消费者和公众身心健康的理念融入建筑工程项目建造过程中，从各环节控制污染与节约资源，以实现企业、建筑业的可持续发展，达到企业经济效益、社会效益、生态效益的有机统一。

10.4.2 建筑工程施工现场环境管理的要求

(1) 工程施工方案和专项措施应保证施工现场及周边环境安全、文明，减少噪声污染、光污染、水污染及大气污染，杜绝重大污染事件的发生。

(2) 在施工过程中应进行垃圾分类，实现固体废弃物的循环利用，设专人按规定处置有毒有害物质，禁止将有毒、有害废弃物用于现场回填或混入建筑垃圾中外运。

(3) 按照分区划块原则，规范施工污染排放和资源消耗管理，进行定期检查或测量，实施预控和纠偏措施，保持现场良好的作业环境和卫生条件。

(4) 针对施工污染源或污染因素，进行环境风险分析，制定环境污染应急预案，预防可能出现的非预期损害；在发生环境事故时，进行应急响应以消除或减少污染，隔离污染源并采取相应措施防止二次污染。

10.4.3 建筑工程施工现场环境保护的措施

工程建设过程中的污染主要包括对施工场界内的污染和对周围环境的污染。对施工场界内的污染防治属于职业健康安全问题，而对周围环境的污染防治是环境保护的问题。

建设工程环境保护措施主要包括大气污染的防治、水污染的防治、噪声污染的防治、固体废弃物的处理以及文明施工措施等。

10.4.3.1 大气污染的防治

(1) 大气污染物的分类。大气污染物的种类有数千种，已发现有危害作用的有100多种，其中大部分是有机物。大气污染物通常以气体状态和粒子状态存在于空气中。

(2) 施工现场空气污染的防治措施。

1) 施工现场垃圾渣土要及时清理出现场；

2) 高大建筑物清理施工垃圾时，要使用封闭式的容器或者采取其他措施处理高空废弃物，严禁凌空随意抛撒；

3) 施工现场道路应指定专人定期洒水清扫，形成制度，防止道路扬尘；

4) 对于细颗粒散体材料（如水泥、粉煤灰、白灰等）的运输、储存要注意遮盖、密封，防止和减少扬尘；

5) 车辆开出工地要做到不带泥沙，基本做到不洒土、不扬尘，减少对周围环境污染；

6) 除设有符合规定的装置外，禁止在施工现场焚烧油毡、橡胶、塑料、皮革、树叶、枯草、各种包装物等废弃物品以及其他会产生有毒、有害烟尘和恶臭气体的物质；

7) 机动车都要安装减少尾气排放的装置，确保符合国家标准；

8) 工地茶炉应尽量采用电热水器，若只能使用烧煤茶炉和锅炉时，应选用消烟除尘型茶炉和锅炉，大灶应选用消烟节能回风炉灶，使烟尘降至允许排放范围为止；

9）大城市市区的建设工程已不允许搅拌混凝土，在允许设置搅拌站的工地，应将搅拌站封闭严密，并在进料仓上方安装除尘装置，采用可靠措施控制工地粉尘污染；

10）拆除旧建筑物时，应适当洒水，防止扬尘。

10.4.3.2 水污染的防治

（1）水污染物的主要来源。

1）工业污染源：指各种工业废水向自然水体的排放；

2）生活污染源：主要有食物废渣、食油、粪便、合成洗涤剂、杀虫剂、病原微生物等；

3）农业污染源：主要有化肥、农药等。

施工现场废水和固体废物随水流流入水体部分，包括泥浆、水泥、油漆、各种油类、混凝土添加剂、重金属、酸碱盐、非金属无机毒物等。

（2）施工过程水污染的防治措施。

1）禁止将有毒有害废弃物作土方回填；

2）施工现场搅拌站废水，现制水磨石的污水，电石（碳化钙）的污水必须经沉淀池沉淀合格后再排放，最好将沉淀水用于工地洒水降尘或采取措施回收利用；

3）现场存放油料，必须对库房地面进行防渗处理，如采用防渗混凝土地面、铺油毡等措施；使用时，要采取防止油料跑、冒、滴、漏的措施，以免污染水体；

4）施工现场100人以上的临时食堂，污水排放时可设置简易有效的隔油池，定期清理，防止污染；

5）工地临时厕所、化粪池应采取防渗漏措施，中心城市施工现场的临时厕所可采用水冲式厕所，并有防蝇灭蛆措施，防止污染水体和环境；

6）化学用品、外加剂等要妥善保管，库内存放，防止污染环境。

10.4.3.3 噪声污染的防治

A 噪声的分类

按噪声来源可分为交通噪声（如汽车、火车、飞机等）、工业噪声（如鼓风机、汽轮机、冲压设备等）、建筑施工的噪声（如打桩机、推土机、混凝土搅拌机等发出的声音）、社会生活噪声（如高音喇叭、收音机等）。噪声妨碍人们正常休息、学习和工作，为防止噪声扰民，应控制人为强噪声。

根据国家标准《建筑施工场界环境噪声排放标准》（GB 12523—2011）的要求，对建筑施工过程中场界环境噪声排放限值见表10.1所示。

表10.1 建筑施工场界噪声排放限值 （单位：dB(A)）

昼 间	夜 间
70	55

B 施工现场噪声的控制措施

（1）声源控制。

1）声源上降低噪声，这是防止噪声污染的最根本的措施；

2）尽量采用低噪声设备和加工工艺代替高噪声设备与加工工艺，如低噪声振捣器、风机、电动空压机、电锯等；

3）在声源处安装消声器消声，即在通风机、鼓风机、压缩机、燃气机、内燃机及各类排气放空装置等进出风管的适当位置设置消声器。

（2）传播途径的控制。

1）吸声：利用吸声材料（大多由多孔材料制成）或由吸声结构形成的共振结构（金属或木质薄板钻孔制成的空腔体）吸收声能，降低噪声。

2）隔声：应用隔声结构，阻碍噪声向空间传播，将接收者与噪声声源分隔。隔声结构包括隔声室、隔声罩、隔声屏障、隔声墙等。

3）消声：利用消声器阻止传播。允许气流通过的消声降噪是防治空气动力性噪声的主要装置，如对空气压缩机、内燃机产生的噪声等。

4）减振降噪：对来自振动引起的噪声，通过降低机械振动减小噪声，如将阻尼材料涂在振动源上，或改变振动源与其他刚性结构的连接方式等。

（3）接收者的防护。让处于噪声环境下的人员使用耳塞、耳罩等防护用品，减少相关人员在噪声环境中的暴露时间，以减轻噪声对人体的危害。

（4）严格控制人为噪声。

1）进入施工现场不得高声喊叫、无故甩打模板、乱吹哨，限制高音喇叭的使用，最大限度地减少噪声扰民；

2）凡在人口稠密区进行强噪声作业时，须严格控制作业时间，一般晚 10 点到次日早 6 点之间停止强噪声作业。确系特殊情况必须昼夜施工时，尽量采取降低噪声措施，并会同建设单位找当地居委会、村委会或当地居民协调，出安民告示，求得群众谅解。

10.4.3.4 固体废弃物的处理

（1）建设工程施工工地上常见的固体废物。建设工程施工工地上常见的固体废物主要有：

1）建筑渣土：包括砖瓦、碎石、渣土、混凝土碎块、废钢铁、碎玻璃、废屑、废弃装饰材料等；

2）废弃的散装大宗建筑材料：包括水泥、石灰等；

3）生活垃圾：包括炊厨废物、丢弃食品、废纸、生活用具、废电池、废日用品、玻璃、陶瓷碎片、废塑料制品、煤灰渣、废交通工具等；

4）设备、材料等的包装材料；

5）粪便。

（2）固体废物的处理和处置。固体废物处理的基本思想是：采取资源化、减量化和无害化的处理，对固体废物产生的全过程进行控制。固体废物的主要处理方法如下：

1）回收利用。回收利用是对固体废物进行资源化的重要手段之一。粉煤灰在建设工程领域的广泛应用就是对固体废弃物进行资源化利用的典型范例。又如发达国家炼钢原料中有 70%是利用回收的废钢铁，所以，钢材可以看成是可再生利用的建筑材料。

2）减量化处理。减量化是对已经产生的固体废物进行分选、破碎、压实浓缩、脱水等减少其最终处置量，减低处理成本，减少对环境的污染。在减量化处理的过程中，也包括和其他处理技术相关的工艺方法，如焚烧、热解、堆肥等。

3）焚烧。焚烧用于不适合再利用且不宜直接予以填埋处置的废物，除有符合规定的装置外，不得在施工现场熔化沥青和焚烧油毡、油漆，亦不得焚烧其他可产生有毒有害和恶臭气体的废弃物。垃圾焚烧处理应使用符合环境要求的处理装置，避免对大气的二次污染。

4）稳定和固化。稳定和固化处理是利用水泥、沥青等胶结材料，将松散的废物胶结包裹起来，减少有害物质从废物中向外迁移、扩散，使得废物对环境的污染减少。

5）填埋。填埋是固体废物经过无害化、减量化处理的废物残渣集中到填埋场进行处置。禁止将有毒有害废弃物现场填埋，填埋场应利用天然或人工屏障。尽量使需处置的废物与环境隔离，并注意废物的稳定性和长期安全性。

复 习 题

1. 建筑工程项目安全生产管理的含义与方针分别是什么？
2. 建筑工程项目安全生产管理的制度有哪些？
3. 建筑工程项目施工现场安全生产管理的要求有哪些？
4. 按生产安全事故造成的人员伤亡或者直接经济损失，事故如何进行分类？
5. 建筑工程项目安全事故处理的原则是什么？
6. 施工现场的环境保护有什么要求？
7. 简述水污染物的主要来源。
8. 简述施工现场空气污染的防治措施。
9. 简述噪声的分类。
10. 简述固体废物的处理和处置方法。

11 建筑工程项目信息管理

本章知识要点结构层次分析导图如图 11.1 所示。

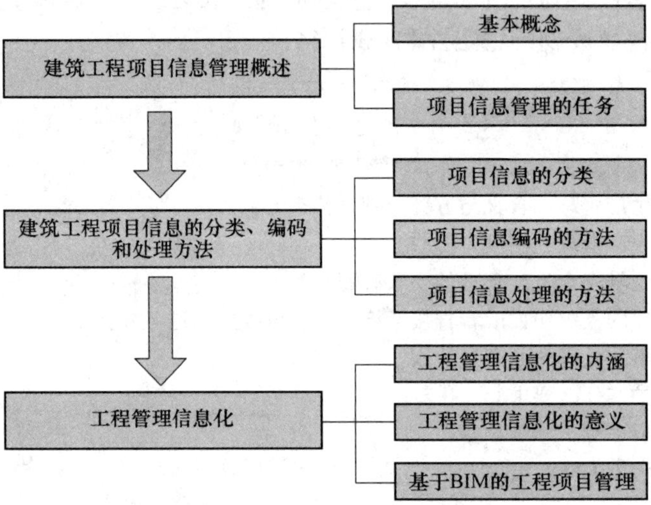

图 11.1 知识结构导图

11.1 建筑工程项目信息管理概述

11.1.1 基本概念

(1) 信息。信息指的是用口头的方式、书面的方式或电子的方式传输（传达、传递）的知识、新闻，或可靠的或不可靠的情报。声音、文字、数字和图像等都是信息表达的形式。建设工程项目的实施需要人力资源和物质资源，应认识到信息也是项目实施的重要资源之一。

(2) 信息管理。信息管理指的是信息传输的合理组织和控制。

(3) 项目的信息管理。项目的信息管理是通过对各个系统、各项工作和各种数据的管理，使项目的信息能方便和有效地获取、存储、存档、处理和交流。项目的信息管理的目的旨在通过有效的项目信息传输的组织和控制为项目建设的增值服务。

(4) 建设工程项目的信息。建设工程项目的信息包括在项目决策过程、实施过程（设计准备、设计、施工和物资采购过程等）和运行过程中产生的信息，以及其他与项目建设有关的信息，它包括：项目的组织类信息、管理类信息、经济类信息、技术类信息和法规类信息。

11.1.2 项目信息管理的任务

（1）信息管理手册。业主方和项目参与各方都有各自的信息管理任务，为充分利用和发挥信息资源的价值，提高信息管理的效率以及实现有序的和科学的信息管理，各方都应编制各自的信息管理手册，以规范信息管理工作。信息管理手册描述和定义信息管理做什么、谁做、什么时候做和其工作成果是什么等，它的主要内容包括：

1）信息管理的任务（信息管理任务目录）；

2）信息管理的任务分工表和管理职能分工表；

3）信息的分类；

4）信息的编码体系和编码；

5）信息输入输出模型；

6）各项信息管理工作的工作流程图；

7）信息流程图；

8）信息处理的工作平台及其使用规定；

9）各种报表和报告的格式，以及报告周期；

10）项目进展的月度报告、季度报告、年度报告和工程总报告的内容及其编制；

11）工程档案管理制度；

12）信息管理的保密制度等。

（2）信息管理部门的工作任务。项目管理班子中各个工作部门的管理工作都与信息处理有关，而信息管理部门的主要工作任务是：

1）负责编制信息管理手册，在项目实施过程中进行信息管理手册的必要修改和补充，并检查和督促其执行；

2）负责协调和组织项目管理班子中各个工作部门的信息处理工作；

3）负责信息处理工作平台的建立和运行维护；

4）与其他工作部门协同组织收集信息、处理信息和形成各种反映项目进展和项目目标控制的报表和报告；

5）负责工程档案管理等。

在国际上，许多建设工程项目都专门设立信息管理部门（或称为信息中心），以确保信息管理工作的顺利进行；也有一些大型建设工程项目专门委托咨询公司从事项目信息动态跟踪和分析，以信息流指导物质流，从宏观上对项目的实施进行控制。

（3）信息工作流程。各项信息管理任务的工作流程，如：

1）信息管理手册编制和修订的工作流程；

2）为形成各类报表和报告，收集信息、录入信息、审核信息、加工信息、信息传输和发布的工作流程；

3）工程档案管理的工作流程等。

（4）应重视基于互联网的信息处理平台。由于建设工程项目大量数据处理的需要，在当今的时代应重视利用信息技术的手段进行信息管理。其核心的手段是基于互联网的信息处理平台。

11.2 建设工程项目信息的分类、编码和处理方法

11.2.1 项目信息的分类

业主方和项目参与各方可根据各自项目管理的需求确定其信息的分类，但为了信息交流的方便和实现部分信息共享，应尽可能作一些统一分类的规定，如项目的分解结构应统一。

可以从不同的角度对建设工程项目的信息进行分类，如：

（1）按项目管理工作的对象，即按项目的分解结构，如子项目 1、子项目 2 等进行信息分类；

（2）按项目实施的工作过程，如设计准备、设计、招标投标和施工过程等进行信息分类；

（3）按项目管理工作的任务，如投资控制、进度控制、质量控制等进行信息分类；

（4）按信息的内容属性，如组织类信息、管理类信息、经济类信息、技术类信息和法规类信息。

建设项目信息图如图 11.2 所示。

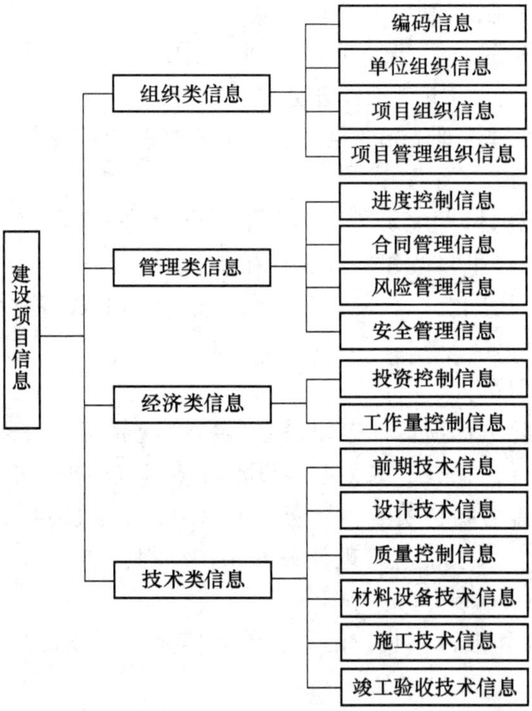

图 11.2 建设项目信息图

为满足项目管理工作的要求，往往需要对建设工程项目信息进行综合分类，即按多维进行分类，如：

（1）第一维：按项目的分解结构；

（2）第二维：按项目实施的工作过程；

（3）第三维：按项目管理工作的任务。

11.2.2 项目信息编码的方法

11.2.2.1 编码的内涵

编码由一系列符号（如文字）和数字组成，编码是信息处理的一项重要的基础工作。

11.2.2.2 服务于各种用途的信息编码

一个建设工程项目有不同类型和不同用途的信息，为了有组织地存储信息、方便信息的检索和信息的加工整理，必须对项目的信息进行编码。

（1）项目的结构编码，依据项目结构图对项目结构的每一层的每一个组成部分进行编码。

（2）项目管理组织结构编码，依据项目管理的组织结构图，对每一个工作部门进行编码。

（3）项目的政府主管部门和各参与单位编码（组织编码），包括：

1）政府主管部门；

2）业主方的上级单位或部门；

3）金融机构；

4）工程咨询单位；

5）设计单位；

6）施工单位；

7）物资供应单位；

8）物业管理单位等。

（4）项目实施的工作项编码（项目实施的工作过程的编码）应覆盖项目实施的工作任务目录的全部内容，包括：

1）设计准备阶段的工作项；

2）设计阶段的工作项；

3）招标投标工作项；

4）施工和设备安装工作项；

5）项目动用前的准备工作项等。

（5）项目的投资项编码（业主方）/成本项编码（施工方），它并不是概预算定额确定的分部分项工程的编码，它应综合考虑概算、预算、标底、合同价和工程款的支付等因素，建立统一的编码，以服务于项目投资目标的动态控制。

（6）项目的进度项（进度计划的工作项）编码，应综合考虑不同层次、不同深度和不同用途的进度计划工作项的需要，建立统一的编码，服务于项目进度目标的动态控制。

（7）项目进展报告和各类报表编码，项目进展报告和各类报表编码应包括项目管理形成的各种报告和报表的编码。

（8）合同编码，应参考项目的合同结构和合同的分类，应反映合同的类型、相应的项目结构和合同签订的时间等特征。

(9) 函件编码，应反映发函者、收函者、函件内容所涉及的分类和时间等，以便函件的查询和整理。

(10) 工程档案编码，应根据有关工程档案的规定、项目的特点和项目实施单位的需求等而建立。

以上这些编码是因不同的用途而编制的，如投资项编码（业主方）/成本项编码（施工方）服务于投资控制工作/成本控制工作；进度项编码服务于进度控制工作。但是有些编码并不是针对某一项管理工作而编制的，如投资控制/成本控制、进度控制、质量控制、合同管理、编制项目进展报告等都要使用项目的结构编码，因此就需要进行编码的组合。

11.2.3 项目信息处理的方法

在当今的时代，信息处理已逐步向电子化和数字化的方向发展，但建筑业和基本建设领域的信息化已明显落后于许多其他行业，建设工程项目信息处理基本上还沿用传统的方法和模式。应采取措施，使信息处理由传统的方式向基于网络的信息处理平台方向发展，以充分发挥信息资源的价值，以及信息对项目目标控制的作用。

基于网络的信息处理平台由一系列硬件和软件构成：

(1) 数据处理设备：包括计算机、打印机、扫描仪、绘图仪等；

(2) 数据通信网络：包括形成网络的有关硬件设备和相应的软件；

(3) 软件系统：包括操作系统和服务于信息处理的应用软件等。

数据通信网络主要有如下三种类型：

(1) 局域网（LAN）：由与各网点连接的网线构成网络，各网点对应于装备有实际网络接口的用户工作站；

(2) 城域网（MAN）：在大城市范围内两个或多个网络的互联；

(3) 广域网（WAN）：在数据通信中，用来连接分散在广阔地域内的大量终端和计算机的一种多态网络。

互联网是目前最大的全球性的网络，它连接了覆盖100多个国家的各种网络，如商业性的网络（.com或.co）、大学网络（.ac或.edu）、研究网络（.org或.net）和军事网络（.mil）等，并通过网络连接数以千万台的计算机，以实现连接互联网的计算机之间的数据通信。互联网由若干个学会、委员会和集团负责维护和运行管理。

建设工程项目的业主方和项目参与各方往往分散在不同的地点，或不同的城市、不同的国家，因此其信息处理应考虑充分利用远程数据通信的方式，如：

(1) 通过电子邮件收集信息和发布信息；

(2) 通过基于互联网的项目专用网站（project specific web site，PSWS）实现互联网业主方内部、业主方和项目参与各方，以及项目参与各方之间的信息交流、协同工作和文档管理或通过基于互联网的项目信息门户（project information portal，PIP）ASP模式为众多项目服务的公用信息平台实现业主方内部、业主方和项目参与各方，以及项目参与各方之间的信息交流、协同工作和文档管理；

(3) 召开网络会议；

(4) 基于互联网的远程教育与培训等。

11.3 工程管理信息化

11.3.1 工程管理信息化的内涵

工程管理信息化指的是工程管理信息资源的开发和利用，以及信息技术在工程管理中的开发和应用。工程管理的信息资源包括：组织类工程信息、管理类工程信息、经济类工程信息、技术类工程信息、法规类信息等。信息技术在工程管理中的开发和应用，包括在项目决策阶段的开发管理、实施阶段的管理和使用阶段的设施管理中开发和应用信息技术。信息技术在工程管理中的开发和应用有利于：

（1）项目信息的检索和查询、数据和文件版本的统一、项目的文档管理；

（2）提高数据处理的准确性和效率；

（3）使数据传输不受距离限制并可提高数据传输的保真度和保密性；

（4）项目各参与方之间的信息交流和协同工作。

11.3.2 工程管理信息化的意义

工程管理信息化有利于提高建筑工程项目的经济效益和社会效益，以达到为项目建设增值的目的。

（1）工程管理信息资源的开发和信息资源的充分利用，可吸取类似项目的正反两方面的经验和教训，许多有价值的组织信息、管理信息、经济信息、技术信息和法规信息将有助于项目决策期多种可能方案的选择，有利于项目实施期的项目目标控制，也有利于项目建成后的运行。

（2）通过信息技术在工程管理中的开发和应用能实现：

1）信息存储数字化和存储相对集中；

2）信息处理和变换的程序化；

3）信息传输的数字化和电子化；

4）信息获取便捷；

5）信息透明度提高；

6）信息流扁平化。

11.3.3 基于 BIM 的工程项目管理

（1）基于 BIM 的建筑工程设计。采用基于 BIM 技术的设计软件作支撑，在软件中可建立建筑功能模型、结构网架模型、机电设备管线模型，实现不同专业设计之间的信息共享，各专业设计可从信息模型中获取所需的设计参数和相关信息。同时 BIM 模型的可视化纠错能力直观、实际，使施工过程中可能发生的问题提前到设计阶段来处理，从而可节约成本，缩短建设周期。

（2）基于 BIM 的建筑施工管理。基于 BIM 虚拟施工，可实现动态、集成和可视化的 4D 施工管理。将建筑物及施工现场 3D 模型与施工进度相连接，并与施工资源和场地布置信息集成一体，建立 4D 施工信息模型；可实现建筑工程进度、人力、材料、设备、成本和场地布置的动态集成管理及施工过程的可视化模拟，以提供合理的施工方案及人、材、机的合理配置。同时，可在施工前对所采用施工方法、施工过程、施工方案等进行模拟优化。

（3）基于BIM的建筑工程运维管理。综合应用地理信息系统（GIS）技术，将BIM与维护管理计划相连接，可实现建筑物业管理与楼宇设备的实时监控相集成的智能化和可视化管理，及时定位问题来源。同时可结合运营阶段的环境影响和灾害破坏，针对结构损伤、材料劣化及灾害破坏，进行建筑结构安全性、耐久性分析与预测。

（4）基于BIM的全过程管理。BIM的意义在于完善了整个建筑行业从上游到下游的各个管理系统和工作流程间的纵、横向沟通和多维性交流，实现了项目全生命周期的信息化管理。BIM所形成的三维模型数据库，包含了贯穿于设计、施工和运营管理等整个项目全生命周期的各个阶段的信息数据。BIM在建筑工程项目管理方面的成效与日俱增，它将人员、系统和实践全部集成到一个流程中，只要所有参与者充分利用，便可在设计、制造和施工等所有阶段优化项目成效。

复 习 题

1. 什么是信息，建设工程项目信息的内容包括哪些内容？
2. 信息管理部门的工作任务是什么？
3. 工程项目信息系统中投资控制的功能有哪些？
4. 工程项目信息系统中成本控制的功能有哪些？
5. 工程项目信息系统中进度控制的功能有哪些？
6. 项目按信息的内容属性进行分类，可以划分为哪些？
7. 怎样对建设工程项目信息按照多维进行综合分类？
8. 信息管理手册的主要内容有哪些？
9. 简述服务于项目各种用途的信息编码。
10. 数据通信网络主要有哪些类型？

附　　录

附录Ⅰ　复利系数表

i=8%						
年份	(F/P, i, n)	(P/F, i, n)	(F/A, i, n)	(A/F, i, n)	(A/P, i, n)	(P/A, i, n)
1	1.0800	0.9259	1.0000	1.0000	1.0800	0.9259
2	1.1664	0.8573	2.0800	0.4808	0.5608	1.7833
3	1.2597	0.7938	3.2464	0.3080	0.3880	2.5771
4	1.3605	0.7350	4.5061	0.2219	0.3019	3.3121
5	1.4693	0.6806	5.8666	0.1705	0.2505	3.9927
6	1.5869	0.6302	7.3359	0.1363	0.2163	4.6229
7	1.7138	0.5835	8.9228	0.1121	0.1921	5.2064
8	1.8509	0.5403	10.6366	0.0940	0.1740	5.7466
9	1.9990	0.5002	12.4876	0.0801	0.1601	6.2469
10	2.1589	0.4632	14.4866	0.0690	0.1490	6.7101
11	2.3316	0.4289	16.6455	0.0601	0.1401	7.1390
12	2.5182	0.3971	18.9771	0.0527	0.1327	7.5361
13	2.7196	0.3677	21.4953	0.0465	0.1265	7.9038
14	2.9372	0.3405	24.2149	0.0413	0.1213	8.2442
15	3.1722	0.3152	27.1521	0.0368	0.1168	8.5595
16	3.4259	0.2919	30.3243	0.0330	0.1130	8.8514
17	3.7000	0.2703	33.7502	0.0296	0.1096	9.1216
18	3.9960	0.2502	37.4502	0.0267	0.1067	9.3719
19	4.3157	0.2317	41.4463	0.0241	0.1041	9.6036
20	4.6610	0.2145	45.7620	0.0219	0.1019	9.8181
21	5.0338	0.1987	50.4229	0.0198	0.0998	10.0168
22	5.4365	0.1839	55.4568	0.0180	0.0980	10.2007
23	5.8715	0.1703	60.8933	0.0164	0.0964	10.3711
24	6.3412	0.1577	66.7648	0.0150	0.0950	10.5288
25	6.8485	0.1460	73.1059	0.0137	0.0937	10.6748
26	7.3964	0.1352	79.9544	0.0125	0.0925	10.8100
27	7.9881	0.1252	87.3508	0.0114	0.0914	10.9352
28	8.6271	0.1159	95.3388	0.0105	0.0905	11.0511
29	9.3173	0.1073	103.9659	0.0096	0.0896	11.1584
30	10.0627	0.0994	113.2832	0.0088	0.0888	11.2578

续附录Ⅰ

i=10%						
年份	(F/P, i, n)	(P/F, i, n)	(F/A, i, n)	(A/F, i, n)	(A/P, i, n)	(P/A, i, n)
1	1.1000	0.9091	1.0000	1.0000	1.1000	0.9091
2	1.2100	0.8264	2.1000	0.4762	0.5762	1.7355
3	1.3310	0.7513	3.3100	0.3021	0.4021	2.4869
4	1.4641	0.6830	4.6410	0.2155	0.3155	3.1699
5	1.6105	0.6209	6.1051	0.1638	0.2638	3.7908
6	1.7716	0.5645	7.7156	0.1296	0.2296	4.3553
7	1.9487	0.5132	9.4872	0.1054	0.2054	4.8684
8	2.1436	0.4665	11.4359	0.0874	0.1874	5.3349
9	2.3579	0.4241	13.5795	0.0736	0.1736	5.7590
10	2.5937	0.3855	15.9374	0.0627	0.1627	6.1446
11	2.8531	0.3505	18.5312	0.0540	0.1540	6.4951
12	3.1384	0.3186	21.3843	0.0468	0.1468	6.8137
13	3.4523	0.2897	24.5227	0.0408	0.1408	7.1034
14	3.7975	0.2633	27.9750	0.0357	0.1357	7.3667
15	4.1772	0.2394	31.7725	0.0315	0.1315	7.6061
16	4.5950	0.2176	35.9497	0.0278	0.1278	7.8237
17	5.0545	0.1978	40.5447	0.0247	0.1247	8.0216
18	5.5599	0.1799	45.5992	0.0219	0.1219	8.2014
19	6.1159	0.1635	51.1591	0.0195	0.1195	8.3649
20	6.7275	0.1486	57.2750	0.0175	0.1175	8.5136
21	7.4002	0.1351	64.0025	0.0156	0.1156	8.6487
22	8.1403	0.1228	71.4027	0.0140	0.1140	8.7715
23	8.9543	0.1117	79.5430	0.0126	0.1126	8.8832
24	9.8497	0.1015	88.4973	0.0113	0.1113	8.9847
25	10.8347	0.0923	98.3471	0.0102	0.1102	9.0770
26	11.9182	0.0839	109.1818	0.0092	0.1092	9.1609
27	13.1100	0.0763	121.0999	0.0083	0.1083	9.2372
28	14.4210	0.0693	134.2099	0.0075	0.1075	9.3066
29	15.8631	0.0630	148.6309	0.0067	0.1067	9.3696
30	17.4494	0.0573	164.4940	0.0061	0.1061	9.4269

续附录Ⅰ

$i=12\%$						
年份	$(F/P, i, n)$	$(P/F, i, n)$	$(F/A, i, n)$	$(A/F, i, n)$	$(A/P, i, n)$	$(P/A, i, n)$
1	1.1200	0.8929	1.0000	1.0000	1.1200	0.8929
2	1.2544	0.7972	2.1200	0.4717	0.5917	1.6901
3	1.4049	0.7118	3.3744	0.2963	0.4163	2.4018
4	1.5735	0.6355	4.7793	0.2092	0.3292	3.0373
5	1.7623	0.5674	6.3528	0.1574	0.2774	3.6048
6	1.9738	0.5066	8.1152	0.1232	0.2432	4.1114
7	2.2107	0.4523	10.0890	0.0991	0.2191	4.5638
8	2.4760	0.4039	12.2997	0.0813	0.2013	4.9676
9	2.7731	0.3606	14.7757	0.0677	0.1877	5.3282
10	3.1058	0.3220	17.5487	0.0570	0.1770	5.6502
11	3.4785	0.2875	20.6546	0.0484	0.1684	5.9377
12	3.8960	0.2567	24.1331	0.0414	0.1614	6.1944
13	4.3635	0.2292	28.0291	0.0357	0.1557	6.4235
14	4.8871	0.2046	32.3926	0.0309	0.1509	6.6282
15	5.4736	0.1827	37.2797	0.0268	0.1468	6.8109
16	6.1304	0.1631	42.7533	0.0234	0.1434	6.9740
17	6.8660	0.1456	48.8837	0.0205	0.1405	7.1196
18	7.6900	0.1300	55.7497	0.0179	0.1379	7.2497
19	8.6128	0.1161	63.4397	0.0158	0.1358	7.3658
20	9.6463	0.1037	72.0524	0.0139	0.1339	7.4694
21	10.8038	0.0926	81.6987	0.0122	0.1322	7.5620
22	12.1003	0.0826	92.5026	0.0108	0.1308	7.6446
23	13.5523	0.0738	104.6029	0.0096	0.1296	7.7184
24	15.1786	0.0659	118.1552	0.0085	0.1285	7.7843
25	17.0001	0.0588	133.3339	0.0075	0.1275	7.8431
26	19.0401	0.0525	150.3339	0.0067	0.1267	7.8957
27	21.3249	0.0469	169.3740	0.0059	0.1259	7.9426
28	23.8839	0.0419	190.6989	0.0052	0.1252	7.9844
29	26.7499	0.0374	214.5828	0.0047	0.1247	8.0218
30	29.9599	0.0334	241.3327	0.0041	0.1241	8.0552

续附录Ⅰ

i=15%

年份	(F/P, i, n)	(P/F, i, n)	(F/A, i, n)	(A/F, i, n)	(A/P, i, n)	(P/A, i, n)
1	1.1500	0.8696	1.0000	1.0000	1.1500	0.8696
2	1.3225	0.7561	2.1500	0.4651	0.6151	1.6257
3	1.5209	0.6575	3.4725	0.2880	0.4380	2.2832
4	1.7490	0.5718	4.9934	0.2003	0.3503	2.8550
5	2.0114	0.4972	6.7424	0.1483	0.2983	3.3522
6	2.3131	0.4323	8.7537	0.1142	0.2642	3.7845
7	2.6600	0.3759	11.0668	0.0904	0.2404	4.1604
8	3.0590	0.3269	13.7268	0.0729	0.2229	4.4873
9	3.5179	0.2843	16.7858	0.0596	0.2096	4.7716
10	4.0456	0.2472	20.3037	0.0493	0.1993	5.0188
11	4.6524	0.2149	24.3493	0.0411	0.1911	5.2337
12	5.3503	0.1869	29.0017	0.0345	0.1845	5.4206
13	6.1528	0.1625	34.3519	0.0291	0.1791	5.5831
14	7.0757	0.1413	40.5047	0.0247	0.1747	5.7245
15	8.1371	0.1229	47.5804	0.0210	0.1710	5.8474
16	9.3576	0.1069	55.7175	0.0179	0.1679	5.9542
17	10.7613	0.0929	65.0751	0.0154	0.1654	6.0472
18	12.3755	0.0808	75.8364	0.0132	0.1632	6.1280
19	14.2318	0.0703	88.2118	0.0113	0.1613	6.1982
20	16.3665	0.0611	102.4436	0.0098	0.1598	6.2593
21	18.8215	0.0531	118.8101	0.0084	0.1584	6.3125
22	21.6447	0.0462	137.6316	0.0073	0.1573	6.3587
23	24.8915	0.0402	159.2764	0.0063	0.1563	6.3988
24	28.6252	0.0349	184.1678	0.0054	0.1554	6.4338
25	32.9190	0.0304	212.7930	0.0047	0.1547	6.4641
26	37.8568	0.0264	245.7120	0.0041	0.1541	6.4906
27	43.5353	0.0230	283.5688	0.0035	0.1535	6.5135
28	50.0656	0.0200	327.1041	0.0031	0.1531	6.5335
29	57.5755	0.0174	377.1697	0.0027	0.1527	6.5509
30	66.2118	0.0151	434.7451	0.0023	0.1523	6.5660

附录Ⅱ　定差因子

现值定差因子（P/G）							
N	1%	2%	3%	4%	5%	6%	N
2	0.958	0.958	0.941	0.924	0.906	0.890	2
3	2.895	2.841	2.772	2.702	2.634	2.569	3
4	5.773	5.612	5.437	5.267	5.101	4.945	4
5	9.566	9.233	8.887	8.554	8.235	7.934	5
6	14.271	13.672	13.074	12.506	11.966	11.458	6
7	19.860	18.895	17.952	17.066	18.230	15.449	7
8	26.324	24.868	23.478	22.180	20.968	19.840	8
9	33.626	31.559	29.609	27.801	26.124	24.576	9
10	41.764	38.945	36.305	33.881	31.649	29.601	10
11	50.721	46.984	43.530	40.377	37.496	34.869	11
12	60.479	55.657	51.245	47.248	43.621	40.335	12
13	71.018	64.932	59.416	54.454	49.984	45.961	13
14	82.314	74.783	68.010	61.961	56.550	51.711	14
15	94.374	85.183	76.996	69.735	63.284	57.553	15
16	107.154	96.109	86.343	77.744	70.156	63.457	16
17	120.662	107.535	96.023	85.958	77.136	69.399	17
18	143.865	119.436	106.009	94.350	84.200	75.355	18
19	149.754	131.792	116.274	102.893	91.323	81.304	19
20	165.320	144.577	126.794	111.564	98.484	87.228	20
21	181.546	157.772	137.544	120.341	105.663	93.111	21
22	198.407	171.354	148.504	129.202	112.841	98.939	22
23	215.903	185.305	159.651	138.128	120.004	104.699	23
24	234.009	199.604	170.965	147.101	127.135	110.379	24
25	252.717	214.231	182.428	156.103	134.223	115.971	25
26	272.011	229.169	194.020	165.121	141.253	121.466	26
27	291.875	244.401	205.725	174.138	148.217	126.858	27
28	312.309	259.908	217.525	183.142	155.105	132.140	28
29	333.280	275.674	229.407	192.120	161.907	137.307	29
30	354.790	291.684	241.355	201.061	168.617	142.357	30
31	376.822	307.921	253.354	209.955	175.228	147.284	31
32	399.360	324.369	265.392	218.792	181.734	152.088	32
33	422.398	341.016	277.457	227.563	188.13	156.766	33
34	445.919	357.845	289.536	236.260	194.412	161.317	34
35	469.916	374.846	301.619	244.876	200.575	165.741	35
36	494.375	392.003	313.695	253.405	206.618	170.037	36
37	519.279	409.305	325.755	261.839	212.538	174.205	37
38	544.622	426.738	337.788	270.175	218.333	178.247	38
39	570.396	444.291	349.786	278.406	224.000	182.163	39
40	596.576	461.953	361.742	286.530	229.540	185.955	40
42	650.167	497.560	385.495	302.437	240.234	193.171	42
44	705.288	533.474	408.989	317.869	250.412	199.911	44
46	761.870	569.618	432.177	332.810	260.079	206.192	46
48	819.089	605.921	455.017	347.244	269.242	212.033	48
50	879.089	642.316	477.472	361.133	277.910	217.456	50

续附录Ⅱ

现值定差因子（*P/G*）							
N	7%	8%	9%	10%	15%	20%	*N*
2	0. 873	0. 857	0. 841	0. 826	0. 756	0. 694	2
3	2. 056	2. 445	2. 386	2. 329	2. 071	1. 852	3
4	4. 794	4. 650	4. 511	4. 378	3. 786	3. 299	4
5	7. 646	7. 372	7. 111	6. 862	5. 775	4. 906	5
6	10. 978	10. 523	10. 092	9. 684	7. 937	6. 581	6
7	14. 714	14. 024	13. 374	12. 763	10. 192	8. 255	7
8	18. 788	17. 806	16. 887	16. 028	12. 481	9. 883	8
9	23. 140	21. 808	20. 570	19. 421	14. 755	11. 434	9
10	27. 715	25. 977	24. 372	22. 891	16. 979	12. 887	10
11	32. 466	30. 266	28. 247	26. 396	19. 129	14. 233	11
12	37. 350	34. 634	32. 158	29. 901	21. 185	15. 467	12
13	42. 330	39. 046	36. 072	33. 377	23. 135	16. 588	13
14	47. 371	43. 472	39. 962	36. 800	24. 972	17. 601	14
15	52. 445	47. 886	43. 806	40. 152	26. 693	18. 509	15
16	57. 526	52. 264	47. 584	43. 416	28. 296	19. 321	16
17	62. 592	56. 588	51. 281	46. 581	29. 783	20. 042	17
18	67. 621	60. 842	54. 885	49. 639	31. 156	20. 680	18
19	72. 598	65. 013	58. 386	52. 582	32. 421	21. 244	19
20	77. 508	69. 090	61. 776	55. 406	33. 582	21. 739	20
21	82. 339	73. 063	65. 056	58. 109	34. 645	22. 174	21
22	87. 079	76. 926	68. 204	60. 689	35. 615	22. 555	22
23	91. 719	80. 672	71. 235	63. 146	36. 499	22. 887	23
24	96. 254	84. 300	74. 142	65. 481	37. 302	23. 176	24
25	100. 676	87. 804	76. 926	67. 696	38. 031	23. 428	25
26	104. 981	91. 184	79. 586	69. 794	38. 692	23. 646	26
27	109. 165	94. 439	82. 123	71. 777	39. 289	23. 835	27
28	113. 226	97. 569	84. 541	73. 649	39. 828	23. 999	28
29	117. 161	100. 574	86. 842	75. 414	40. 315	24. 141	29
30	120. 971	103. 456	89. 027	77. 076	40. 753	24. 263	30
31	124. 654	106. 216	91. 102	78. 639	41. 147	24. 368	31
32	128. 211	108. 857	93. 068	80. 108	41. 501	24. 459	32
33	131. 643	111. 382	94. 931	81. 485	41. 818	24. 537	33
34	134. 950	113. 792	96. 693	82. 777	42. 103	24. 604	34
35	138. 135	116. 092	98. 358	83. 987	42. 359	24. 661	35
36	141. 198	118. 284	99. 931	85. 119	42. 587	24. 711	36
37	144. 144	120. 371	101. 416	86. 178	42. 792	24. 753	37
38	146. 972	122. 358	102. 815	87. 167	42. 974	24. 789	38
39	149. 688	124. 247	104. 134	88. 091	43. 137	24. 820	39
40	152. 292	126. 042	105. 376	88. 952	43. 283	24. 847	40
42	157. 180	129. 365	107. 643	90. 505	43. 529	24. 889	42
44	161. 660	132. 355	109. 645	91. 851	43. 723	24. 920	44
46	165. 758	135. 038	111. 410	93. 016	43. 878	24. 942	46
48	169. 498	137. 443	112. 962	94. 022	44. 000	24. 958	48
50	172. 905	139. 593	114. 325	94. 889	44. 096	24. 970	50

续附录Ⅱ

	现值定差因子（P/G）						
N	25%	30%	35%	40%	45%	50%	N
2	0.640	0.592	0.549	0.510	0.476	0.444	2
3	1.664	1.502	1.362	1.239	1.132	1.037	3
4	2.893	2.552	2.265	2.020	1.810	1.630	4
5	4.204	3.360	3.157	2.764	2.434	2.156	5
6	5.514	4.666	3.983	3.428	2.972	2.595	6
7	6.773	5.622	4.717	3.997	3.418	2.946	7
8	7.947	6.480	5.352	4.471	3.776	3.220	8
9	9.021	7.234	5.889	4.858	4.058	3.428	9
10	9.987	7.887	6.336	5.170	4.277	3.584	10
11	10.846	8.445	6.705	5.417	4.445	3.699	11
12	11.602	8.917	7.005	5.611	4.572	3.784	12
13	12.262	9.314	7.247	5.762	4.668	3.846	13
14	12.833	9.644	7.442	5.879	4.740	3.890	14
15	13.326	9.917	7.597	5.969	4.793	3.922	15
16	13.748	10.143	7.721	6.038	4.832	3.945	16
17	14.108	10.328	7.818	6.090	4.861	3.961	17
18	14.415	10.479	7.895	6.130	4.882	3.973	18
19	14.674	10.602	7.955	6.160	4.898	3.981	19
20	14.893	10.702	8.002	6.183	4.909	3.987	20
21	15.078	10.783	8.038	6.200	4.917	3.991	21
22	15.233	10.848	8.067	6.213	4.923	3.994	22
23	15.362	10.901	8.089	6.222	4.927	3.996	23
24	15.171	10.943	8.106	6.229	4.930	3.997	24
25	15.562	10.977	8.119	6.235	4.933	3.998	25
26	15.637	11.005	8.130	6.239	4.934	3.999	26
27	15.700	11.026	8.137	6.242	4.935	3.999	27
28	15.752	11.044	8.143	6.244	4.936	3.999	28
29	15.796	11.058	8.148	6.245	4.937	4.000	29
30	15.832	11.069	8.152	6.247	4.937	4.000	30
31	15.861	11.078	8.154	6.248	4.938	4.000	31
32	15.886	11.085	8.157	6.248	4.938	4.000	32
33	15.906	11.090	8.158	6.249	4.938	4.000	33
34	15.923	11.094	8.159	6.249	4.938	4.000	34
35	15.937	11.098	8.160	6.249	4.938	4.000	35
36	15.948	11.101	8.161	6.249	4.938	4.000	36
37	15.957	11.103	8.162	6.250	4.938	4.000	37
38	15.965	11.105	8.162	6.250	4.938	4.000	38
39	15.971	11.106	8.162	6.250	4.938	4.000	39
40	15.977	11.107	8.163	6.250	4.938	4.000	40
42	15.984	11.109	8.163	6.250	4.938	4.000	42
44	15.990	11.110	8.163	6.250	4.938	4.000	44
46	15.993	11.110	8.163	6.250	4.938	4.000	46
48	15.995	11.111	8.163	6.250	4.938	4.000	48
50	15.997	11.111	8.163	6.250	4.938	4.000	50

续附录Ⅱ

年金定差因子 (A/G)							
N	0. 5%	1%	2%	3%	4%	5%	6%	N
2	0. 461	0. 486	0. 193	0. 492	0. 490	0. 487	0. 485	2
3	0. 954	0. 984	0. 985	0. 980	0. 974	0. 967	0. 961	3
4	1. 453	1. 480	1. 474	1. 463	1. 451	1. 439	1. 427	4
5	1. 954	1. 971	1. 959	1. 941	1. 922	1. 902	1. 883	5
6	2. 448	2. 463	2. 441	2. 413	2. 386	2. 358	2. 330	6
7	2. 942	2. 952	2. 920	2. 881	2. 843	2. 805	2. 767	7
8	3. 440	3. 440	3. 395	3. 315	3. 294	3. 244	3. 195	8
9	3. 931	3. 926	3. 867	3. 803	3. 739	3. 675	3. 613	9
10	4. 425	4. 410	4. 336	4. 256	4. 177	4. 099	4. 022	10
11	4. 916	4. 893	4. 801	4. 705	4. 609	4. 514	4. 421	11
12	5. 405	5. 374	5. 263	5. 148	5. 034	4. 922	4. 811	12
13	5. 894	5. 853	5. 722	5. 587	5. 453	5. 321	5. 192	13
14	6. 385	6. 331	6. 177	6. 021	5. 866	5. 713	5. 563	14
15	6. 873	6. 807	6. 630	6. 450	6. 272	6. 097	6. 926	15
16	7. 360	7. 281	7. 079	6. 874	6. 672	6. 473	6. 279	16
17	7. 846	7. 754	7. 524	7. 293	7. 066	6. 842	6. 624	17
18	8. 331	8. 225	7. 967	7. 708	7. 453	7. 203	6. 960	18
19	8. 816	8. 694	8. 406	8. 118	7. 834	7. 557	7. 287	19
20	9. 300	9. 162	8. 842	8. 523	8. 209	7. 903	7. 605	20
22	10. 266	10. 092	9. 704	9. 318	8. 941	8. 573	8. 216	22
24	11. 228	11. 016	10. 553	10. 095	9. 648	9. 214	8. 795	24
25	11. 707	11. 476	10. 973	10. 476	9. 992	9. 523	9. 072	25
26	12. 186	11. 934	11. 390	10. 853	10. 331	9. 826	9. 341	26
28	13. 141	12. 844	12. 213	11. 593	10. 991	10. 411	9. 857	28
30	14. 092	13. 748	13. 024	12. 314	11. 627	10. 969	10. 342	30
32	15. 041	14. 646	13. 822	13. 017	12. 241	11. 500	10. 799	32
34	15. 986	15. 537	14. 607	13. 702	12. 832	12. 006	11. 227	34
35	16. 458	15. 980	14. 995	14. 037	13. 120	12. 250	11. 432	35
36	16. 928	16. 421	15. 380	14. 369	13. 402	12. 487	11. 630	36
38	17. 867	17. 299	16. 140	15. 018	13. 950	12. 944	12. 006	38
40	18. 802	18. 170	16. 887	15. 650	14. 476	13. 377	12. 359	40
45	21. 126	20. 320	18. 702	17. 155	15. 705	14. 364	13. 141	45
50	23. 429	22. 429	20. 441	18. 557	16. 812	15. 223	13. 796	50
55	25. 711	24. 498	22. 105	19. 860	17. 807	15. 966	14. 341	55
60	27. 973	26. 526	23. 695	21. 067	18. 697	16. 606	14. 791	60
65	30. 214	28. 515	25. 214	22. 184	19. 491	17. 154	15. 160	65
70	32. 435	30. 463	26. 662	23. 214	20. 196	17. 621	15. 461	70
75	34. 635	32. 372	28. 042	24. 163	20. 821	18. 017	15. 706	75
80	36. 814	34. 242	29. 356	25. 035	21. 372	18. 352	15. 903	80
85	38. 973	36. 073	30. 605	25. 835	21. 857	18. 635	16. 101	85
90	41. 112	37. 866	31. 792	26. 566	22. 283	18. 871	16. 189	90
95	43. 230	39. 620	32. 918	27. 235	22. 655	19. 069	16. 290	95
100	45. 328	41. 336	33. 985	27. 844	22. 980	19. 234	16. 371	100

续附录Ⅱ

年金定差因子 (A/G)								
N	7%	8%	9%	10%	12%	15%	18%	N
2	0. 483	0. 481	0. 478	0. 476	0. 472	0. 465	0. 459	2
3	0. 955	0. 949	0. 943	0. 936	0. 925	0. 907	0. 890	3
4	1. 415	1. 404	1. 392	1. 381	1. 359	1. 326	1. 295	4
5	1. 865	1. 846	1. 828	1. 810	1. 775	1. 723	1. 673	5
6	2. 303	2. 276	2. 250	2. 224	2. 172	2. 097	2. 025	6
7	2. 730	2. 694	2. 657	2. 022	2. 551	2. 450	2. 353	7
8	3. 146	3. 099	3. 051	3. 004	2. 913	2. 781	2. 656	8
9	3. 552	3. 491	3. 431	3. 372	3. 257	3. 092	2. 936	9
10	3. 946	3. 798	3. 798	3. 725	3. 585	3. 383	3. 194	10
11	4. 330	4. 239	4. 151	4. 064	3. 895	3. 655	3. 430	11
12	4. 702	4. 596	4. 491	4. 388	4. 190	3. 908	3. 647	12
13	5. 065	4. 940	4. 818	4. 699	4. 468	4. 144	3. 845	13
14	5. 417	5. 273	5. 133	5. 995	4. 732	4. 362	4. 025	14
15	5. 758	5. 594	5. 435	5. 279	4. 980	4. 565	4. 189	15
16	6. 090	5. 905	5. 724	5. 549	5. 215	4. 752	4. 337	16
17	6. 411	6. 204	6. 002	5. 807	5. 435	4. 925	4. 471	17
18	6. 722	6. 492	6. 269	6. 053	5. 643	5. 084	4. 592	18
19	7. 024	6. 770	6. 524	6. 286	5. 838	5. 231	4. 700	19
20	7. 316	7. 037	6. 767	6. 508	6. 020	5. 365	4. 798	20
22	7. 872	7. 541	7. 223	6. 919	6. 351	5. 601	4. 963	22
24	8. 392	8. 007	7. 638	7. 288	6. 641	5. 798	5. 095	24
25	8. 639	8. 225	7. 832	7. 458	6. 771	5. 883	5. 150	25
26	8. 877	8. 435	8. 016	7. 619	6. 892	5. 961	5. 199	26
28	9. 329	8. 829	8. 357	7. 914	7. 110	6. 096	5. 281	28
30	9. 749	9. 190	8. 666	8. 176	7. 297	6. 207	5. 345	30
32	10. 138	9. 520	8. 944	8. 409	7. 459	6. 297	5. 394	32
34	10. 499	9. 821	9. 193	8. 615	7. 596	6. 371	5. 433	34
35	10. 669	9. 961	9. 308	8. 709	7. 658	6. 402	5. 449	35
36	10. 832	10. 095	9. 417	8. 799	7. 714	6. 430	5. 462	36
38	11. 140	10. 344	9. 617	8. 956	7. 814	6. 478	5. 485	38
40	11. 423	10. 570	9. 796	9. 096	7. 899	6. 517	5. 502	40
45	12. 036	11. 045	10. 160	9. 374	8. 057	6. 583	5. 529	45
50	12. 529	11. 411	10. 429	9. 570	8. 160	6. 620	5. 543	50
55	12. 921	11. 690	10. 626	9. 708	8. 225	6. 641	5. 549	55
60	13. 232	11. 902	10. 768	9. 802	8. 266	6. 653	5. 553	60
65	13. 476	12. 060	10. 870	9. 867	8. 292	6. 659	5. 554	65
70	13. 666	12. 178	10. 943	9. 911	8. 308	6. 663	5. 555	70
75	13. 814	12. 266	10. 994	9. 941	8. 318	6. 665	5. 555	75
80	13. 927	12. 330	11. 030	9. 961	8. 324	6. 666	5. 555	80
85	14. 015	12. 377	11. 055	9. 974	8. 328	6. 666	5. 555	85
90	14. 081	12. 412	11. 073	9. 983	8. 330	6. 666	5. 556	90
95	14. 132	12. 437	11. 085	9. 989	8. 331	6. 667	5. 556	95
100	14. 170	12. 455	11. 093	9. 993	8. 332	6. 667	5. 556	100

续附录Ⅱ

年金定差因子（A/G）								
N	20%	25%	30%	35%	40%	45%	50%	N
2	0.455	0.444	0.435	0.426	0.417	0.408	0.400	2
3	0.879	0.852	0.827	0.803	0.780	0.758	0.737	3
4	1.274	1.225	1.178	1.134	1.092	1.053	1.015	4
5	1.641	1.563	1.490	1.422	1.358	1.298	1.242	5
6	1.979	1.868	1.765	1.670	1.581	1.499	1.423	6
7	2.290	2.142	2.006	1.881	1.766	1.661	1.565	7
8	2.576	2.387	2.216	2.060	1.919	1.791	1.675	8
9	2.836	2.605	2.396	2.209	2.042	1.893	1.760	9
10	3.074	2.797	2.551	2.334	2.142	1.973	1.824	10
11	3.289	2.966	2.683	2.436	2.221	2.034	1.871	11
12	3.484	3.115	2.795	2.520	2.285	2.082	1.907	12
13	3.660	3.224	2.889	2.589	2.334	2.118	1.933	13
14	3.817	3.356	2.968	2.644	2.373	2.145	1.952	14
15	3.959	3.453	3.034	2.689	2.403	2.165	1.966	15
16	4.085	3.537	3.089	2.725	2.426	2.180	1.976	16
17	4.198	3.608	3.135	2.753	2.444	2.191	1.983	17
18	4.298	3.670	3.172	2.776	2.458	2.200	1.988	18
19	4.386	3.722	3.202	2.793	2.468	2.206	1.991	19
20	4.464	3.767	3.228	2.008	2.476	2.210	1.994	20
22	4.594	3.836	3.265	2.827	2.487	2.216	1.997	22
24	4.694	3.886	3.289	2.839	2.493	2.219	1.999	24
25	4.735	3.905	3.298	2.843	2.494	2.220	1.999	25
26	4.771	3.921	3.305	2.847	2.496	2.221	1.999	26
28	4.829	3.946	3.315	2.851	2.498	2.221	2.000	28
30	4.873	3.963	3.322	2.853	2.499	2.222	2.000	30
32	4.906	3.975	3.326	2.855	2.490	2.222	2.000	32
34	4.931	3.983	3.329	2.856	2.500	2.222	2.000	34
35	4.941	3.986	3.330	2.856	2.500	2.222	2.000	35
36	4.949	3.988	3.330	2.856	2.500	2.222	2.000	36
38	4.963	3.992	3.332	2.857	2.500	2.222	2.000	38
40	4.973	3.995	3.332	2.857	2.500	2.222	2.000	40
45	4.988	3.998	3.333	2.857	2.500	2.222	2.000	45
50	4.995	3.999	3.333	2.857	2.500	2.222	2.000	50
55	4.998	4.000	3.333	2.857	2.500	2.222	2.000	55
60	4.999	4.000	3.333	2.857	2.500	2.222	2.000	60
65	5.000	4.000	3.333	3.857	2.500	2.222	2.000	65
70	5.000	4.000	3.333	2.857	2.500	2.222	2.000	70
75	5.000	4.000	3.333	2.857	2.500	2.222	2.000	75
80	5.000	4.000	3.333	2.857	2.500	2.222	2.000	80
85	5.000	4.000	3.333	2.857	2.500	2.222	2.000	85
90	5.000	4.000	3.333	3.857	2.500	2.222	2.000	90
95	5.000	4.000	3.333	3.857	2.500	2.222	2.000	95
100	5.000	4.000	3.333	2.857	2.500	2.222	2.000	100

参 考 文 献

[1] 李慧民．工程经济与项目管理［M］．北京：科学出版社，2016.
[2] 李慧民．建筑工程经济与项目管理［M］．北京：冶金工业出版社，2002.
[3] 蒋红研，李慧民．工程经济与项目管理［M］．北京：中国建筑工业出版社，2018.
[4] 国家发展改革委，住建部．建设项目经济评价方法与参数［M］.3 版．北京：中国计划出版社，2021.
[5] 中华人民共和国住房和城乡建设部．GB/T 50326—2017 建设工程项目管理规范［S］．北京：中国建筑工业出版社，2017.
[6] 中国建筑业协会工程项目管理委员会．中国工程项目管理知识体系［M］.2 版．北京：中国建筑工业出版社，2011.
[7]《投资项目可行性研究指南》编写组．投资项目可行性研究指南［M］.2 版．北京：机械工业出版社，2021.
[8] 闫文周，袁清泉．工程项目管理学［M］．西安：陕西科学技术出版社，2006.
[9] 王莉．工程经济与项目管理解析与实战［M］．沈阳：辽宁大学出版社，2021.
[10] 黄琨，张坚．工程项目管理［M］．北京：清华大学出版社，2019.
[11] 乐云．建设工程项目管理［M］．北京：科学出版社，2013.
[12] 董良峰，张瑞敏．工程项目管理［M］．北京：北京大学出版社，2015.
[13] 宋伟香，管友海．工程项目管理［M］．西安：西安交通大学出版社，2015.
[14] 全国一级建造师职业资格考试用书编写委员会．建设工程项目管理［M］．北京：中国建筑工业出版社，2020.
[15] 李金云，李瑾杨．土木工程项目管理［M］．杭州：浙江大学出版社，2018.
[16] 丁士昭．工程项目管理［M］．北京：高等教育出版，2017.
[17] 曾淑君．工程经济学［M］．南京：东南大学出版社，2020.